8 Lk 3 1015 (1)

Paris
1875

Lalore, Charles

*ulaire de l'abbaye de Saint-Loup
Troyes*

on des principaux cartulaires du diocèse de 7

Tome 1

CARTULAIRE

DE L'ABBAYE DE SAINT-LOUP

DE TROYES

COLLECTION
DES
PRINCIPAUX CARTULAIRES
DU DIOCÈSE DE TROYES

TOME I

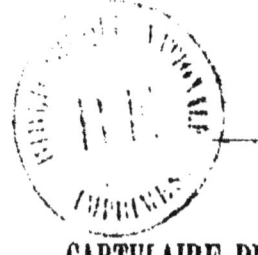

CARTULAIRE DE L'ABBAYE DE SAINT-LOUP

DE TROYES

PAR M. L'ABBÉ LALORE

Professeur de Théologie au Grand-Séminaire de Troyes

PARIS
ERNEST THORIN, RUE MÉDICIS, 7

1875

PRÉFACE

En publiant la Collection des principaux Cartulaires du diocèse de Troyes, *nous n'avons pas besoin de rappeler l'importance des documents de cette nature. On sait tous les renseignements historiques que renferment les cartulaires au point de vue de la propriété, des personnes, des institutions ecclésiastiques et civiles, des mœurs et des usages, des droits féodaux et des redevances féodales, du droit et de la coutume, des actes, de la chronologie, de la topographie, des mesures, des monnaies, du prix des terres et de tout ce qui entrait dans le commerce. L'intérêt qui s'attache à cette sorte de documents explique la faveur méritée avec laquelle le public savant accueillit la* Collection des Cartulaires de France. *Sans contredit, cette collection, pour l'époque du moyen-âge, tient une des places les plus importantes dans la grande* Collection de Documents inédits sur l'histoire de France. *Notre publication est plus modeste, elle n'a qu'un intérêt historique assez restreint, parce qu'elle se borne à l'histoire d'un petit coin de la France; mais n'est-ce rien que d'éclairer sur un point de l'espace et du temps l'histoire de son pays? La* Collection des principaux Cartulaires du diocèse de Troyes *renfermera des documents très-importants sur notre histoire* locale dont elle constituera une des bases authentiques.

Notre Collection s'ouvre par le Cartulaire de l'abbaye de Saint-Loup ; le Cartulaire de l'abbaye du Paraclet est sous presse. Nous publions ces textes selon leur teneur avec la plus scrupuleuse exactitude, après avoir collationné les chartes des cartulaires sur les chartes originales qui existent.

Mais notre œuvre serait incomplète si nous laissions dans l'ombre plusieurs petits cartulaires qui apportent à notre histoire locale leur part de lumière ; nous avons commencé de les faire connaître. La Société Académique de l'Aube, accueillant nos travaux avec bienveillance, a déjà donné l'hospitalité dans ses Mémoires au Cartulaire de Boulancourt, aux Chartes de l'abbaye de Mores, aux Documents sur l'abbaye de Notre-Dame-aux-Nonnains de Troyes; le Cartulaire de Notre-Dame-aux-Planches va paraître dans les mêmes Mémoires.

Chaque cartulaire sera précédé d'une analyse des faits qui appartiennent spécialement au cartulaire en question ; la collection sera suivie d'un résumé ou exposé méthodique des faits communs à tous nos cartulaires ; enfin nous terminerons par trois tables générales des noms de personnes, de lieux et de matières.

En publiant les cartulaires du diocèse de Troyes, nous ouvrons une carrière facile à exploiter et abondant en matériaux solides et précieux, ou plutôt, les pierres sont extraites et taillées, attendant qu'un architecte intelligent désigne la place qu'elles doivent occuper dans l'édifice de l'histoire.

INTRODUCTION

§ I. Le Cartulaire de l'abbaye de Saint-Loup.

Le Cartulaire de l'abbaye de Saint-Loup est en la possession de M™⁰ Delaporte, propriétaire à Troyes.

Ce manuscrit, en parchemin, a 94 feuillets de 28 centimètres de longueur sur 18 de largeur ; les feuillets 2 et 3 manquent, mais nous les avons retrouvés à la Bibliothèque de Troyes, et ils sont attachés maintenant au manuscrit 2275 *ad calcem*.

Le Cartulaire de l'abbaye de Saint-Loup comprend deux cent soixante-dix-sept pièces. Il commence par les précieux mémoires de Guitère, intitulés *de conditione ecclesie Beati Lupi Trecensis* (1) ; on y trouve la copie d'une pièce de l'époque carlovingienne (p. 2). Viennent ensuite cent vingt-cinq pièces du xii⁰ siècle ; cent trente-huit de l'an 1200 à l'an 1239 ; enfin treize pièces de différentes écritures ont été successivement ajoutées au Cartulaire de 1252 à 1519. Deux cent

---

(1) L'original de ces mémoires est à la Bibliothèque de Troyes, manuscrit 2275 *ad calcem*. Ce manuscrit est l'évangéliaire donné à Saint-Loup par le comte Henri le Libéral ; Guitère déclare qu'il insère ses mémoires dans ce manuscrit : « quem pro manibus habemus et *in quo scribimus* (p. 7) ». On les trouve, en effet, après le texte des évangiles.

soixante-quatre pièces, de la même écriture, appartiennent à la première rédaction, et la dernière de ces chartes, qui est du mois d'avril 1239, fixe l'âge du Cartulaire. D'ailleurs, cette conclusion est corroborée par un fait, c'est qu'on trouve aux Archives de l'Aube, à la date de 1240 et des années subséquentes, plusieurs chartes importantes au point de vue de la propriété, qui ne sont pas transcrites au Cartulaire.

Le rédacteur, après avoir adopté l'ordre ancien : *Bulles des papes,—Lettres des rois*,... abandonne bientôt son plan et transcrit pêle-mêle les chartes qui existent aux archives de l'abbaye ; les treize pièces qui furent ajoutées à des époques plus récentes ont été écrites au hasard sur les blancs du manuscrit. Nous avons donc cru qu'il était préférable d'éditer les pièces du Cartulaire en suivant l'ordre chronologique, avec l'indication des folios du manuscrit.

§ II. Analyse du Cartulaire de l'abbaye de Saint-Loup.

Notre intention n'est pas d'écrire l'histoire de l'abbaye de Saint-Loup, nous nous contenterons ici de faire connaître le Cartulaire que nous publions et d'en donner une analyse succincte.

I. L'abbaye de Saint-Loup pendant sept siècles.

Notre abbaye fut fondée par saint Loup, évêque de Troyes. Tiré en 426 du monastère de Lérins, Loup de Troyes, sur le siége épiscopal, à l'exemple de Martin de Tours, ne changea rien à sa vie, à son habillement, ni à ses mœurs. La dignité d'évêque, qu'il savait porter toutefois sans rien lui faire perdre de son prestige réel, ne semblait qu'avoir ajouté encore à la modestie du moine. Pour se reposer des affaires et pour vaquer plus librement à la méditation des choses célestes, il aimait à se retirer dans une solitude profonde, au milieu des broussailles, à l'est de la ville, à environ 240 mètres des murs primitifs, au midi de la voie romaine allant d'*Augustobona* ou *civitas Tricassium* (Troyes) à *Arciaca* (Arcis). Mais bientôt saint Loup fut entouré dans sa solitude de nombreux disciples avides d'écouter ses leçons et d'imiter ses vertus ; c'est de cette école illustre que sortirent nos saints Camélien, Mesmin et Aventin ; saint Sévère de Trèves, saint Alpin de Châlons-sur-Marne, saint Polychrone de Verdun (1). Saint Loup fit construire pour ses disciples un monastère qui, après la mort du fondateur, prit le nom de Saint-Loup : il occupait la place où s'éleva plus tard Saint-Martin-ès-Aires. Telles sont les premières origines de notre abbaye.

Le Cartulaire garde le silence sur plus de quatre siècles de l'existence de l'abbaye de Saint-Loup, enfin il nous apprend que Charles le Chauve (2) augmenta la dotation de Saint-Loup et donna à l'abbaye : les terres de Luyères et de Charmont ; des terrains à l'est de Troyes entre la ville et le faubourg Saint-Jacques, de chaque côté de la grande voie, terrains qu'on

(1) Boll. *Acta SS.*, t. VII jul., p. 81-82.
(2) Ce prince vint à Troyes en 841 et en 859.

nomma plus tard le Clos-Saint-Loup, au midi de la voie, et les Hastes en Chaillouet, au nord de la même voie ; enfin les moulins *de Villa Mendicorum* (p. 1).

Mais voici venir le flot grossissant de l'invasion normande. Les pillards remontent la Seine en 880 et arrivent aux portes de Troyes ; Robert II de France était alors comte-propriétaire de Troyes (1). Raginaire, trésorier de Saint-Loup, et ses religieux, transportent en toute hâte *intra muros* le corps de leur glorieux patron, afin de le soustraire à une profanation sacrilége. L'abbaye et la ville furent saccagées et livrées aux flammes. L'ennemi s'étant retiré, pendant que les habitants de Troyes devenus prudents, un peu tard, travaillaient à fortifier les murailles et les portes de la ville, les religieux de Saint-Loup construisaient auprès de la cathédrale une nouvelle abbaye, avec l'agrément de Bodon, évêque de Troyes, et d'Adelelme, comte et abbé de Saint-Loup. C'est Adelelme lui-même qui rapporte ces faits dans une lettre écrite le 1er mars 890 ou 891 (p. 2-3) ; tous les ans, la lettre d'Adelelme, divisée en neuf leçons, était lue à l'office de la translation de Saint-Loup (2).

Les derniers bâtiments de l'abbaye construite en 890 sont occupés actuellement par la Bibliothèque de la ville ; elle était bornée au midi par la rue de la Cité, à l'est par la rue du Grand-Cloître-Saint-Pierre abou-

(1) *Annales Metens.*, ap. Duchesne, t. III, p. 325-C, et Bouquet, t. VIII, p. 70-C, et 309-B.
(2) Voir dans le *Cartulaire* la lettre d'Adelelme divisée en leçons (p. 2-3).

tissant au portail septentrional de la cathédrale, à l'ouest par la rue Saint-Loup, au nord passe maintenant la rue Girardon.

Quel est cet Adelelme, comte et abbé de Saint-Loup, dont il vient d'être question ? Est-ce un comte bénéficiaire, est-ce un lieutenant de Robert II de France, est-ce Alédramne, comte de Vexin, comme le pense M. d'Arbois de Jubainville (1)? Nous n'osons pas trancher cette question. Adelelme était un de ces laïques puissants qui, sous prétexte de protection, d'avouerie, ou de garde, envahissaient les biens de l'Église. L'abbaye de Saint-Loup, après avoir été possédée en commende par Alcuin, qui n'était pas religieux, demeurera entre les mains des comtes de Champagne, puis des seigneurs de Chappes jusqu'en 1114 (p. 3-4). Nous savons, par l'aveu de Clarembaud Ier de Chappes, que ces seigneurs-abbés, faisant peser sur le monastère *le joug de la domination laïque*, prétendaient que leur domaine s'étendait sur le régime intérieur comme sur les terres, les bois, les eaux, les hommes et les femmes de l'abbaye, concédaient à prix d'argent la prévôté, et vendaient les prébendes (p. 17). Quant au régime intérieur, nous trouvons à Saint-Loup les principaux officiers des chapitres et des abbayes bénédictines : le prévôt (*prepositus*, p. 10), le chantre (*cantor*, p. 13), le trésorier (*archiclavis, thesaurarius*, p. 2), le chambrier (*camerarius*, camberars, p. 13). Everard avait été chantre « dum adhuc degeret in habitu seculari » (p. 6).

(1) *Hist. des ducs et des comtes de Champ.*, t. I, p. 67-68.

Deux cent quatorze ans après cette nouvelle fondation, l'abbaye de Saint-Loup reparaît pour fonder l'abbaye de Saint-Martin-ès-Aires en 1104, sous l'épiscopat de Philippe de Pont. Quatre prêtres, vicaires de Saint-Loup, désiraient embrasser la règle de saint Augustin et l'ordre des Chanoines Réguliers : Girard, prévôt de Saint-Loup, donna pour ce nouvel établissement religieux une petite chapelle dédiée à saint Martin. D'après la tradition, saint Loup aurait été enterré dans cette chapelle, qui était sise près du Clos-Saint-Loup et des ruines de l'ancienne abbaye détruite par les Normands. Quelques années plus tard, la petite communauté de la chapelle de Saint-Martin-ès-Aires était devenue une abbaye florissante (p. 4), destinée à opérer la régénération spirituelle et temporelle de l'abbaye de Saint-Loup.

II. Réforme de l'abbaye de Saint-Loup.

L'abbaye de Saint-Loup, comme la plupart des communautés de clercs en France, végétait dans le relâchement et avait abandonné les pratiques essentielles de la vie claustrale et commune (p. 5). Mais le mouvement de la réforme religieuse était donné chez nous, le célèbre Yves de Chartres, alors abbé de Saint-Quentin de Beauvais, réformateur des Chanoines Réguliers en France, était venu à Troyes et le 4 mars 1090 avait établi à Saint-Georges près Vallant (Aube) un des premiers prieurés de chanoines réformés (1).

(1) D'Achery, *Spicileg.*, t. XI, p. 303, éd. in-4°, 1672.

Il est à remarquer que ce sont les chanoines de la cathédrale qui fondent ces Chanoines Réguliers *quatinus Deo servirent devotius et alios exemplo bonæ conversationis incitarent* : et eux-mêmes venaient d'abandonner la vie commune, de séparer la mense capitulaire de la mense épiscopale, et de se créer un sceau particulier. L'exemple des chanoines de Vallant-Saint-Georges fit des prosélytes et déjà nous avons vu quatre clercs de Saint-Loup quitter cette maison et aller fonder l'abbaye de Saint-Martin-ès-Aires où l'on vit bientôt fleurir la discipline des chanoines réformés. Un puissant instigateur de la vie régulière, qui venait d'établir sa tente dans la vallée de Clairvaux, allait compléter l'œuvre d'Yves de Chartres dans nos contrées. Saint Bernard, en 1135, de concert avec Thibaud II, comte de Troyes, Atton, évêque de Troyes et Hugues, évêque d'Auxerre, amenèrent les clercs de Saint-Loup à embrasser la règle de saint Augustin (p. 5, 18-21). Guillaume, abbé de Saint-Martin-ès-Aires, fut en même temps chargé de Saint-Loup par le pape Innocent II, il devait s'occuper des intérêts spirituels et temporels de cette abbaye, établir les offices claustraux et nommer les officiers, disposer des prébendes vacantes, et remplacer les chanoines séculiers, quand ils mourraient, par des chanoines réguliers. La règle de saint Augustin fut introduite à Saint-Loup le 29 novembre 1135.

III. Offices claustraux. Offices laïques.

Girard, d'abord établi prieur pour administrer l'abbaye sous la dépendance de Guillaume, abbé de Saint-

Martin, fut ensuite nommé lui-même abbé de Saint-Loup, le 12 juin 1137 (p. 5). Outre la dignité abbatiale, nous trouvons encore les offices claustraux de prieur et de sous-prieur, de prévôt, de trésorier, de censier et de cellérier (p. 54, 139, 299). Pour faire connaître ces divers offices tels qu'ils ont été compris traditionnellement à Saint-Loup, nous voudrions mettre sous les yeux du lecteur quatre chapitres intitulés : *de officio abbatis, de officio prioris, de officio prepositi, de officio thesaurarii* rédigés par l'abbé de Saint-Loup, Nicolas Forjot ; ils font partie *De constitutionibus et statutis in regularem disciplinam et rem familiarem* publiés en chapitre général les 6, 7 et 8 mars 1487 (1). Nous nous contenterons de donner ici le serment de l'abbé :

Juramentum fieri solitum per abbates hujus monasterii in prima sui receptione et institutione.

Ego frater N., hujus monasterii S. Lupi Trecensis, ordinis S. Augustini, humilis abbas, juro, voveo et promitto Deo omnipotenti, beatissime virgini Marie, ejus matri, et B. Lupo ejusdem patrono, quod jura et antiquas consuetudines dicti monasterii et in eodem fieri et observari consuetas toto posse tenebo et observabo.

Item quod religiosos ejusdem fraternitatis caritative secundum regulas B. Augustini et antiqua ipsius monasterii statuta tractabo.

Item quod privilegia concessa per Summos Pontifices, seu Reges Francie novissimis diebus, observabo et defendam pro posse meo.

Item quod eisdem religiosis et aliis ejusdem monasterii subjectis omnia necessaria, prout in eodem ab antiquo fieri est consuetum, et secundum ipsius facultates, ministrabo.

(1) Archiv. Aube, *lias.* 4-H-*bis* 1.

Item quod jura, fructus et proventus ipsius monasterii bene et fideliter regam et gubernabo, ipsiusque maneria, domos et œdifficia toto posse secundum ipsius monasterii facultates et fructuum possibilitatem manutenebo et sustinebo, nec aliqua bona ipsius monasterii aliqualiter alienabo et si que alienata fuerint ad jus et proprietatem ejusdem monasterii toto posse reduci procurabo.

Item quod residentiam personalem in eodem monasterio, nisi casus alius extiterit, faciam, et in eodem divinum officium, prout fieri ab antiquo est consuetum, continuabo, et per religiosos ejusdem facere et continuare procurabo.

Sic Deus me adjuvet et hec sancta Dei evangelia (1).

Dans le pouillé de 1519 on ne trouve plus avec la charge abbatiale que deux offices claustraux, la prévôté et la trésorerie (p. 302, n. 1).

Outre les offices claustraux, il y avait encore des offices purement laïques. Le 22 mai 1153, les six officiers laïques ou sergents (*servientes*) sont affranchis : le cellérier (*cellerarius*), le grènetier (*custos horrei*, *granetarius*), le maire (*major*), le sous-maire (*sub major*), les deux marguilliers (*marreglarii*); le 4 août 1154, le closier (*clausarius*) est également affranchi par le comte Henri le Libéral, et enfin le maire de Luyères, en 1159 (p. 44, 46, 54). On trouve aussi les maires et les sous-maires de Molins, Baire, Rouilly-Saint-Loup, la Rivière de l'Ardusson, et le sergent de bois ou garde-forestier (*forestarius*) de Lusigny. Les sous-maires étaient aussi appelés *decani* (p. 57-58). Ces offices sont désignés en tête d'un registre écrit en 1407 :

(1) Bibliot. Troyes, ms. 2275 *ad calcem*, XIV° s.

« Ce sont les noms des huit principaulx offices de l'église Saint Loup de Troyes, des quelx huit offices les cinq officiers, c'est assavoir, le maire, le celerier, le grenetier et les deux marregliers, avec leurs femmes, enfens et famille sont parrochiens de la ditte église à cause de leurs diz offices. Il faut ajouter le soubsmaire, le franc-sergent autrement dit le closier, et l'autre franc-sergent appelé le maire de Luyères (2). »

Les devoirs généraux de ces officiers sont exprimés dans la formule de leur serment :

S'ensuivent les sermens et juremens, les quelz anciennement ont acoustumé de faire et jurer les officiers et marregliers de l'esglise de Saint-Loup de Troyes en la main de Monsieur l'Abbé ou de son commis.

Primo. Vous jurerez de garder l'onneur, proffit, franchises et priviléges de la dite esglise en tout et partout ou vous arez oportunité de ce faire.

Secundo de garder l'onneur de l'abbé et de tous les religieux d'icelle esglise.

Tercio de garder tous droits, priviléges et franchises concedez et ottroyez aux diz officiers et marregliers, tant par les sains Pères que par les Roys de France et Comptes de Champagne en la faveur de la dite esglise, et avecque ce de bien et honnestement exercer vostre office quand de ce vous serez requis.

Quarto de servir a tout la verge, toutes fois que la procession d'icelle esglise ira aux processions générales, et singulièrement quant on portera le précieux corps de Monsieur saint Loup ou aultres corps sains d'icelle esglise.

---

(2) Archiv. Aube, reg. I-II-*bis* 24, fol. 2 r°.

INTRODUCTION. XVII

Pour les parrochiens.

Item vous jurerez de réputer et tenir la dite esglise pour votre cure et parroisse, de vous y amenistrer et prandre vos sacremens durant le temps que serez officier, et non alieurs, sans la licence de l'Abbé ou de son commis ; et ce en gardant et observant les privilèges donnés par les saints Pères à la dite esglise (1).

Avec la réforme claustrale, une ère de prospérité s'ouvre pour l'abbaye de Saint-Loup, la vie spirituelle et temporelle reprennent un nouvel essor.

IV. Principaux biens et revenus.

Paroisses ou églises érigées en prieurés-cures.

Parmi les biens de Saint-Loup nous placerons au premier rang, par ordre alphabétique, les églises données par les évêques de Troyes à l'abbaye pour être desservies par des chanoines.

L'abbaye de Saint-Loup possédait, au XII° siècle, huit prieurés-cures dans le diocèse de Troyes. Selon la règle de l'ancienne discipline ecclésiastique, sanctionnée de nouveau au concile de Latran en 1179, canon X, plusieurs religieux devaient habiter ensemble dans les prieurés-cures, et mener la vie commune. Mais les Chanoines Réguliers ne se croyaient pas liés par cette prescription canonique et Innocent III lui-même les obligea à placer seulement deux chanoines dans chaque prieuré, *si commode fieri poterit* (2). Toutefois il est certain que les prieurés de Marigny et de

---

(1) Archiv. Aube, *reg.* 4-H-*bis* 21, fol. 1 v°.
(2) Extra. *De statu monac.* c. 5.

Bucey, au moins pendant un certain temps, ont été habités par plusieurs chanoines.

1. Le prieuré-cure d'Auzon (*Ausona, Ausonium, Ausonnum*, Aube, arr. Troyes, c. Piney). L'église d'Auzon fut donnée en 1140 à l'abbaye de Saint-Loup par Atton, évêque de Troyes (p. 23).

2. Le prieuré-cure de Blaincourt et d'Epagne (*Blaincuria, Blaincurt, Blanancort, Bleincort.* — *Hyspania*, Aube, arr. Bar-sur-Aube, c. Brienne. L'église d'Epagne et la chapelle de Blaincourt furent données à l'hôpital de Chalette en 1145, au plus tard, par Atton, évêque de Troyes (p. 28). Les religieux de Saint-Loup acquirent ces deux paroisses avec l'hôpital de Chalette en 1199 (V. plus bas), et fixèrent le prieuré à Blaincourt qui devint l'église mère.

3. Le prieuré-cure de Bucey et des Chaast (*Buci, Bucci, Buceio, Buciaco, Bucciaceri.* — *Chars, Charz,* Aube, arr. Troyes, c. Estissac). La chapelle de Bucey, qui dépendait de l'église paroissiale de Thuisy, fut donnée à l'abbaye de Saint-Loup en 1180 par Garnier de Bucey avec l'agrément de Matthieu, évêque de Troyes (p. 97). Pour subvenir aux besoins des chanoines de Saint-Jacques de Bucey, en 1191, Barthélemy-Haïe de Plancy, évêque de Troyes, unit au prieuré de Bucey l'église paroissiale des Chaast qui ne suffisait pas à l'honnête subsistance du curé (p. 149). A cette époque Bucey était fortifié (p. 98).

4. Le prieuré-cure de Laines-aux-Bois (*de Laneis*, Aube, arr. et c. Troyes). L'église de Laines-aux-Bois fut donnée à l'abbaye de Saint-Loup, en

1717, par Matthieu, évêque de Troyes (p. 82).

5. Le prieuré-cure de Longsols (*de Lonsodo, Lonsoldo, Lonsoth, Lonsoudi, Lonsout, Longsouth, Longosolido, Luxodi*, Aube, arr. Arcis-sur-Aube, c. Ramerupt). L'église de Longsols fut donnée en 1140 à l'abbaye de Saint-Loup par Atton, évêque de Troyes (p. 23).

6. Le prieuré-cure de Lusigny (*de Luseigni, Luseignio, Lusignei, Lusigniaco, Lusiniaco, Lusinnei*. — Lusigny, Aube, arr. Troyes). L'église de Lusigny fut donnée à l'abbaye de Saint-Loup par Atton, évêque de Troyes, à la prière de saint Bernard, abbé de Clairvaux, en 1143 (p. 25).

7. Le prieuré-cure de Luyères et de Fontaine (*de Lueriis, Luieres*. — *Fontane, Fontes*, Aube, arrondissement Troyes, c. Piney). L'église de Luyères et la succursale de Fontaines furent données à l'abbaye de Saint-Loup par Garnier de Trainel, évêque de Troyes, au mois d'octobre 1190 (p. 160).

8. Le prieuré-cure de Marigny (*Marigni, Marigniacus, Marineium*, Aube, arr. Nogent-sur-Seine, c. Marcilly-le-Hayer). Ce prieuré fut fondé par Garnier II de Trainel. Le pape Clément, en 1188 et 1189, à la prière de Garnier, de Henri II, comte de Champagne, et de Marie de France, sa mère, confirma la fondation du prieuré de Marigny malgré la résistance de Manassès de Pougy, évêque de Troyes, qui se fit excommunier (p. 130-134).

9. Le prieuré-cure de Molins (*de Molendinis, Molinis*, Aube, arr. Bar-sur-Aube, c. Brienne). L'église

de Molins fut donnée à l'abbaye de Saint-Loup par Atton, évêque de Troyes, avant 1140 (p. 23).

Prieurés simples.

1. Le prieuré de Saint-Vinebaud, à Saint-Martin-de-Bossenay (*S. Vinebaldi, Vinebaudi, Winebaldi, Winebaudi, Guinebaldi, fons, curtis, domus, ecclesia, capella, altare, prioratus,* Aube, arr. Nogent-sur-Seine, c. Romilly). Ce prieuré, fondé sur l'hermitage de Saint-Vinebaud, abbé de Saint-Loup, vers l'an 620, apparaît dès l'an 1136 (p. 20). En 1560 « le prieuré est sis au milieu d'un accint, tenant d'une part au chemin royal qui va de Marigny à Nogent, d'autre part aux jardins de Saint-Martin, d'un bout, et aux jardins de Saint-Pierre de Boucenay, d'autre bout. »

2. Le prieuré de Chalette, qui remplaça l'hôpital dont nous allons parler plus bas.

3. Le prieuré de Saint-Sauveur de Saphadin, en Morée, fondé à la suite de la quatrième Croisade.

Après la prise de Constantinople, en 1204, Guillaume Ier de Champlitte et Geoffroy de Villehardouin, neveu du chroniqueur, firent la conquête du Péloponèse, qui devint *quasi nova Francia* (1), et bientôt la propriété d'une famille de Champagne, les Villehardouin. Deux croisés Champenois, Simon de Lagny et Girard de Germinon, tinrent, l'un après l'autre, dans le diocèse de Modon et de Coron, une terre sur laquelle existait l'ancienne abbaye de Saphadin, cons-

---

(1) Bibliot. nation., *Collect. La Porte du Theil*, bulle d'Honorius III, 20 mai 1224.

truite en l'honneur du saint Sauveur : ils donnèrent Saphadin à l'abbaye de Saint-Loup de Troyes (p. 206, 207). Guerri, religieux de Saint-Loup, qui était un des croisés de la suite de Geoffroi de Villehardouin, fut choisi par les donateurs pour être prieur du nouvel établissement. La donation de Simon de Lagni et de Girard de Germinon fut ratifiée par Geoffroi de Villehardouin, seigneur d'Arcadia et de Calamata, sénéchal de Romanie (p. 206), et établi bail de la Morée par Guillaume de Champlitte qui avait regagné la France au commencement de l'année 1209 (1). Les supérieurs ecclésiastiques, Eudes, neveu de Geoffroi de Villehardouin, évêque de Coron et de Modon, Anthelme, métropolitain de Patras (p. 208), et enfin Gervais, patriarche de Constantinople (p. 227), confirmèrent canoniquement cette fondation. L'abbé de Saint-Loup devait nommer le prieur de Saphadin qui s'engageait à payer, tous les deux ans, à l'abbaye de Saint-Loup, la redevance d'une pièce de drap d'or de la valeur de 20 livres provinoises (p. 209).

Le prieuré de Saphadin paraît avoir subsisté jusqu'à la prise de Coron et de Modon par Bajazet, en 1498 (p. 303, n. 14).

Hôpitaux.

1. L'hôpital de Chalette (*Chalathea, Chaleta, Chaletta, Chaletensis domus*, Aube, arr. Arcis-sur-Aube,

---

(1) Buchon, *Recherches et matér. sur la domination française en Orient*, 1re part. *Eclaircissements histor. sur la principauté française de Morée*, p. 74-86.

c. Chavanges). L'hôpital de Chalette se trouvant obéré de dettes fut réuni à l'abbaye de Saint-Loup, par Garnier de Trainel, évêque de Troyes, en 1199. L'évêque, toutefois, sur les instances de son chapitre, laissa à l'hôpital de Chalette les frères et les sœurs qui l'habitaient et leur permit de suivre leur ancienne règle (p. 166). Le pape Innocent III confirma cette union le 14 mai 1200 (p. 173).

Le premier projet de l'évêque de Troyes, de transformer l'hôpital de Chalette en prieuré simple de Saint-Loup, se réalisa en 1208, au mois d'avril (p. 193-195). Jean, comte de Brienne, ratifia l'union de la maison de Chalette à l'abbaye de Saint-Loup, en se réservant la garde de l'hôpital et des biens qui en dépendaient (p. 191-193).

A l'hôpital de Chalette se rattachaient les églises d'Epagne et de Blaincourt, l'hôpital de Brienne, l'hôpital de Vivasseaux et les granges d'Ormay, de Monterlot et de Brevonnelle.

2. L'hôpital de Brienne (*Brenensis domus*, Aube, arr. Bar-sur-Aube) était soumis à l'hôpital de Chalette dès l'an 1136; Lambert, maître de l'hôpital de Chalette, était gardien de l'hôpital de Brienne (p. 22-23). Cette dernière maison fut donnée à Saint-Loup, au mois d'avril 1206, par Jean, comte de Brienne (p. 191-193).

3. L'hôpital de Vivasseaux (*domus Vadirassali, Vautrassaut, Vauvassau, Voivassott,* Aube, arr. Arcis-sur-Aube, c. Ramerupt). Erard de Brienne, seigneur de Venisy et de Ramerupt, donne à l'abbaye de Saint-

Loup la maison de Vivasseaux, soumise à la maison de Chalette (p. 199). Au xv° siècle, Vivasseaux n'était plus qu'un gagnage; les bâtiments existaient encore en 1412, mais on lit dans le bail de 1417 : « ce gaignage est désert et desmaisonné par la guerre. » En 1515 « le gagnage de Voivassault ou bailliage de Chaumont, ou quel y a maison et granche consiste en 116 jornelz de terre et 36 fauchées de pré. »

Station à Sainte-Maure. Prébende à Saint-Etienne de Troyes. Processions à la cathédrale.

De temps immémorial l'abbaye de Saint-Loup avait le droit et la charge de se rendre en procession à l'église de Sainte-Maure, à 8 kilomètres de Troyes, le jour de la fête patronale. Pour cette station, l'abbaye percevait cinq sous sur les dîmes et le cens de l'*atrium* de l'église Sainte-Maure; les paroissiens pourvoyaient à la nourriture des religieux et préparaient le pain et la viande dès la veille; ils nourrissaient aussi les chevaux des religieux. Quant la fête tombait le lundi, les paroissiens, au lieu de préparer des vivres, payaient seulement la redevance de 10 sous, et rien de plus. Le pape Eugène III, le 14 avril 1147, confirma l'abbaye de Saint-Loup dans le droit de station à Sainte-Maure (p. 35 et 63).

En 1163, l'abbaye de Saint-Loup échangea la station de Sainte-Maure et la moitié des biens de Charmont contre les revenus d'une prébende dans la collégiale Saint-Etienne, de Troyes. Le comte Henri le Libéral, fondateur de la collégiale, Manassès, doyen, et le chapitre de Saint-Étienne, conclurent cet accord, et Guitère, abbé de Saint-Loup, fut investi de la prébende. L'échange fut sanctionné par une *confraternité* de prières entre les deux maisons (p. 62-63).

Parmi les droits de Saint-Loup, au XIIe siècle, il faut compter celui d'aller en procession à la cathédrale aux quatre fêtes annuelles : Noël, Pâques, la Pentecôte et la Saint-Pierre. Les chanoines de Saint-Loup arrivaient pour la messe et restaient jusqu'après l'*Ite, missa est*. La messe étant achevée, le chambrier de Saint-Pierre remettait au cellérier de Saint-Loup cinq sous, à chaque fête, *pro benedictione*, c'est-à-dire pour le *past* ou régal claustral (p. 139).

Dîmes.

Avec les églises qui lui avaient été concédées par les évêques de Troyes, avec la confirmation du Saint-Siège, l'abbaye de Saint-Loup possédait les dîmes attachées à ces églises par le droit canonique. Mais elle jouissait encore de plusieurs dîmes inféodées qui lui avaient été données ou qu'elle avait acquises : le sixième des dîmes de Maison et Loisy (p. 22); la moitié des dîmes de l'ancienne paroisse de Brevonnelle; les dîmes de Molins ; les menues dîmes d'Auzon; la moitié des dîmes des *oches* de Rouilly-Saint-Loup; les dîmes de Lusigny, deux ans de suite (p. 34); les dîmes de Saint-Loup de Buffigny; les nones de la Chapelle-Saint-Luc (p. 35); les menues dîmes de Torvilliers et la moitié des offrandes aux fêtes de Noël, Pâques et la Toussaint (p. 66); le quart de toutes les dîmes d'Esternay (p. 153).

Terres et seigneuries. Granges.

Notre Cartulaire nous montre l'abbaye de Saint-Loup à l'apogée de sa prospérité temporelle. Mais en désignant les principales propriétés de l'abbaye il ne les fait pas suffisamment connaître, pour en avoir une idée plus complète et qui ne soit pas exagérée nous recourrons à des documents empruntés à une époque où la propriété monastique était en décadence. Après le xiii° siècle, loin de s'accroître, les biens de Saint-Loup ont été diminués par des aliénation successives (1).

L'abbaye de Saint-Loup possédait cinq terres et seigneuries; la plupart des autres propriétés plus ou moins considérables en terres, prés, vignes, bois, rivières, moulins, etc., se rattachaient à des centres agricoles appelés granges, et qu'on trouve près des terres et seigneuries et des prieurés-cures.

La grange d'Auzon (*curtis de Auzona*) est mentionnée en 1147 (p. 34). En 1740 on ne trouve plus à Auzon qu'un gagnage consistant en cent quatre-vingt-deux journels de terre et dix-huit fauchées de pré, loué 420 livres et 4 chapons, plus les grosses dîmes, louées 36 livres.

La terre et seigneurie de Baire-Saint-Loup avec ses droits (*potestas, fresengie, major de Baira*, Aube, arrondissement et c. Troyes, comm. Saint-Parres-les-Tertres). Cette seigneurie apparaît dès l'an 1089,

---

(1) Archiv. Aube, *reg.* 4-H *bis*, rédigé en 1407, *Cens et revenus*; *Déclarat.* du 6 oct. 1470, du 5 févr. 1489, du 20 août 1515, du 19 mai 1549, *lias.* 1; et *reg.* 20, de 1740 à 1744.

au plus tard (p. 10); le moulin de Baire avec la rivière, le pré au Dean et 4 arpents de terre; un gagnage de 48 arpents de terre et 15 arpents de pré à Panay, se rattachaient à la seigneurie de Baire, en 1743.

La grange de la Bretonnière (*curtis, grangia de Brethoneria, Bretoneria*, Aube, arr. Troyes, c. Lusigny, comm. Verrières). Cette grange apparaît en 1147 (p. 34). En 1743 la ferme de la Bretonnière consiste en 174 arpents de terre et 44 arpents de pré. Le tout est loué 600 livres, 16 setiers de froment, 15 setiers d'avoine et 6 chapons, par an.

La grange du Petit-Brevonnelle (*grangia de Bevronella*, Aube, arr. Bar-sur-Aube, c. Brienne, commune Mathaux). Cette grange apparaît dès 1153 (p. 35, 192). En 1515 « le gaugnage de Brevonnelle, ou bailliage de Chaumont, ou quel y a maison et granche » consiste en 367 jornelz de terre, 6 fauchées de pré et un étang (1).

La grange de Chamoy (*grangia de Chamagia, Chamaio, Chamai*, Aube, arr. Troyes, c. Ervy). Les premiers biens de cette grange furent donnés par le comte Thibaut I, en 1089, au plus tard (p. 10). En 1742 cette propriété ne consiste plus qu'en un gagnage de 10 arpents de terre avec 5 arpents de pré, loués 90 livres.

La grange de Charmont (*grangia de Corchlavera, Corclaverzi, Corthlaverzi, Cortlaverzi, Colasverdey,*

(1) On lit dans un bail de 1742 : « il y avait anciennement un étang. »

aujourd'hui Charmont, Aube, arr. et c. Arcis-sur-Aube), comprenait différentes propriétés éparses sur les finages de Charmont, Montsuzain et Voué, avec le Moulin-Haimon. Cette grange provenait en principe d'une donation du roi Charles le Chauve (p. 4). L'abbaye de Saint-Loup, trop faible pour résister aux empiétements des seigneurs de Colaverdey, céda moitié des biens de la grange de Charmont à la collégiale de Saint-Étienne de Troyes, en 1163 (p. 62).

La grange de Dienville (*grangia de Dienvilla, Dienvilla, Dainivilla*, Aube, arr. Bar-sur-Aube, c. Brienne). Cette grange apparaît dès 1164 (p. 66, 100).

La terre et seigneurie avec la grange de Lusigny *potestas, major, grangia de Lusigniaco*). La seigneurie de Lusigny, avec ses droits, apparaît en 1136 (p. 20, 34). En 1741 on trouve encore : la maison seigneuriale et ses dépendances; les six anciens gagnages, réunis en un seul, qui comprend seulement 282 arpents de terre et 38 arpents de pré; le moulin à eau, qui rapporte annuellement 550 livres; 62 arpents de pré; enfin les dîmes de Lusigny et de Fontaine. Le tout, avec le greffe de la justice, est loué 3,700 livres et 12 chapons, par an.

La terre et seigneurie de Molins (*potestas de Molins*) et la grange de Molins (*curtis de Molins*) apparaissent dès 1136 (p. 20). On lit dans le terrier de 1515 : « ville, seigneurie et justice de Molins, en Brennois, y a majeur et sergent. Deux gagnages ès quels a maison, granches.. 200 jornelz de terre et 30 fauchées de pré, ung molin et la rivière banale. »

La grange de Monterlot (*grangia de Montetulleto, Montullet, Montullot*, Aube, arr. Bar-sur-Aube, canton Brienne, comm. Pel-et-Der). Cette grange, dont les premiers biens remontent avant 1150 (p. 42), fut donnée à Saint-Loup au mois d'avril 1206, par Jean, comte de Brienne (p. 191). En 1515 « le gangnage de Monterlot, ou bailliage de Chaumont, ou quel y a maison et granche, consiste en 276 jornelz de terre et 24 fauchées de pré ».

La grange d'Ormay (*grangia, nemus, vinea de Ulmetum, Ulmoi, Ormoi, Ourmoy*, Aube, arr. Bar-sur-Aube, c. Brienne, comm. Épagne). Cette grange, qui appartenait à l'hôpital de Chalette, passa avec l'hôpital, aux mains de l'abbaye de Saint-Loup, en 1199 et 1206 (p. 166, 192). En 1515 « le gangnage d'Ormoy, ou bailliage de Chaumont, ou quel y a maison et granche, consiste en 210 jornelz de terre et 16 fauchées de pré. La vigne d'Ormoy a 9 arpens et le bois d'Ormoy 25 arpens ».

La grange de Pompée (*grangia, nemus de Pompee*, Aube, arr. Nogent, c. Marcilly-le-Hayer, comm. Rigny-la-Nonneuse, entre Rigny et Fay). Les premières origines de cette grange remontent au-delà de 1175 (p. 77, 258, 263). En 1515 « le gangnage de Pompée, ou bailliage de Sens, ou quel y a maison et granche, consiste en 180 jornelz de terre et 50 arpens de bois ».

La grange de Rigny-la-Nonneuse (*feodus, grangia de Regni, Regniaci*, Aube, arr. Nogent-sur-Seine, canton Marcilly-le-Hayer). Il est question des biens de l'abbaye de Saint-Loup à Rigny-la-Nonneuse, en 1175 (p. 77). En 1515 « le gangnage de Rigny, ou baillinge de Sens, ou quel y a maison et granche », consiste en 286 arpents de terre, 1 arpent de pré et 11 arpents de bois.

La terre et seigneurie avec la grange de Rouilly-Saint-Loup (*potestas Rulliaca, potestas de Rulliaco, major, villa, terra*). La terre et seigneurie de Rouilly-Saint-Loup remontent avant 1089 (p. 10). En 1742 la seigneurie, avec le greffe de la justice et la ferme, consistant en 124 arpents de terre, en 17 pièces et 10 arpents de pré, sont loués 1,250 livres, 108 boisseaux de froment, 108 boisseaux d'avoine et 6 chapons; 22 arpents de pré, en trois pièces, sont loués séparément.

La terre et seigneurie avec la grange de Villepart (*potestas, terra, grangia de Villapartis, Villepartis*, Aube, arr. et c. Troyes). La seigneurie de Villepart existait avant 1147 (p. 34). En 1740 la seigneurie et la ferme de Villepart sont louées moyennant 430 livres et 4 chapons, tous les ans.

Autres biens et revenus.

Nous rappellerons seulement les principales redevances féodales actives que percevait l'abbaye, ou les redevances passives dont elle était affranchie : la justice et les droits qui s'y rattachent; les tailles et autres redevances dites *tallia, census capitum, annua receptio, nummi, galline, fresinge, salcamentum* ou *avena* (p. 10, 38, 52, 72, 75, 96); les rentes foncières ou cens, seules rentes connues au moyen-âge dans les communautés religieuses, et qui étaient perçues sur les biens fonds et les bâtiments; droits d'usage dans les bois (p. 44, 50, 73, 79); droits de mouture (p. 109, 143); droits de four (p. 53, 83); droits de pêche (p. 47, 53), droits de panage et de pâture (p. 50); droit de tirer de la tourbe (p. 39); exemption du droit de gîte (p. 8, 106, 173); du droit de charroi (123); du droit d'entrée pour les vins (p. 301); sauvegarde (p. 236).

V. Dépérissement du temporel. Les Juifs.

Dès le commencement du xiii° siècle, nous trouvons notre abbaye aux prises avec les banquiers Juifs, qui étaient fort nombreux dans nos contrées, à Troyes, Villemaur, Ervy, Villenauxe, Ramerupt, Lhuitre, Dampierre, Rosnay, Bar-sur-Aube (1).

Les juifs retiraient d'énormes bénéfices du prêt usuraire. En Champagne, les banquiers chrétiens avaient adopté comme période de prêt à intérêt l'intervalle qui sépare les six foires de Champagne, soit en moyenne la période de deux mois; pour les banquiers Juifs, la semaine était la période légale du prêt, et le taux légal était la somme exorbitante de trois deniers par semaine, c'est-à-dire 65 fr. 62 c. pour cent, par an (2). Enfin une ordonnance rendue de concert par Philippe Auguste, Blanche de Navarre et Gui de Dampierre, en 1206, renouvelée en 1218, fixa le taux usuraire que

---

(1) Clément Mullet, notice sur Salomon Jarchi, *Mém. de la société Académ. de l'Aube*, 2° série, t. vi, p. 143.

(2) Voir Depping, *Les Juifs dans le moyen-âge*.

pouvaient exiger les Juifs à deux deniers par semaine et par livre, c'est-à-dire à 43 fr. 75 c. pour cent, par an (1). Quelquefois, par suite d'arrangement, les Juifs se contentaient du taux ordinaire, aussi, au mois d'avril, en 1220, le Juif Vivet, de Villenauxe, consent à recevoir des intérêts au taux de douze deniers par livre et par foire, c'est-à-dire trente pour cent par an (p. 249).

On comprend donc combien il était dangereux pour une abbaye, même après le règlement de 1206, d'entrer dans la voie des emprunts. Maintenant, au taux de cinq pour cent, une dette met vingt ans pour se doubler sans anatocisme; mais après 1206, les intérêts cumulés égalaient le capital au bout de deux ans et quinze semaines, et avant 1206, lorsque l'intérêt était à trois deniers, les intérêts doublaient le capital en quatre-vingt semaines. Ces réflexions, rapprochées des faits suivants, expliquent les embarras financiers et le dépérissement du temporel de l'abbaye de Saint-Loup, dès la première moitié du XIIIe siècle.

En 1212, l'abbaye de Saint-Loup, en conséquence d'un arrangement avec Clairin de Chaudrey s'engage à payer, pour lui, aux Juifs de Dampierre, 120 livres valant 2,433 fr. 60 c., au pouvoir de 12,168 francs (p. 188, la charte est datée par erreur de 1202). En 1220, l'abbaye s'engage à payer au Juif Jacob, de Dampierre, fils de Samson le Roux, à ses frères et à Abraham

---

(1) *Ordonnances*, t. XI, p. 291; t. I, p. 36. — D'Arbois de Jubainville. *Hist. des Comtes de Champagne*, t. IV, p. 833; *Etudes sur l'état intér. des abbayes Cisterc.*, p. 298.

Lovet, de Rosnay, 450 livres valant 9,118 fr. 72 c., au pouvoir de 45,594 fr. Saint-Loup abandonne en outre, comme garantie de cet engagement, le village de Molins, sur lequel une rente viagère de deux muids de froment était déjà constituée au profit du même Juif (p. 250-252). La même année, l'abbaye devait au Juif Vivet Herbouth, de Villenauxe, et à Bandit, son gendre et son associé, 400 livres valant 8,105 fr. 53 c., au pouvoir de 40,528 francs (p. 248-249).

Thibaut, qui avait été Juif, en 1209 (p. 205-206); Hugues Poilevilein, en 1214 (p. 217); Bandit de Dijon, en 1216 (p. 230); Crescent, de Sens, en 1219 (p. 244); les enfants de Valin, Juif, de Troyes, en 1220 (p. 255); Thibaut IV, comte de Champagne, pour ses Juifs Bien-li-Vaigne, fils d'Herbouth, de Villenauxe, et pour Jacob, de Dampierre, en 1224 (p. 266-267); le même Jacob, de Dampierre, en 1226 (p. 271-272), délivrent des quittances à l'abbaye de Saint-Loup.

Un acte de 1225 nous fait connaître que pour payer ses dettes, l'abbaye a concédé à Garsias, clerc de Thibaut IV, la jouissance viagère de la grange de Saint-Vinebaud, moyennant 250 livres de Provins; Garsias, après avoir amélioré considérablement les propriétés qu'il tenait, reprit en échange de Saint-Vinebaud la grange de Villepart et les moulins de la Bretonnière; enfin, les dettes de l'abbaye croissant toujours (*debitis nostris crescentibus, ita quod ipsorum honere supra modum essemus gravati*), Garsias abandonne la grange de Villepart après l'avoir améliorée, et reprend en échange la grange de la Bretonnière, Lusigny et le bois de Luisant, en versant 500 livres de nouveaux provinois, *pro solutione debitorum nostrorum facienda* (p. 267).

Toutes ces dettes n'étaient pas contractées par l'abbaye de Saint-Loup personnellement, mais encore par les prieurés de son obédience. Afin de prévenir de nouveaux abus de la part des prieurs, une bulle fut sollicitée en cour de Rome, l'an 1215, et le 21 août de la même année, le pape Innocent III défendit aux prieurs-curés dépendant de Saint-Loup, sous peine de nullité de contrat, de faire des emprunts sans le consentement de l'abbé et de la majorité du chapitre (p. 220). Par une autre bulle, Innocent III nommait des délégués apostoliques pour faire observer la défense précédente, ajoutant la peine des censures contre les infracteurs (p. 222).

VI. Des personnes. Noms et surnoms.

On voit figurer dans le Cartulaire les trois classes de personnes dont se composait la société, savoir : les nobles, les libres et les serfs. On rencontre des papes, des rois, des évêques, des abbés, des comtes et autres seigneurs; les dignités ou offices ecclésiastiques et monastiques y sont mentionnés avec les dignités et offices civils; les libres *(liberi)*, les femmes libres (p. 30-31), les serviteurs libres (p. 66), les serfs affranchis (p. 56), les *albani* (p. 122), les *villani* (p. 10, 12), les *rustici* (p. 38), les serfs sont souvent cités, aussi bien que les gens d'arts et métiers. Les noms de personnes appartiennent en général aux langues du nord. Dans la seconde moitié du XIIe siècle, les surnoms empruntés aux pays, aux qualités intellectuelles, morales et physiques des personnes, à leurs défauts ou à leurs habitudes, à leur profession, aux animaux, aux plantes... se multiplient, et passant des pères aux enfants deviennent des noms de famille.

On trouvera dans l'*Index nominum* l'analyse complète de notre Cartulaire au point de vue des personnes.

VII. Discipline canonique.

Notre Cartulaire renferme plusieurs faits importants au point de vue de la discipline canonique. Le pape confirme la réforme de l'abbaye de Saint-Loup (p. 18); la fondation des prieurés de Bucey et de Marigny (p. 100, 130, 151); la concession de plusieurs églises faite à Saint-Loup par les évêques de Troyes (p. 18, 27, 33, 105, 121)... le ressort du tribunal de Rome est universel et les papes délèguent de tous côtés, et tous les jours, des juges apostoliques (p. 119, 125); Clément III fait excommunier et déclarer suspens de ses fonctions Manassès de Pougy, évêque de Troyes, en 1188, puis en 1190 (p. 130, 145); Urbain III soustrait l'abbaye de Saint-Loup à l'interdit général lancé par les évêques de Troyes (p. 120); Clément III accorde à l'abbaye un privilège en vertu duquel elle ne pourra être soumise à l'excommunication sans raison grave (p. 134).

Atton, évêque de Troyes, impose la réforme dans l'abbaye de Saint-Loup (p. 5, 19); le même évêque

et ses successeurs donnent à l'abbaye huit églises
paroissiales avec leurs succursales, trois hôpitaux, des
dîmes, mais en se réservant l'institution canonique
des curés, ainsi que les redevances épiscopales dues
par les églises (p. 23, 24, 25, 82, 87-88, 160, 166);
dans ces mêmes actes on voit l'évêque de Troyes séparer l'église de Bucey de celle de Thuisy, unir à l'é-
glise de Bucey celle des Chaast; l'église de Bucey est
élevée au degré de paroisse et l'église des Chaast des-
cend à celui de succursale; l'église d'Épagne, d'abord
paroisse, devient la succursale de Blaincourt. Tous ces
actes de l'évêque se font avec le consentement de l'archidiacre régional (p. 24, 26, 28, 196).

VIII. Coutumes féodales. Usages.

Commende laïque. L'abbaye de Saint-Loup, en 890,
est entre les mains d'un seigneur laïque qui prend le
titre d'abbé avec le droit du *totum*, ou de concéder la
prévoté; et le droit de *sommarium*, ou de vendre les
prébendes. Les comtes de Champagne jouissent de ces
droits que le comte Hugues cède aux seigneurs de
Chappes; et Clarembaud 1er de Chappes n'y renonce,
en 1114, que moyennant une grosse somme d'argent
(p. 2, 3, 17).

Dîmes inféodées. La plupart des églises et des dîmes
données à l'abbaye par les évêques de Troyes, furent
arrachées des mains des laïques qui les tenaient en
fief (V. plus haut).

Droits féodaux réservés. Souvent des droits féodaux
sont concédés à l'abbaye sauf réserve : ainsi le comte

Henri le Libéral exemptant de sa justice les hommes de l'abbaye de Saint-Loup qui habitent Troyes, excepte *forefacta furti, multre et mellee* (p. 57).

Coutume dans la prévoté de Troyes. En 1177 et en 1354, on trouve en vigueur, à Rouilly-Sacey et à Lusigny, l'antique coutume de Troyes, en vertu de laquelle les manses retournent au seigneur coutumier, lorsque ceux qui les tiennent meurent sans enfants légitimes (p. 84, 301).

Les aubains ou étrangers (albani). Quand un aubain venait s'établir sur la terre d'un seigneur, il relevait de la justice de celui-ci. Si un aubain de Charmont se marie avec une femme de Saint-Loup, ou si une aubaine épouse un homme de Saint-Loup, la justice du seigneur de Charmont suit ces aubains pendant leur vie; toutefois, à leur mort, le seigneur de Charmont a sur eux et leur famille les seuls droits qu'il a sur les hommes de Saint-Loup (p. 38). Si l'abbaye fait venir des aubains à Charmont et les installe dans ses oches, le seigneur de Charmont n'a aucun domaine sur eux (p. 39). Le comte Henri II, en 1187, permet à Saint-Loup de recevoir des aubains à Troyes, et il leur accorde la liberté dont jouissaient les hommes de l'abbaye qui habitent cette ville (p. 122).

Les serfs. L'abbaye de Saint-Loup possédait des serfs *(servi, homines Sancti Lupi).* Rien de plus commun que les échanges, partages et ventes de serfs entre les divers seigneurs (p. 52, 67, 76, 80, 106, 116, 148, 153, 154). Souvent les échanges se faisaient pour faciliter le mariage des serfs.

Le consentement du seigneur fut requis jusque vers le milieu du xii° siècle pour la validité du mariage des serfs (p. 69). Mais nous trouvons, en 1193, un règlement, renouvelé en 1197, en vertu duquel les chapitres de Saint-Loup et de Saint-Étienne ne pourront mettre opposition au mariage des serfs d'une maison avec ceux de l'autre ; il est aussi statué que le mariage contracté par les serfs, sans l'avis et malgré l'opposition des chanoines, sera regardé comme valide et indissoluble (p. 154, 164).

Les enfants qui naissaient de parents appartenant à deux seigneurs étaient partagés par moitié (p. 38, 155, 164).

Des femmes libres d'Anseau de Trainel, qui habitaient la Rivière de l'Arduçon, s'étant mariées avec des hommes de Saint-Loup, l'abbaye prétendit que, d'après la coutume des lieux, la condition de ces femmes suivait la condition de leurs maris. Anseau abandonna les femmes en question ; mais la coutume fut cassée, et il fut réglé qu'à l'avenir, lorsque de pareils mariages auraient lieu, Anseau et ses successeurs pourraient exiger des femmes libres le *servitium* (p. 30, 31).

La mainferme et la censive. L'abbaye de Saint-Loup donna à Garnier, chevalier de Bernon, la grange de Villepart à tenir en mainferme (*ad manumfirmam*), sa vie durant. Garnier étant mort en 1148, la même grange fut concédée à Agnès, veuve de Garnier, et à ses successeurs, pour la tenir à perpétuité, avec l'obligation de payer cinq sous de censives tous les ans (p. 40).

Les annates. Manassès de Pougy donne, en 1158, à l'abbaye de Saint-Loup, les annuels ou annates (*annualia*) des chanoines de Pougy, c'est-à-dire le revenu d'une année de la prébende à chaque mutation de titulaire, quelle qu'en fût la cause (p. 51).

Profession religieuse. Lorsque Henri Bogre se fait religieux à Saint-Loup, ses parents lui constituent une dot garantie (p. 101).

Pitance. Garnier de Traînel remet à Saint-Loup une rente annuelle de trois muids d'avoine, à condition que les chanoines feront son anniversaire, et que le prix d'un muid d'avoine sera employé à la pitance des religieux au réfectoire (p. 113).

Le cierge de Saint-Loup. Le comte Henri le Libéral ayant exempté de sa justice et déchargé de toute redevance les serviteurs ou officiers laïques de l'abbaye de Saint-Loup, exige que chacun d'eux *in signum libertatis sue* mettra deux livres de cire sur le cierge que, selon la coutume, on porte à la procession de la fête de Saint-Loup (p. 58).

Symboles. Henri le Libéral, comte de Champagne, en souvenir et reconnaissance de ce que son fils, Henri II, était né le jour de la fête de saint Loup, donna un Evangéliaire à notre abbaye : sur la couverture en vermeil sculpté on voyait le jeune prince offrant l'Evangéliaire à saint Loup. Henri défendit, sous peine d'anathème, d'aliéner ce livre (p. 7).

La comtesse Marie, fille de saint Louis et veuve de Henri le Libéral, ayant fait loger des troupes à Lusigny, à leur retour de la croisade, en 1181, fut con-

INTRODUCTION. xxxix

vaincue *per antiquiores et magistratus curie* qu'elle n'avait pas ce droit. Elle répara le dommage, et en amende honorable elle donna son anneau, qui fut attaché à la couverture de l'Évangéliaire dit du comte (p. 8). Cette précieuse couverture a disparu du manuscrit 2275 de la Bibliothèque de Troyes.

Anathème. Les donations les plus anciennes faites à l'abbaye de Saint-Loup sont mises sous la protection de l'anathème. Le Cartulaire renferme différentes formules employées par les papes, les évêques, les abbés et les seigneurs (p. 3, 7, 8, 11, 13, 18, 21).

IX. Topographie.

Notre Cartulaire est analysé d'une manière complète, sous le rapport de la topographie, dans l'*Index geographicus*. Les noms de villes, de villages, de hameaux, de fermes, et même les simples lieux dits, y sont rapportés avec toutes les formes qu'ils affectent dans le Cartulaire. Pour la France, nous indiquons les lieux d'après la division géographique moderne et d'après le cadastre de chaque commune.

X. Mesures. Monnaie. Époques de paiement.

Les mesures indiquées dans notre Cartulaire sont : la fauchée de pré (*falcata*, p. 42), l'arpent de terre (*arpentum*, p. 1, 305, 306), le journal (*journalis*, p. 42, *jornerius*, p. 261), le muid (*modius*, p. 305, 306), le setier (*sextarius* p. 74, 75, 78, 305), le bichet (*bichetus*). Le muid et le setier sont dits à la mesure de Troyes, de Brienne, de Marigni (p. 78, 250, 243).

Nous trouvons dans un registre de Saint-Loup cette note de 1560 : « l'arpent contient 6 cordes, la corde huit aulnes, l'aulne XXX poulses, la perche VI cordes II aulnes, le quartier 4 perches I pougise » (1).

Les monnaies désignées sont : la livre (*libra*, p. 81), le sou (*solidus*, p. 70, 305), le denier (*denarius*, p. 84, 95), le *nummus* (p. 75, 123). La livre de Provins est désignée dix-neuf fois, la monnaie de Dijon une fois (V. *Index geogr.*).

On trouve dans le Cartulaire un acte qui peut donner une idée de la valeur de l'argent et du prix des terres : au mois d'avril 1222 un journal et demi de terre entre la Bretonnière et Verrières, fut vendu 6 livres, 6 sous (p. 261).

Les principales époques de paiement sont : la fête de Pâques (p. 50, 66, 139), la fête et la foire de saint Jean-Baptiste (p. 95, 243, 286, *infra rectum pagamentum in nundinis* p. 294), la fête et la foire de saint Remi (p. 35, 47, 48, 78, 123), la Toussaint (p. 50, 66), la fête de saint Martin d'hiver (p. 294), la fête de saint André (p. 10 et 12), Noël (p. 243, 251, 262), les Brandons ou le 1ᵉʳ Dimanche de Carême (p. 275 et 299).

XI. Les enceintes de Troyes, à l'est.

Nous ne saurions dire à quelle époque remontent les premières fortifications de la cité de Troyes. Le 1ᵉʳ mars 753 ou 754, Chélembert donna à l'abbaye de Montier-la-Celle des vignes qui étaient au pied de

---

(1) Archiv. Aube, *reg.* I-II-*bis* 17. fol. 1 v°.

ces murs *cince que sunt prope de muro civitatis* (1).

C'est cette enceinte primitive qui fut fortifiée après l'invasion des Normands, en 889 (p. 2); à l'est, les murs passaient entre le Meldançon et la cathédrale, près du chevet de cet édifice. Là se trouvaient le pont et la porte de la cité Troyenne, désignés sous le nom de *pons* et *porta Episcopi*, *Pont-Ferré*; le pont était sur le Meldançon qui traverse la grande voie (V. *Index geogr.*). Ce sont ces anciennes fortifications qui, en 1208, furent entamées pour placer le chevet de la nouvelle cathédrale.

Mais, alors une autre enceinte plus reculée, à l'est, défendait la ville, c'est la dérivation de la Seine, ou bras de Jaillard, passant entre l'église Saint-Nizier et Saint-Martin-ès-Aires, et traversant la rue Saint-Jacques au pont dit *Pons Ursariorum*, ou *Orsiers*, *des Ursins*, *des Cailles* (V. *Index geogr.*), puis coulant de l'est au nord, entre la rue Surgale et les terrains de *Chaloel* (Chaillouet), qui ont été coupés depuis par les grands fossés de la ville. Cette enceinte fut faite au plus tard sous Henri le Libéral, puisqu'on trouve la porte *Ursariorum* dès 1157 et les moulins *de Porta Ursariorum* en 1171 (2).

Une troisième enceinte, plus reculée encore à l'est, fut faite, probablement de 1229 à 1230, par le comte Thibaut IV, qui amena les eaux de la Seine où elles passent maintenant dans les larges fossés entre la ville

---

(1) Archiv. Aube, *Inventaire de Montier-la-Celle*, p. 40.
(2) D'Arbois de Jubainville, *Hist. des Comtes de Champ*, t. III, p. 276-277.

et le faubourg Saint-Jacques (p. 297, 299). Ces fossés coupèrent en travers les deux grandes pièces de vignes de l'abbaye de Saint-Loup, appelées le Clos et les Hastes (V. *Index geogr.*). Le clos, qui primitivement s'étendait en long, au midi de la grande voie, depuis la ville jusqu'au faubourg Saint-Jacques (soit à l'emplacement actuel de l'Ecole Normale), s'étendait en travers, du nord au midi, près de la ville (soit sur le Cours Saint-Jacques), depuis la grande voie entre la porte dite aux *Orsiers* et la porte dite plus tard de Saint-Jacques, d'une part, et le Clos-l'Evêque, au midi, d'autre part. Ainsi, l'emplacement de la porte des *Orsiers* se trouve fixé; cette porte est celle qui fut appellée aux Ursins, puis aux Cailles.

Nota. 1° Les deux chartes n. 125 et 126 sont mal placées, elles viennent après le n. 41.

2° C'est par erreur qu'on lit Rouilly au lieu de Baire, dans le sommaire n. 29 ; et Ormets au lieu d'Ormay, dans les sommaires n° 141 et 202.

CARTULAIRE

DE L'ABBAYE DE SAINT-LOUP

1. — Avant 1181. Mémoires de Guitère, abbé de Saint-Loup, sur les origines de l'abbaye.

De conditione ecclesie Beati Lupi Trecensis.

I. — In nomine Sancte Trinitatis. Ego G., ecclesie Beati Lupi Trecensis humilis minister, notum facio quibuscunque lecturis, quod fratres nostri et ego, cum adhuc degerem et agerem sub abbate nostro bone memorie Everardo, sicut assolet, humana curiositate ducti veteres chartas, que in ecclesia nostra conservabantur, scrutari cepimus et reversare, reversandoque quod in ipsis contineretur diligenter investigare; inter ceteras vero que munificentie regalis largitionem continebant, nam terra de Lueriis et de Cortlaverzi, et arpenta de suburbio que nunc Clausum dicimus, et farmaria de villa Mondicorum dono Caroli regis ecclesie nostre fuisse collata proprie testabantur. Hanc specialiter epistolam que subscripta est Adelermi comitis et abbatis Sancti Lupi nomine titulatam reperimus; et quia jam pene disrupta erat et pre vetustate vix legi poterat transcribi fecimus.

II. — *Epistola Adelermi comitis.*

(L. I.) Adelelmus, abbas Sancti Lupi, Raginario archiclavi ceterisque canonicis ecclesie Sancti Lupi famulantibus, notum esse volumus omnibus filiis sancte Dei Ecclesie, quia cum tota pene paganorum crudelitate popularetur Gallia, eadem rabie crassante, Trecorum conati sunt tangere limina; quorum adventu cives ejusdem urbis paventes, qua quisque potuit parte aufugerunt. (L. II.) In suburbio autem predicte civitatis corpus beati Lupi in magna gloria et diligenti cura a Raginario ejusdem ecclesie archiclavi et a reliquis clericis nobiliter servabatur, qui omnes uno consensu glebam Sancti Viri suis humeris ad tuta detulere loca. (L. III.) Pagani vero urbem captam incendio tradiderunt, vastantes cuncta et diripientes omnia. Quibus recedentibus, qui a proprio solo olim discesserant dulcia ceperunt invisere loca; et urbem quam nudam dimiserant, necessitate cogente, licet sero muris et turribus et seris obfirmaverunt. (L. IV.) In qua jam dictus Raginarius, una cum consensu Bodonis venerabilis XXXVIIII episcopi Trecorum et Adelelmi illustris comitis et abbatis Sancti Lupi, juvantibus et opem ferentibus ejusdem ecclesie clericis, in proprio sui juris solo, infra muros predicte civitatis, ecclesiam construxerunt. (L. V.) In qua etiam condigno honore sacrum corpus beati Lupi posuerunt, quia eam in qua prius extra muros fuerat humatum, feritas et immanitas Marcomannorum flammis adusserat. (L. VI.) Placuit itaque et visum est eis, ob firmitatis indicium, literas accipere, ut nemo, per succidia tempora, comitum aut abbatum aut ministrorum quisquam reipublice eorum infringere aut inquietare presumat claustra que in eorum allodio noscuntur fuisse constructa. (L. VII.) Omnia autem edificia vel structuras, vel quidquid desuper edificare contigerit, liceat habere, possidere, tradere, vendere et facere sicut ex aliis rebus sue proprietatis, excepta domo in qua sanctum Beati Confessoris quiescit corpus. (L. VIII.) Ac postmodum bonorum hominum manibus est carta roborata, ut stabilis maneat et inconvulsa. (L. IX.) Siquis vero obviare nunc rationi presumpserit, igne perpetuo cum Juda traditore Domini aduratur, nisi digna satisfactione correxerit. Ego Adelelmus subcripsi. Actum Augusta Trecorum civitate, publice, kalendas martii anno III° regnante Odone gloriosissimo rege.

III. — Verum quia mentionem fecimus Adelelmi comitis et abbatis, sciendum quia comites, multis temporibus, abbates Sancti Lupi fuerunt et datores prebendarum, et post comites, Castellani de Capis, usque ad Clarembaudum, virum Aalidis, patrem Clarembaudi Leprosi, ab isto namque Petrus de Mareyo prepositus Sancti Lupi, vir pius et simplex, data multa pecunie summa, donum prebendarum redemit, et ab omni subjectione domini de Capis, totam ecclesiam, consilio et auxilio comitis Hugonis, a quo Capenses tenebant, emancipavit, anno Incarnati Verbi M°C°X°IIII°.

IV. — Item ne quandoque prolixitate temporis in questionem deveniat cur ecclesia Beati Lupi et ecclesia Sancti Martini tante fraternitatis conjunctione connexa sint, ut alterutra declinans ab ordine, per alteram recuperari debeat et reformari, paucis intimare curavimus. Principalis et prima causa est authoritas Apostolice Sedis et privilegium sancte memorie Innocentii pape, qui sic ordinavit, scripsit et confirmavit. Dehinc, quia ecclesia Sancti Lupi radicitus ut esset accepit, et ecclesia Sancti Martini ecclesiam Sanci Lupi in religione fundavit et instituit. Quod ut evidentius fiat, qualiter factum sit, ordine rei geste paulo superius repetito, breviter explanabimus. Tempore Philippi pontificis, Girardus Sancti Lupi prepositus et fratres ipsius ecclesie, quatuor sacerdotibus, honestis viris, ecclesie Sancti Lupi vicariis, qui secundum regulam beati Augustini vivere disposuerant, quandam cappellam suam in honore sancti Martini dicatam, que juxta Clausum sita erat, in qua et beatus Lupus sepultus fuisse tradebatur, ad Deo serviendum concesserunt, quibus et unam carrucatam terre Lueriis, et vineas et alia bona contulerunt. Post hec, eadem ecclesia Sancti Martini processione temporis, fidelium largitionibus ampliata, collecto numero fratrum, proprium pastorem sortita, cum ad robur religionis et ordinis excrevisset, Deo volente, post decessum Guidonis prepositi contigit ut dive memorie Theobaudus comes, consultis religiosis viris Hugone Altissiodorensi episcopo, Hattone Trecensico episcopo, bone memorie Bernardo Clarevallis abbate, pervigili cura tractaret qualiter ecclesia prefati Sancti Lupi, que per negligentiam quorumdam a divino cultu torpuisse videbatur et dicebatur, ad religionem converteret; placuit igitur memorato principi, prefatisque religiosis viris, consentientibus et universis Sancti Lupi canonicis, ut decessioni secularium fratrum qui tunc ecclesie preerant, regulares canonici subrogarentur, ut quod illi minus honeste faciebant, isti solempnius et cum majori devotione Domino deservirent. Igitur, anno Incarnati Verbi M°C°XXX°V°, III° kalendas decembris, predicti religiosi quosdam de ecclesia Sancti Martini fratres elegerunt, quos in Beati Lupi ecclesia, sicut dispositum fuerat, Domino servituros transposuerunt; qui fuerunt inibi sine proprio abbate, Guillelmi abbatis Sancti Martini regimini et providentie respondentes anno I, monsibus VI, diebus XII.

V. — Anno M°C°XXX°VII°, II° idus junii, Girardus prior Sancti Martini, predictis fratribus in abbatem datus est et prelatus, vir mire simplicitatis et secularium negotiorum ignarus. In cujus tempore, prece bone memorie Bernardi, Clarevallis abbatis, et memorati principis Theobaudi, abbatia de Ripatorio in fundo Beati Lupi fundata est in loco qui Buxis vocabatur, pro quo beneficio, Hatto Trecensis episcopus ecclesias de Lonsout, de Ausona, de Molins, de Luseigni sepedicte ecclesie Beati Lupi restituit. Prefuit autem predictus Gerardus eidem ecclesie inter adversa et prospera sine querela incedens et doctrine vacans, annis IV, mensibus V, diebus XII. Videns autem se minus habilem, minus idoneum tantarum rerum dispensationi, dum graviter a multis impugnaretur, baculum curamque regiminis sponte deposuit, habitaturus secum seque liberaturus de cetero.

VI. — Anno Incarnati Verbi M°C°XL°VII° predicto Girardo successit Évrardus, qui dum degeret adhuc in habitu seculari ejusdem ecclesie cantor fuerat, vir prudens et rectus, rei familiaris strenuus dispensator, zelator ordinis, amator paupertatis, vir cui prosperatum est aliquando in diebus suis, inter adversa patiens, prospera contempnens. In cujus tempore, corpus sancti Lupi publice, presentibus Henrico pontifice, suburbanisque abbatibus, populo monstratum est; capsa in qua idem corpus repositum est, suis expensis facta est. Domus hospitum que vocatur Aula, cum cellario, ceterisque appenditiis a fundamento constructa est. Prefuit ecclesie sibi credite pius pater annis XI, mensibus XI, diebus III. Obiit autem senex et plenus dierum et appositus est ad patres suos, X kalendas decembris, et sepultus est in choro Beati Lupi, presente suo pontifice predicto Henrico, assistantibus etiam et condolentibus abbatibus suburbanis et ceteris religiosis personis.

VII. — Anno Incarnati Verbi M°C°L°III°, predicto Evrardo in ecclesie Beati Lupi regimine successit frater Guitherus, juvenis in eadem domo sub patribus predictis educatus et ad religionem informatus. In cujus tempore, serenissimus princeps noster Henricus Dei gratia Trecensis palatinus comes, ecclesie Beati Lupi per gratiam suam multa bona contulit, que licet non omnia, pro magna tamen parte, subnotamus, tum ut obviemus oblivioni, tum ne videamur ingrati. Nolumus enim latere posteros, ut et ipsi gratias agant et pro defuncto devotius orent, quod predictus comes dederit nobis prebendam ecclesie Beati Stephani, fresengias de Ruiliaco, fresengias de Baria cum casamento, libertatem furni nostri, modium frumenti in molendinis que sunt juxta Portam Episcopi, homines quos habebat apud Lusigniacum et familiam Pascharedi de Fontibus, libertatem villici nostri de Lueriis, libertatem submajoris Trecensis et duorum matriculariorum, pratum de Pontibus, et libertatem custodis ejusdem ; que omnia, causa majoris firmitatis, zelo Dei succensus, litteris suis et sigillo munire curavit. Hunc ipsum dedit et textum quem pre manibus habemus et in quo scribimus ; de quo scilicet id conditionis interponi voluit, et sub anathematis sententia prohibuit ne cuiquam, quocumque tempore, quocunique pacto, quacumque causa, ab ecclesia nostra liceat ipsum alienare ; in quo etiam junior Henricus filius ejus insculptus est, quasi presentans eumdem textum beato Lupo, quatinus sic in memoria teneatur quod in natale beati

Lupi, puer isdem fuorit natus, et textus, ipsius causa, eidem beato Lupo donatus.

(Bibliot. Troyes, ms. 2275 *ad calc.*)

VIII. — (Addit. an. 1181) *De anulo qui infixus est aureo textui.*

Annulus, qui infixus est et innexus aureo textui, comitisse Marie filie Ludovici regis fuit, quem pro quodam excessu quem fecerat, ut esset memoriale, Guithero abbati in emendationem donavit. Excessus autem talis fuit quod ipsa, defuncto comite Henrico viro suo, milites suos de expeditione revertentes, Lusigniaco jacere precepit, et homines Beati Lupi, qui geistium comiti non debent, indebite et extra morem gravavit, super quo gravamine, coram baronibus ab abbate Guithero conventa, presente filio suo Henrico, per antiquiores et magistratus curie, quod homines predicte ville geistium comiti non deberent didicit, et ob hoc expensarum restitutionem spopondit et abbati prefato, sicut scriptum est, excessum per annulum illum emendavit.

(*Cartul.* fol. 3 v°.)

IX. — (Addit. 1181-1196) *De inhibitione abbatis Guiteri ne vendatur Clausum, nec Haste, nec vinea Laboras.*

Ego frater Guitherus, Dei gratia Beati Lupi Trecensis minister humilis et capitulum nostrum ad notitiam omnium hec legentium pervenire volumus, quod nos, piam recolentes sollicitudinem predecessorum nostrorum, qui dona regalia devote conservare studuerunt illibata, providentes etiam successoribus nostris, ne per ignorantiam, quod Deus avertat, aut negligentiam incidant in canonem late sententie, quo possessiones ecclesiastice districtius inhibentur alienari, pari concilio statuimus et assensu communi, statutumque firmiter, omni dispensatione penitus exclusa, sub anathematis pena decrevimus observandum. Videlicet, ut Clausum de post Sanctum Martinum in Areis, quod de dono pie recordationis Caroli Calvi regis Francorum possidemus, huic ecclesie Beati Lupi conservetur integrum perpetuo pariter et illesum, sine aliqua necessitate cogente, vel interposita conditione, ipsum Clausum vel aliqua pars ejus vendi seu commutari valeat, aut donari. Sub hoc etiam interdicto disposuimus Hastas que sunt ab opposita parte Clausi perhenniter retinendas; et vineas de Thesauro; vineamque Laboras. Si quis autem contrarium hujus institutionis attemptare presumpserit, vel ipsam aliquo modo mutare voluerit, militantis Ecclesie tanquam aridum membrum, sine gratie celestis humore, sequestratus corporaliter pereat et nisi motum male voluntatis ad petram Christum penitens alliserit, triumphantis Ecclesie gloria privatus, perpetue damnationis tormento subjaceat. Observantibus autem hoc decretum et observari volentibus pacis auctor et amator pacem temporis tribuat et pectoris; et ad pacem deducat eternitatis ipse dux et rector omnium qui vivit in secula seculorum.

(*Cartul.* fol. 3 v°.)

2. — 1089 au plus tard. Le comte Thibaut Ier renonce, en faveur de Saint-Loup, aux droits qu'il avoit sur le village de Rouilly-Saint-Loup.

In nomine Sancte et Individue Trinitatis. — Ego Theobaudus, gratia Dei comes, notum esse volumus omnibus Christi fidelibus tam presentibus quam futuris, quia venit ad nos Sylvester, prepositus Sancti Lupi, cum conventu canonicorum deprecans, ut de terra Sancti Lupi, que conjacet in comitatu Tricassino et in potestate, que vocatur Rulliaca, cum omnibus membris ejus, consuetudines, quas injuste accipiebant mei ministri, sancte Dei Genitrici Virgini Marie et sancto Lupo, confessori, atque canonicis sibi famulantibus perdonarem, excepto salvamento et gallina presentialiter uno denario empta, quod feci ob remedium anime mee et uxoris, necnon et filiorum meorum, eo tenore, ut omni tempore in secunda et sexta feria ab eisdem canonicis missa celebretur in eadem ecclesia pro remedio anime mee et uxoris atque filiorum. Et insuper dimisi omnes consuetudines Bario et in omnibus membris ejus, et in villa Chamagie similiter, eo tenore, ut in unoquoque anno in festivitate sancti Andree unusquisque villanus, qui in illis villis assidue manebit, habens unum bovem aut plures arantes persolvat comiti unam fresingam aut duos solidos : extra potestates, qui vero boves non habebunt, inter duos unam, aut pretium ejus; et eo tempore, ut nullus meus minister in predictis villis intret ad aliquid capiendum aut ad justificandum, nisi convocatione aut licentia prepositi aut subjectorum, exceptis his qui salvamentum et gallinam, sicut prediximus, accipient. — Inde vero hoc preceptum fieri jussi et propria manu firmavi, et uxori mee et filiis meis firmare feci, ita ut omni tempore firmum et stabile permaneat. Et si quis hoc infringerit, maledictus sit ut Dathan et Abiron, quos vivos terra deglutivit.

(*Cartul.* fol. 38 r° et v°.)

3. — 1100 au plus tard. Le comte Hugues renonce aux droits qu'il avait sur le village de Rouilly-Saint-Loup.

In nomine Sancte et Individue Trinitatis. — Ego Hugo, Dei gratia comes Trecasinus, cum Philippo, fratre meo, Catalaunensium episcopo, et cum uxore mea, notum volo fieri omnibus Christi famulis presentibus eorumque successoribus, patrem meum, videlicet Theobaudum comitem, ob remedium anime sue et uxoris necnon et filiorum suorum sancte Dei Genitrici Virgini Marie et sancto Lupo confessori atque canonicis ipsi famulantibus perdonasse omnes consuetudines ville, que vocatur Rulliaca, omniumque membrorum ei adjacentium, quas ministri ipsius juste vel injuste solebant in eadem villa supradicta et in membris ejus accipere, excepto salvamento et gallina presentialiter uno denario empta. Quod actum est eo tenore, ut in secunda et sexta feria a canonicis sancti Lupi in ecclesia ipsius pro remedio anime sue et uxoris atque filiorum suorum missa celebretur omni tempore, et eo etiam tenore, ut omni anno in festivitate sancti Andree unusquisque villanus, qui assidue in predicta villa manebit, habens unum bovem aut plures arantes, comite Trecasino unam fresingam, ut ita dicam, aut duos solidos persolvat. Extra autem potestatem si qui manserint, et boves non habuerint, unam fresingam, aut predictum precium inter duos persolvant. Hoc autem ita constitutum est, ut nullus comitis minister predictam villam et membra ejus adeat ad aliquid capiendum, nec justificandum, aut judicandum, exceptis illis qui gallinam et salvamentum, sicut predictum est, accipient. Nec etiam quisquam ipsius minister in tota potestate illa, aliquid accipiat, nec justitiam aliquam in ea faciat. Idem vero ego Hugo, comes Trecasinus, et frater meus Philippus, Catalaunensis episcopus, atque uxor mea approbamus, et ne qua ambiguitas aut contentio de consuetudinibus perdonatis ulterius oriatur, sic ipsas distingui precepimus : Omnes liberos homines et liberas feminas, et quicumque vel quecumque ex aliis locis in villam supradictam et in membra ejus causa morandi venerint, atque consuetudines eorum quas ministri nostrorum patrum, nostri etiam solebant accipere, sive juste, sive injuste, in villa dicta Rulliaca et in membris ipsi adjacentibus, omnino, sive acciperentur in locis sylvestribus sive in campestribus, sive in aquis, sive in pratis, sive in servis, sive in ancillis, sive in liberis ibi manentibus, vel cum prius ibi mansissent inde alio recedentibus, omnino inquam, ego Hugo, comes Trecasinus, et frater meus Catalaunensis episcopus, et uxor mea perdonamus sancte Dei Genitrici Marie et sancto Lupo, et canonicis ipsius, excepta gallina presentialiter uno denario empta, et excepto salvamento et fresinga, vel precio ipsius, solidis scilicet duobus. Si quis autem hoc statutum infregerit sit maledictus et ab omni consortio christianorum submotus, sicut Dathan et Abiron quos terra deglutivit. — Signum comitis Hugonis : † — Signum Philippi, episcopi Catalaunensis civitatis : † — Signum comitisse Constantie˙: † — Ii sunt testes istius carte : Ingelrannus, episcopus Laudunensis; Philippus, Trecensis episcopus; Girardus, Sancti Petri archidiaconus et Sancti Lupi prepositus; Petrus, archidiaconus; Goscelmus, archidiaconus; Odo, cantor Sancti Petri; Drogo, magister ; Odo, cantor Sancti Lupi; Galterus, *camberars* Sancti Lupi; Galterus Tronellus: Galterus Verpertilio ; Teodericus canonicus ; Teobaldus, Sancti Lupi canonicus; Hugo..., Sancti Petri canonicus. — De laïcis : Milo, comes Barri ; Pontius de Ponto ; Hugo de Paenciis ; Dudo de Mareiolo ; Berengarus de Romeiolo ; Gaufridus, dapifer, et Otrannus, ejus filius; Gosbertus, de Villa Mortis ; Dudo, filius Havini ; Hugo, filius Goslini; Bovo, filius Baldrici ; Milo Parvus ; Hilduinus, miles de Curia. — De servientibus comitis : Ingelmarus, prepositus ; Lambertus, Gillebertus et Leboldus, negociatores ; Walo, filius Fromundi clari ; Hugo, pincerna ; Renaldus........ G[au]debertus, frater Ingelmeri prepositi ; Winebertus, filius Raduldi ; Setmarus, filius Dementis ; David, marescallus comitis ; Wandenbertus et Wiscelinus frater ejus ; Leudardus. — Servientes Sancti Lupi : Petrus, Radulfus.

(*Cartul.* fol. 37 v°. — Archiv. Aube, *origin.*)

4. — 2 avril 1103 (v. st.). Le comte Hugues déclare le cloître de Saint-Loup exempt de sa justice et de toute charge féodale.

In nomine Sancte et Individue Trinitatis. — Ego Hugo, comes Dei gratia Trecensis, post vulnerum meorum nimis difficilium afflictionem, et eorumdem Deo medicante evasionem, perpendens me in pluribus divinam gratiam offendisse, penamque predictam peccatis meis exigentibus me juste promeritum, attendens longe majorem promeruisse, de collata michi sanitate, proposui in conferendis beneficiis aliquibus ecclesiis Domino gratias reddere, et quia bonum desiderium letus debet comitari exitus, testante beato Augustino, qui Dominum orat ut bonis principiis meliores adjungantur exitus, quod in interiori meo votis disposueram, exhibui effectibus. Dedi igitur ecclesie Beati Lupi Trecensis monasterii libertatem domorum canonicarum, videlicet, ut nemo presumat deinceps eas violare, propter furem ibidem repertum, nec aliquo modo extrahere ipsum, sed liberum permittere in manu atque nutu canonicorum, nec accipere mensuram vini, sive annone, quamvis falsam ibidem, neque extrahere aliquid violentia, nec etiam fugitivum aliquem. Servientes etiam qui vivent de proprio victu canonicorum ita liberos efficio ut, etiam si mercatores fuerint, nullam prorsus michi vel meis faciant consuetudinem et nullum pro mercatura solvant teloneum. Quod si forte clamor fiat de aliquibus predictorum servientium, nemini respondeant, neque in jus veniant, nisi ammonitione canonicorum. Quid plura? nullum prorsus michi vel meis faciant servitium. Preterea tres servientes qui custodiunt commune bonum canonicorum, videlicet cellarius et custos horrei atque major eadem libertate que data est predictis servientibus a me donantur et de quocumque officio vivant, nullum teloneum, nulla prorsus consuetudo michi vel meis ab eis persolvantur. Hujus rei testes sunt : Philippus episcopus; Rainaldus, prepositus; Girardus, Petrus, Gocelmus, Drogo, Anselmus, archidiaconi; Goffridus, dapifer, Guido de Vangeruco, Gaulcherius de Firmitate. Et ex parte comitis adfuerunt testes hujus rei: Otthrannus, filius dapiferi Gaufridi, et Bovo cognatus ejus filius Hemiline, et Pontius de Mariaco, et Andreas de Baldemento, et Rainerus de Castellione; preterea de famulis ejus: Deodatus, prepositus ejus de Barro super Albam et Vualbertus de eodem castro, et Martinus. Acta sunt hec Augusta Trecorum civitate, IIII nonas aprilis, ubi plurimorum episcoporum et abbatum consilium, presidente Richardo Albanensi episcopo, Apostolice Sedis legato, celebrabatur. Anno ab Incarnatione Domini millesimo centesimo III°, regnante Philippo, Francorum rege. Signum Hu † gonis comitis. Signum G.'ejusdem ec † clesie prepositi. — Et in recitatione harum litterarum atque confirmatione coram comite adfuere in utraque parte : Drogo, miles, qui cognominatur Hurupellis, Aubricus Vitriacensis, Gillebertus, Lambertus, Leobaudus, Grimodus prepositus vicecomitis, Johannes filius Rideri, Seimerus viator, Tebaudus Bonellus, Vuandebertus, Vuicelinus prepositus comitis, Robertus cubicularius, Eodatus pincerna. Girardus, prepositus Sancti Lupi, Vualterus nepos ejus, Letaudus, Vualterus, nepos Milonis Parvi, histi fuere canonici ; de servis ecclesie : Bauduinus, Evisbertus, Rainaldus.

(*Cartul.* fol. 38 v°. — Archiv. Aube, *origin.*)

5. — 1114. Clarembaud, seigneur de Chappes, vend aux religieux de Saint-Loup le droit qu'il avait héréditairement d'être leur abbé.

In nomine Sancte et Individue Trinitatis. — Ego Clarembaudus de Capis notum volo fieri omnibus fidelibus presentibus et futuris, quod ecclesia Dei Genitricis Marie et beati Lupi confessoris atque pontificis injusta exactione, atque hereditaria successione, contra fas atque canones opprimebam, immo contra Dominica precepta, atque Apostolice Sedis instituta agens, periculum excommunicationis atque perpetue damnationis, pro timore elationis et livore cupiditatis, anime mee ingerebam. Nunc autem reatum anime mee intolerabilem agnoscens, et ecclesiam Dei nulli potestati seculari jure esse subditam, immo ab omni jugo dominationis laice, secundum canonicam institutionem, esse liberam agnoscens, ut ego et antecessores mei a vinculo tanti reatus absolvamur et tanti veniam periculi apud misericordissimum judicem inveniam ; ego, et mater mea, et frater meus, atque uxor mea, cum omnibus filiis meis supradicte ecclesie condonavimus prepositure concessionem, quod romane dicitur *lotum*, venditionem prebendarum, et quod vulgus appellat *Sommarium*, et a manu nostra omnino removemus et prefate ecclesie concedimus omne dominium quod in ipsa habebamus intus et extra in terris, in nemoribus, in aquis, in hominibus atque feminis. Et in succincta brevitate omnes consuetudines nostras injuste in eadem ecclesia usurpatas ab eadem funditus extirpemus, quidquid in eadem ecclesia intus et extra, ut supradictum est, hucusque habuimus, nullo jure retento, omni exceptione remota, pro remedio animarum nostrarum atque antecessorum nostrorum, supradicte ecclesie dimittimus, atque perpetua et inviolabili concessione roboramus. Precamur etiam ut si quis adversus institutionem hujus pagine insurgere presumat, ecclesiastice excommunicationi subjaceat, et nisi resipuerit, inter hedos positus a summo Judice perpetue damnationis sententia corruat. — Actum Trecis, in choro Sancti Lupi, Paschali papa existente, Ludovico rege regnante, Philippo episcopante, Hugone comite existente. Anno ab Incarnatione Domini M°C°XIIII°.

(*Cartul.* fol. 37 v°.)

6. — 19 mars 1136. Privilége du pape Innocent II confirmant Saint-Loup dans la possession de tous ses biens.

Innocentius, episcopus, servus servorum Dei, dilectis filiis Guillelmo, abbati Sancti Martini, et canonicis in ecclesia Sancti Lupi Trecensis regularem vitam professis, in perpetuum. — Nichil est in terris Deo gratius, aut apud homines honorabilius, quam amor religionis et unitas caritatis : per alterum enim, abjectis pompis secularibus, virtutibus adornamur ; per alteram vero celestis curie civibus conjungimur. Quia igitur idipsum videlicet Deo placere cognoscimus, ad propagandum in singulis ecclesiis religionem propensiori studio operam damus. Quod autem in ecclesia Sancti Lupi, Deo gratias, statutum est, ut videlicet ibidem ordo canonicus, secundum beati Augustini regulam de cetero conservetur, et tu, dilecte in Domino fili, Guillelme abbas, ad bonorum custodiam et reformationem religionis eidem loco presideas, gratum habemus. Proinde, venerabilis fratris nostri Attonis, Trecensis episcopi, et karissimi filii nostri Theobaudi Blesensium comitis, illustris siquidem viri et religionis amatoris, precibus annuentes, quod a dilectis filiis nostris Hugone Pontiniacensi abbate, et Andrea de Baldimento, religiosis atque prudentibus, pia sollicitudine, et Deo placente, ac rationabili dispositione, de institutione vestre ecclesie factum est, Apostolica auctoritate firmamus et presentis scripti pagina communimus. Porro magisterium et dispositio ejusdem ecclesie, tam in religionis institutione et observantia, quam eciam in officiis et aliis necessariis preparandis, ad te, dilecte fili Guillelme abbas, quemadmodum a supradictis viris statutum esse dinoscitur, pertinebit; et prebende ipsius loci, ex quo vacue fuerint, in tuam devenient potestatem, in locum scilicet obeuntium personarum ejusdem loci, non nisi regularibus tuo studio et prudentia subrogandis, atque hoc ipsum in eadem ecclesia tuis vel successorum tuorum temporibus eo usque servabitur, donec divina cooperante clementia, partim ex propriis redditibus, partim ex fidelium elemosinis, in tantum idem locus excreverit, ut juxta sanctorum Patrum regulas, proprium debeat habere pastorem. Dum tamen is qui prefate ecclesie fuerit preferendus aliunde nullatenus eligatur nisi tantum de ecclesia Beati Lupi aut etiam Sancti Martini, dummodo in alterutra earum ad abbatie regimen quis idoneus valeat reperiri. Denique predicta Beati Lupi ecclesia proprii rectoris gubernationem adepta, hec inter utrasque mutue caritatis unitas conservetur, ut si, quod absit, aliqua earumdem ecclesiarum, a sui status integritate et religionis vigore deciderit, per disciplinam et ordinem alterius, ad honestatem et religionem pristinam reparetur. Si vero utraque, peccatis exigentibus, adeo fuerit dissoluta, ut alicui earum per alteram in reformanda religione nequeat sublevari, tunc ad Clarevallensem et Pontiniacensem abbates, qui pro tempore fuerint, recurratur, ut per alterum eorum vel etiam per utrumque, quod in eadem ecclesia gestum est, ad debitum statum et ordinem reducatur. Quod etiam de abbatis electione erit nichilominus observandum, si forte, quod absit, in eisdem ecclesiis ad tantum regimen nemo idoneus poterit reperiri. Statuimus etiam ut quecumque bona quascumque possessiones prefata ecclesia Sancti Lupi, in presentiarum juste et canonice possidet, aut in futurum, prestante Domino, rationabilibus modis poterit adipisci, firma vobis et illibata serventur. In quibus hec propriis nominibus duximus adnotanda, videlicet, quidquid habet in villis infra scriptis, id est : in Rulliaco, in Lusigniaco, in Vea, in Molins, in Duinivilla, in Lueriis, in Corthlaverzei, ad Pontem Sancte Marie, in Sancta Maura, in Riveria de Arduceo, in Rulliaco de Campania, in Chesellas, ad Fontem Sancti Winebaudi, in villa que dicitur Baira. Decernimus ergo ut nulli omnino hominum liceat prefatam Beati Lupi ecclesiam

temere perturbare, aut ejus possessiones auferre,
vel ablatas retinere, minuere, seu quibuslibet molestiis fatigare. Sed omnia integra conserventur
eorum, pro quorum substentatione et gubernatione
concessa sunt, usibus omnimodis profutura, salva
Trecensis episcopi reverentia. Si qua igitur in posterum ecclesiastica secularisve persona, hanc nostre
constitutionis paginam sciens, contra eam temere
venire temptaverit, secundo tertiove commonita,
nisi reatum suum congrua satisfactione correxerit,
potestatis honorisque sui dignitate careat, reamque
se divino judicio existere de perpetrata iniquitate
cognoscat, et a sacratissimo Corpore ac Sanguine
Dei et Domini Redemptoris nostri Jesu Christi
aliena fiat, atque in extremo examine districte subjaceat ultioni. Cunctis autem eidem loco sua jura
servantibus sit pax Domini nostri Jesu Christi,
quattenus et hic fructum bone actionis percipiant,
et apud districtum Judicem premia eterne pacis in-
veniant. Amen, amen.

† Ego Innocentius, catholice Ecclesie episcopus.
Benevalete. — † Ego Guigelmus, episc. Prenestri-
nus. — † Ego Anselmus, presbyter cardinalis. —
† Ego Lucas, presbyter cardin. tituli SS. Johannis
et Pauli — † Ego Guido, indignus sacerdos. —
† Ego Guido, cardin. diacon. S. Adriani. — † Ego
Hubaldus, diacon. cardin. S. Marie in Via Lata. —
† Ego Vassallus, diacon. cardin. S. Eustachii. —
† Ego Chrysogonus, diacon. cardin. S. Marie in Por-
ticu. — Data Pisis per manum Aimerici S. Romane

Ecclesie diacon. cardin. cancellarius, XIIII kalendas aprilis, indictione XIII, Incarnationis Dominice anno M°C°XXX°VI°, pontificatus vero domini Innocentii pape II anno II.

(*Cartul.* fol. 5 r°. — Archiv. Aube, *origin.*)

7. — 1138. Gauthier, comte de Brienne, donne le sixième de la dîme de Maison et Loisy (Marne) aux hôpitaux de Chalette et de Brienne.

In nomine Sancte et Individue Trinitatis. — Gaufridus, Dei gratia Cathalaunensis ecclesie minister humilis. Pauperes Christi grata veneratione diligere, et christiana devotione quicquid ad eorum augmentum pertinet, debemus amplecti et fovere. Notum itaque fieri volumus, tam futuris quam presentibus, dilectum nostrum Galterum Brennensem comitem, assensu, voluntate et petitione uxoris sue Hubeline, reddidisse in manu nostra sextam partem decime de Maisonibus et Loisia, et ea qua debuit humilitate petiisse, ut pro suo suorumque predecessorum remedio, domum Chaletensem, domumque pauperum Brennensem inde investirem. Memor igitur sententie qua dicitur : *Qui seminat in benedictionibus, de benedictionibus metet vitam eternam,* juste petitioni, quam suscipere et confortare pontificalis est officii, facile assensum dedi; et ne aliquando undecunque surgeret contradictionis occasio, predicti comitis et comitisse assensu, fra-

trem Lambertum Chaletensem et Brenensis domus
custodem et pauperum hinc inde confluentium fide-
lissimum et misericordem provisorem inde investivi;
sigilloque et scripto meo, cum assignatione testium,
ipsam investituram confirmavi. — Actum Catha-
launi, anno Dominice Incarnationis M°C°XXX°VIII°,
epacta VII, concurrente adhuc IIII.

(*Cartul.* fol. 22 v°.)

8. — 1140. Haton, évêque de Troyes, donne à Saint-Loup,
les églises d'Auzon et de Longsols.

In nomine Sancte et Individue Trinitatis. —
Ego Hatto, Dei gratia Trecensis episcopus, notum
fieri volo, omnibus tam futuris quam presentibus,
quod donnus Girardus, abbas Sancti Lupi, et ejusdem
ecclesie canonici, monachis de Arripatorio locum
illum qui Buxeiacus dicitur, et quicquid in territorio
ejusdem loci habebant, pro Dei amore concesserunt. Quorum nos caritati ingrati esse nolentes,
ecclesias Ausonii et Luxodi, salvo episcopali jure,
eis in perpetuum possidendum concessimus. Hoc
autem tali modo factum est quod predictus abbas,
suique successores, in supradictis ecclesiis nec non
in ecclesia Molendinorum, que similiter sua est,
eligent sacerdotes qualescumque voluerint, sui
scilicet ordinis, seu seculares, boni tantummodo
sint testimoni, quos pro cura suscipienda episcopo
presentabunt, eamdemque curam illi, absque ali-

qua contradictione, de manu episcopi reportabunt. Supradictarum ecclesiarum sacerdotes de his que ad jus episcopale pertinent, id est de circadiis et sinodis, tam pro hoc casu quam pro aliis ecclesiasticis causis, conveniant ; de cetero vero, quieti et ab omni exactionis genere liberi et absoluti permanebunt. Quos sacerdotes absque perturbatione esse volumus. Summam autem horum de quibus respondere debeant, nominatim expressimus : pro singulis itaque ecclesiis VIII denarii, bis per annum, statutis terminis ; tertio vero anno solidi duo, persolvantur. Hujus rei cooperator fuit filius noster Gibuinus, cantor et archidiaconus ad cujus curam eedem dicte ecclesie spectabant. Testes : Donnus Gaufridus, Carnutensis episcopus, vir magne auctoritatis ; bone memorie donnus Bernardus, abbas Clarevallensis ; Guillermus, abbas Sancti Martini ; Odo, prepositus Sancti Petri ; Manasses, item alius Manasses, Falco, Odo, archidiaconi ; magister Petrus Strabo, Garinus Rhemensis, Garnerus de Saveriis, Stephanus, Lupus, Petrus sacerdos de Sancto Remigio, Philippus sacerdos. — Actum Trecis publice in domo episcopii, anno ab Incarnatione Verbi M°C°XL°, epacta XI, concurrente I, indictione III, regnante Ludovico rege Francorum, Theobaldo in Tricassino principante.

(*Cartul.* fol. 24 v°. — Archiv. Aube, *origin.*)

9. — 1143, Haton, évêque de Troyes, donne à Saint-Loup, l'église et la dîme de Lusigny.

Ego Hatto, Dei gratia Trecensis episcopus, notum fieri volo omnibus tam presentibus quam futuris, quod bone memorie donnus Bernardus, abbas Clarevallis, a nobis petiit quattinus ecclesiam Lusigniaci canonicis Beati Lupi Trecensis concederemus, quem scilicet abbatem cum pro sua sanctitate in magna veneratione habemus, nichilque ei quod a nobis juste peteret omnino negare vellemus, predictam ecclesiam supradictis canonicis, donno scilicet Everardo abbati, ceterisque fratribus sub ejus regimine Deo famulantibus, eorumque successoribus, salvo nostro episcopali jure, in perpetuum concessimus. Et quia quidam miles, nomine Galterus Piscator, tertiam partem in minuta decima, et in oblationibus quatuor majorum solemnitatum, et in censu atrii antiquitus habuerat, et usque ad nostrum tempus tenuerat, totum hoc, vigore ecclesiastice justitie, de manu ejusdem militis excussimus, et donum quod de ceteris in eadem ecclesia predictis canonicis feceramus, de hoc etiam supplere curavimus. Hoc autem tali modo factum est, quod predicto abbati suisque successoribus capellanum, qui eidem ecclesie deserviat, sive regularem, sive secularem eligere licebit, qui cum idoneam personam elegerit, eam episcopo presentabit ; idem vero capellanus de his que ad jus episcopale pertinent, scilicet de circadiis et synodis respondebit. Debet autem eadem ecclesia per singulos annos XVI denarios : VIII videlicet in Paschali synodo ; VIII vero in illa synodo, que in septembri agitur ; in tertio autem anno V solidos. His itaque a presbytero, qui in eadem ecclesia erit, sicut consuetudinis est, in generali synodo persolutis, de cetero idem presbyter liber et ab omni exactionis genere absolutus permanebit. Hujus rei cooperator extitit dilectus filius et archidiaconus noster Manasses de Villamauro, ad cujus curam eadem ecclesia spectabat. Quia ergo hoc donum quanto saniori intentione factum fuit, tanta majori sollicitudine, ne aliqua in futuro calumpnia quassearetur, confirmari debuit ; idcirco nos presens scriptum inde fieri voluimus, quod non solum nostri sigilli impressione, sed etiam legitimarum personarum, quarum nomina subsequuntur, attestatione munitum reliquimus. — Hec sunt ergo nomina testium qui interfuerunt : donnus Guido, abbas Arremarensis ; donnus Theobaldus, abbas Dervensis ; donnus Odo, prepositus Beati Petri ; Manasses, archidiaconus de Rumillei ; Gibuinus, cantor et archidiaconus ; Stephanus de Venisiaco, Garnerus de Sancto Remigio, presbyteri, canonici Beati Petri ; Stephanus Lupus, canonicus Beatri Petri et sacerdos ; Eustachius, Hilduinus de Pontibus, Angelmerus de Sezannia, Stephanus filius Girulfi, Milo de Chauloth, canoni Beati Petri ; Guido, comes Barronsis ; Helenus, abbas de Arripathorio; Gaufridus de Peronia, Gaufridus Altissiodorensis, Gaucherus de Firmitate, monachi de Claravallo. — Actum est anno ab Incarnatione Domini nostri Jesu Christi M°C°XLIII°, epacta XIIII, concurrente IIII, regnante Ludovico rege, Theobaldo in Tricassino comitatum administrante.

(*Cartul.* fol. 24 r°. — Archiv. Aube, *origin.*)

10. — 18 mars 1144. Le pape Lucius II confirme l'abbaye de Saint-Loup dans la possession des églises de Molins, Lusigny, Auzon et Longsols.

Lucius, episcopus, servus servorum Dei, dilectis filiis canonicis Sancti Lupi Trecensis, salutem et Apostolicam benedictionem. Que a fratribus nostris episcopis et ecclesiarum Dei rectoribus, religionis intuitu acta sunt, in sua volumus stabilitate firmari, ne pravorum hominum valeant refragatione turbari. Ideoque venerabilium fratrum nostrorum Hugonis, Altissiodorensis episcopi, et Bernardi, Clarevallis abbatis, precibus inclinati, preces vestras paterna benignitate admittimus et quattuor ecclesias Molendinorum videlicet, Lusigniaci, Ausonii, Lonsoudi, quemadmodum a venerabili fratre nostro Hatone, Trecensi episcopo, vobis canonice concesse sunt, per presentis scripti paginam vobis et per vos eidem Sancti Lupi ecclesie confirmamus. Si quis autem hujus nostro confirmationis paginam

sciens, contra eam temere venire temptaverit...
(cfr n. 6, p. 21). — Datum Laterani, XV° kalendas
aprilis.

(*Cartul.* fol. 14 r°. — Archiv. Aube, *origin.*)

11. — 1145 au plus tard. L'évêque Hatton donne l'église
d'Epagne à l'hôpital de Chalette.

In nomine Sancte et Individue Trinitatis. — Ego
Hatto, Dei miseratione Trecensis ecclesie humilis minister, omnibus sancte matris Ecclesie filiis, in perpetuum. — Noverint tam presentes quam futuri quod
frater Lambertus magister domus hospitalis de Chaleta, cum multis precibus a nobis requisivit ut ecclesiam de villa que dicitur Hyspania prefate domui
pro Deo concederemus. Cujus petitioni pie annuentes, de requisita ecclesia canonicam domui sue fecimus investituram, assentiente filio nostro Gibuino,
Brenensi archidiacono. Predictus itaque Lambertus,
et qui substituentur magistri in domo hospitali
post decessum Hugonis, qui prenominatam tenet
ecclesiam, habeat liberam facultatem eligendi personam idoneam in presbyterum ejusdem ecclesie,
cura animarum a nobis investiendum, liberum quidem ab omni exactione, salvo nimirum jure pontificali. Hoc autem, ne aliqua temporum succedentium vel personarum invidia, quod absit, immutetur, presenti scripto, et impressione sigilli nostri,

roborare curavimus, subtitulatis eorum qui interfuere nominibus.

(*Cartul.* fol. 22 v°.)

12. — 1145. Accord entre les abbayes de Saint-Loup et de Sainte-Colombe de Sens au sujet de la Fontaine de Saint-Vinebaud.

In nomine Sancte et Individue Trinitatis. — Ego Theobaudus, abbas Sancte Columbe Senonensis, in posterum. Quia nichil fixum sub sole et tempus labitur et quicquid fit in tempore actio non difficulter in oblivione sepelitur, cui nullo scripture remedio subvenitur. Parvitas igitur nostra decrevit scribere quod ad posteros transmittere decrevit. Noverit igitur nostre decessionis posteritas et filiorum Sancte matris Ecclesie universitas, quod querelam, que pro Fonte Sancti Winebaudi, inter nos et ecclesiam Sancti Lupi Trecensis extiterat, in pace remisimus ; et censilem terram quam Robertus filius Vualfredi et Falco de Bocenaio a nobis tenuerant, ecclesie predicte, pro annuo redditu III solidorum, concessimus. Hoc fecimus, hoc laudamus, hoc, assentientibus fratribus nostris, sigillo nostro confirmamus. Testes : ...Guilelmo de Sancto Martino, abbatibus ; religiosis viris Simone de Mileio ; Guilelmo, fratre archiepiscopi ; Rainaldo de Sancto Juliano, Odone et Guerrico nepotibus episcopi Trecensis, magistro Gibuino, archidiaconis ; Nicholao, monacho de Cari-

tate ; Jacobo, Sancti Martini canonico, presbyteris.
— Actum publice in castello quod dicitur Braium.
Recognitum est in capitulo nostro atque confirmatum est anno ab Incarnatione Verbi M°C°XL° quinto, concurrente VII, epacta XXV, indictione VIII, Ludovico regnante, Everardo abbatie Sancti Lupi presidente, Theobaldo in Tricassino principante.

(*Cartul.* fol. 73 r°. — Archiv. Aube, *origin.*)

13. — **1145.** Accord entre Anseau de Traînel et Saint-Loup, au sujet des femmes libres de la Rivière-de-l'Ardusson.

In nomine Sancte et Individue Trinitatis.— Ego Anselmus, in perpetuum. Quia generatio vadit et decedentibus aliis alii succedunt, facile transeunt quo a transeuntibus fiunt. Inter cetera vero, que scribi contigerit, diutius in memoria durare videntur : quippe que per recordationem in memoriam posterorum deveniunt ne aut invidia pereant aut negligentia permutentur. Noverit igitur mea posteritas vel cujuscumque successionis, quod inter me Anselmum de Triangulo et ecclesiam Sancti Lupi Trecensis pro liberis mulieribus, que de potestate mea per coherentias maritales in jus et dominationem ejusdem Sancti Lupi transierant, aliquando querela fuerit, me ab illis servitium exigente, canonicis e contra dicentibus se talem consuetudinem cum meis predecessoribus habuisse, ut liberas mulieres de terra mea junctas hominibus suis de Riveria Arducei in matrimonio de cetero possiderent absque reclamatione. Hanc ego querelam ad precem domini Everardi, abbatis, ceterorumque fratrum, pro fructu anime mee in pace remisi, et feminas, de quibus controversia movebatur, et quibus tunc erat investita, manumissas ecclesie predicte concessi. Hoc autem compositionis interpositum est, ut deinceps, consuetudine, qua michi contraibant, cassata, si qua de predictis cuilibet de hominibus Sancti Lupi nuberet, michi ab eadem sine offensa canonicorum servitium requirere liceret. Quod, quia pia intentione non fraudulenter feceram, scribi feci ; scriptum vero ne quoquomodo irritum fieret, assentientibus conjuge mea Helisende, liberisque meis Anselmo, Garnero, quattinus sigillis comitum, Theobaudi scilicet, et bone memorie viri filiique sui domini Henrici, eo adhuc tempore juvenis, firmaretur, impetravi. — Actum anno ab Incarnatione Domini M°C°XLV°.

(*Cartul.* fol. 44 r°.)

14. — 1145. La même charte est répétée ; mais elle se termine ainsi :

..... Quattinus sigillis episcoporum Ugonis Senonensis, Hatonis Trecensis, firmaretur, impetravi. Anno M°C°XLV° publice factum est hoc.

(*Cartul.* fol. 23 r°.)

15. — 1145. Partage de biens entre les abbayes de Saint-Loup et de Saint-Martin de Troyes.

In nomine Sancte et Individue Trinitatis. — Quia ecclesia Beati Martini ab ecclesia Beati Lupi exordium accepit ut esset, et ecclesia Sancti Lupi ab ecclesia Beati Martini fundata est in religione predicte ecclesie, nullius dissentionis scandalum inter se nutrire debent, sed mutua se debent dilectione fovere. Hoc autem ut perfecte facere possent, ego Hugo Altissiodorensis et ego Hatto Trecensis, episcopi, notum facimus, tam presentibus quam futuris, quod quasdam querelas que inter se versabantur ad nostram presentiam detulerunt, easque per nos tali modo terminaverunt. Donnus Guillelmus Sancti Martini abbas et sui canonici, scilicet : Girardus, Anscherus, Richerus, Guido, Wischardus, Hugo,... Odo, Henricus, Ursio, Laurentius, Guillermus, Rainerius, Jacob, Rostoudus, Vitalis, Hugo, sacerdotes, et ceteri, donno Everardo Sancti Lupi abbati et suis canonicis annualia canonicorum que ex antiqua consuetudine accipere solebant, sine omni retentione dimiserunt. Preterea curtillum cum vinea Radulphi de Praeria, et curtillum Bonelli Brochard, et aream Engelberti, presbyteri, in perpetuum concesserunt. Predicti vero abbas Sancti Lupi et sui canonici, scilicet : Garinus, Gaufridus, Stephanus, Petrus, Nicholaus, Johannes,

Arnulfus, Herbertus, sacerdotes, et ceteri, predicte ecclesie Sancti Martini de terra de Lueriis quantum uni carruce ad omnes saisones sufficit, et terram de Eschimeniis, et pratum Radulphi de Praeria concesserunt. Insuper et decimam quam habebant in territoriis de Rachisi, Ungionis, Saceii, in perpetuum dederunt, et de censu qui a canonicis Sancti Martini eisdem debebatur, VI solidos et IIII denarios per annum, donaverunt. Hoc vidimus, hoc audivimus, hoc testificamur. Hoc scriptum de hac concordia factum confirmari voluimus, cum testibus qui interfuerunt : Milone, monacho domini Altissiodorensis ; Manasses de Rumiliaco, archidiacono; Petro, decano; Johanne de Porta ; Drogone, capellano; Galtero de Poisci ; Herberto de Villamauri ; Guirrico, canonico ; Otranno, laico; Radulpho, presbytero de Sancto Dyonisio ; Roberto, Grossilardi filio. — Hoc autem est publice factum in domo Sancti Martini, anno M°C°XLV° ab Incarnatione Verbi, indictione VIII, epacta XXV, concurrente VII, Ludovico regnante, Theobaldo in Tricassino principante.

(*Cartul.* fol. 23 v°. — *Origin.* chez M. Alexis Socard, libraire à Troyes.)

16. — 14 avril 1147. Privilége du pape Eugène III confirmant Saint-Loup dans la possession de tous ses biens.

Eugenius, episcopus, servus servorum Dei, dilectis filiis Evrardo abbati Sancti Lupi Trecensis ejusque fratribus tam presentibus quam futuris regularem vitam professis, in perpetuum. — Quum sine vere cultu religionis non caritatis unitas subsistere potest, nec Deo gratum exhiberi servitium, expedit Apostolice Sedis auctoritati religiosas personas diligere, et earum loca pia protectione munire. Ea propter, dilecti in Domino filii, vestris justis postulationibus clementer annuimus et ecclesiam Beati Lupi, in qua divino mancipati estis obsequio, sub beati Petri et nostra protectione suscipimus, et presentis scripti privilegio communimus, statuentes ut quascumque possessiones, quecumque bona eadem ecclesia in presentiarum juste et canonice possidet, aut in futurum rationabilibus modis de proprio poterit adipisci, firma vobis vestrisque successoribus et illibata permaneant. In quibus hec propriis duximus exprimenda vocabulis : ecclesias de Molins, de Ausona, de Lonsoldo, de Lusigniaco, sicut ab Hatone Trecensi episcopo canonice vobis concesse sunt, et scripto suo firmato ; jus vestrum in ecclesia de Bevronella et medietatem decime et nemus, et terre medietatem ad predictam ecclesiam pertinentis ; potestatem de Molins et decimam ; curtem de Ausona cum pertinentiis suis, et minutam decimam, et censum de atrio ; potestatem de Rulliaco ; curtem de Bretoneria ; mediatem decime de oschiis Rulliaci ; Molendinos de Torrente Infirmorum ; potestatem de Lusigniaco et decimam duobus annis continuis ; potestatem de Villapartis ; curtem et Fontem Sancti Winebaudi, et terram adjacentem de censu Sancte

Columbe ; decimas de Sancto Lupo de Riveria Arducei, et oblationem ecclesie in natali sancti Lupi ; nonas de Capella ; Trecis, de dono comitis Hugonis, libertatem trium famulorum et domorum et familiarum canonicorum et dimissionem quarumdam consuetudinum quas accipere solebat in Rulliaco, sicut in scripto ejus continetur ; in decima et censu atrii Sancte Maure quinque solidos, et annonam equis eorum qui vadunt ad stationem ; in nundinis Sancti Remigii binos denarios de singulis logiis vendentium merces, exceptis illis que sunt famulorum comitis Trecis commanentium ; frumentum de dono Fromundi Vulturis ; vineas de dono Johannis et Radulphi sacerdotum ; censum de dono Fulconis ; quidquid habetis in villis : Corclaverzi, Corterangiis, Alebauderiis, Villa Harduini, Chamaio, Montesusani, Capellis, Boeio, Seleriis ; oschiam de Ascenseria ; usuarium nemorum comitis Brennensis, et de Doschia, ad omnes necessitates vestras ; quinque solidos in Walmerivilla, in territorio Remensi. Sane laborum vestrorum quos propriis manibus vel sumtibus colitis, sive de nutrimentis vestrorum animalium nullus omnino a vobis decimas exigere presumat. Decernimus ergo ut nulli omnino hominum liceat prefatam ecclesiam temere perturbare, aut ejus possessiones auferre, vel ablatas retinere, minuere, seu aliquibus vexationibus fatigare, sed omnia integra conserventur eorum pro quorum gubernatione ac substentatione concessa sunt, usibus omnibus profutura, salva Sedis Apostolice auctoritate et diocesani episcopi canonica justicia. Si qua igitur in futurum ecclesiastica secularisve persona hanc nostre constitutionis paginam sciens, contra eam temere venire temptaverit... (cfr n. 6, p. 21) — Actum anno gratie millesimo centesimo quadragesimo septimo, XVIII kalendas maii, dopmni Eugenii pape tertii, anno tertio.

(*Cartul.* fol. 9 v°.)

17. — 1147. Transaction entre Saint-Loup et le seigneur de Colaverdey (aujourd'hui Charmont, Aube) ; sous le sceau de Hugues, évêque d'Auxerre.

Hugo, Altissiodorensis episcopus, ecclesie presenti presentiumque posteritati. Rerum gestarum diligenter recordari debent filii qui nascentur et exurgent ut enarrent filiis suis, ut cognoscat generatio altera quod nos, advocatis honestis personis, aliquando querelas ecclesie Sancti Lupi Trecensis adversas Johannem Hurupellum de Cortlaverzi et Alaidem uxorem ejus, item Johannis et Alaidis adversus ecclesiam predictam, causa reconciliationis ad nos delatas, singillatim singulas audivimus, quibus ad invicem collatis, quod justius et rationabile nobis visum est, ita definivimus. Primum igitur, scilicet, ut dominus Johannes dampnum quod stagna ejus jam ecclesie fecerunt vel in futuro factura sunt, tali modo restituat, ut vel equipollentem terram vel censum competentem reddat. Secundum, ut ecclesia terras proprias in dominicatu teneat, quas nullus, sine assensu abbatis vel canonicorum, colere presumat ; communes autem terras canonici, si voluntas et facultas affuerit, sine injuria aliorum ad debitum terragium licenter excolant ; et hoc idem domino de Cortlaverzi similiter liceat, ita tamen ut ecclesia terragium ab eo sicut a ceteris hominibus habeat. Injuriabitur autem quilibet qui de predicta terra communi tenuerit, si vel abbas vel predictus dominus fimatum, vel araturam, vel furnellos illius aratro suo violenter occupaverit, easdem vero terras communes aliis hominibus qui eas arare vel fimare voluerint, minister abbatis et major domini de Corthlaverzi, pari consilio, salvo cuique suo jure concedent. Quisquis autem de terragio forifecerit, etiamsi predicte ville dominus ille sit, in eadem villa per justiciam abbatis ante ipsum vel ante ministrum suum inde respondebit, et si terragiator aliquid illum de terragio retinuisse juramento solo, sine duelli contradictione probaverit, ille quod subtraxerat reddet, et per duos solidos emendabit. Tertium, ut de vigenti sex occhiis, de singulis quatuor denarii et de appendiciis earum terragium canonicis detur, quarum si aliqua vacua remanserit, dominus de Cortlaverzi ad predictam consuetudinem, quatuor scilicet denarios et terragium appenditiorum, eam tenebit, dummodo ab alio aliquo non requiratur. Si quis vero occhiam vacuam ad debitam consuetudinem requisierit, dominus de Cortlaverzei disturbare non poterit, et major Sancti Lupi pro laudatione quatuor nummos habebit; si vero rusticus qui tenuerit occhiam, vel etiam ipse dominus de Cortlaverzei de predictis quatuor denariis occhie, sive de censu alicujus possessionis quem a Sancto Lupo teneat, forifaciet, Trecis in curia ejusdem Sancti Lupi debitum reddat et emendet; similiter quisquis de terragio appenditiorum occhie, sive rusticus, sive dominus sit, forifaciet, sicut de alio terragio prediximus, per justiciam abbatis, ante ipsum abbatem vel ante ministrum suum Curtelaverzei, satisfaciet. Quartum, ut homines Sancti Lupi, si de censu capitum, vel de annua receptione, vel de quolibet censu qui ad Sanctum Lupum pertineat, forifecerit, a majore submoniti, Trecas in curia abbatis hic satisfacturi veniant, et sicut judicabitur emendent. Quintum, ut servientes canonicorum de pane eorum viventes, ab omni subjectione vel justicia domini de Cortlaverzei liberi sint, nisi pro latrocinio vel alio apparenti forifacto in ipsa actione comprehensi fuerint. Si vero albanus feminam Sancti Lupi duxerit, vel albana femina homini Sancti Lupi nupserit, dominus de Cortlaverzei libertatem suam in eis sequetur quandiu vixerint; post eorum vero decessum, nichil in familiis eorum vel in pecuniis plus quam in ceteris hominibus ecclesie sepedicte reclamabit; si vero servos vel ancillas domini de Cortlaverzei hominibus Sancti Lupi per matrimonium copulari contigerit, canonici cum predicto domino familias et pecunias eorum equa divisione partientur. Sextum, ut libertas unius occhie preter supradictas, et Haimonis habitatoris ejus, canonicorum illibata conservetur, quattinus in ea nullus bannum vel aliam justiciam faciat, vel mensuram, vel furem, vel fugitivum reprehendat; sed etsi abbas aliquos homines albanos, qui nunquam sub justicia domini de Cortlaverzei fuerint, ab alia villa evocatos, in eadem occhia manere fecerit, predictus dominus super illos nullum dominium penitus habebit. Septimum, ut canonici pascuam domini de Cortlaverzei, que juxta grangias eorum est, data pro ea competenti comnutatione, de cetero possideant; et pontem, si necessarius eis fuerit, edificent; et de maresco glebas et quidquid utile fuerit ad necessitates molendini Haimonis accipiant. Quicumque etiam in terra Sancti Lupi virgulta plantaverunt aut aliud aliquid preter assensum canonicorum superedificaverunt, aut terram sicut est laboratam dimittant, aut censum competentem proinde persolvant. Pro terra Bonelli, quam quidam major non legitimo VIIII nummis accensavit, aut totus census ecclesie reddatur, aut eadem terra sicut prius ad terragium recolatur. Preter hec, ut uterque quicquid adversus alterum reclamabat in pace dimitteret, ecclesia scilicet pecuniam, dominus Johannes rancorem Freberii et rusticum nomine Felicem. Hec ita definita scribi precepimus, sigilloque nostro communivimus; sed et comes Theobaudus in manu suscepit quod hanc prescriptam compositionem tenere faceret sigilloque suo confirmaret. —Actum anno ab Incarnatione Domini nostri Jesu Christi M°C°XL°VII°.

(*Cartul.* fol. 35 r°.)

18. — 1148. Accord entre Saint-Loup et Agnès, veuve de Garnier, de Bernon, au sujet de la terre de Villepart et des moulins du Torrent des Malades.

Everardus, dictus abbas ecclesie Beati Lupi Trecensis, in posterum, tam presentibus quam futuris notum fieri volumus, quod ad precem quorumdam religiosorum, terram de Villepartis, quam Garnerus, miles de Bernona, a nobis ad manum firmam tenuerat, nos, eo mortuo, conjugi ejus Agneti ejusque successoribus tenendam in perpetuum concesserimus; ita tamen ut quinque solidos singulis annis ab illo qui possessionem predictam tenebit habeamus. Hanc pactionem domina supradicti Garneri conjux, cum filiis suis Hilduino et Guiardo, laudavit, dimissaque in perpetuum querela quam pro molendinis de Torrente Infirmorum adversum nos habuerat, deductis litteris de conducto, cirographum fieri voluit. — Actum anno ab Incarnatione Domini M°C°XL° octavo.

(*Cartul.* fol. 87 r°.)

19. — 1150. Accord entre Saint-Loup et Montier-la-Celle au sujet de biens à Rosnay, Auzon, la Bretonnière.

Petrus, monasterii Beati Petri de Insula Germanica dictus abbas, ad posteros. Quod quietis et pacis obtentu fecimus, ne sit apud nos est et non, et nunc et semper ratum et illibatum persistere volumus. Noverit igitur existentia presentium et successio posterorum, quod Evrardus, abbas ecclesie Beati Lupi Trecensis, et fratres cum eo et sub eo Christo famulantes, duos solidos de censu qui de campo Gaufridi Barrenensis apud Runniacum debebantur eis; et ejusdem campi decimam nobis et successoribus in perpetuum concesserunt. Nos vero per assensum capituli nostri querelam, que inter nos et predictos fratres longo tempore fuerat, pro decimatione culturarum suarum quam nos apud Ausonum et apud Bretoneriam calumpniabamur, in pace de cetero dimisimus et duas partes decime de Ausona cum tractu, que ad jus nostrum pertinebat, ipsis et successoribus eorum pro decem et septem sextariis annone quotannis admodiavimus. Condictum tamen est, ne qua rursum possit questio suboriri, quod supradictus abbas, sive successores ipsius, annonam determinatam, scilicet IIII sextaria frumenti, V siliginis, VIII de tremois suis sumptibus ad horreum nostrum facient adduci. Hoc laudaverunt fratres et monachi nostri. Actum publice Trecis, in domo episcopii, sub presentia Henrici pontificis, cooperantibus religiosis et honestis viris. Hoc scripsimus, scriptum vero sigillo nostro communivimus. Predictus etiam dominus noster Henricus episcopus rogatu suo confirmavit et sigillum suum causa majoris firmitatis apposuit. — Actum anno Incarnati Verbi M°C°L°.

(Cartul. fol. 25 v°.)

20. — **1150. Echange de biens entre l'hôpital de Chalette et le prieuré de Saint-Léger-sous-Brienne.**

Ego Theobaldus, Dei gratia abbas Dervensis, notifico omnibus futuris et presentibus, quod commutationem terrarum et pratorum quam fecerunt monachi nostri apud Sanctum Leodegarium, tempore Hugonis prioris, cum domino Alberto et aliis fratribus de Chaleta, laude nostra et capituli nostri fecerunt. Que commutatio talis est : fratres nostri dant unam falcatam prati et unum jornalem apud Ulmoi, et Pratum Rotundum et quatuor jornales apud Dervum; fratres de Chaleta e contra dant pratum apud Pontem de Yvenne et terram apud Spinam Amogram et jornalem qui fuit Arnulphi. Hoc autem fieri sub cyrographo et nomina testium subter scribi jussimus. — Actum anno ab Incarnatione Domini M°C°L°.

(*Cartul.* fol. 73 r°.)

21. — **Vers 1150. Le chapitre de Saint-Pierre abandonne à Saint-Loup ses droits dans l'église d'Auzon, moyennant 5 sous de rente.**

Fratres et canonici majoris ecclesie Trecensis universis Christo fidelibus, in perpetuum. Rerum gestarum memoria, temporis vetustate vel invidorum malitia, plerumque evanescit vel obscuratur, nos autem, ut predictis incommodis remedium aliquod opponeremus, seriem pacti quod dilectus noster dominus Evrardus, abbas Sancti Lupi, nobiscum iniit scripto commisimus. Noverit ergo tam presens etas, quam secutura posteritas, prefatum abbatem a nobis humiliter postulavisse ut partem illam decime et oblationum, que in ecclesia Ausonii nos contingebat, sibi et ecclesie sue in perpetuum habendam concederemus, eo videlicet tenore, ut per singulos annos in festo beati Remigii solidi V nobis a canonicis Sancti Lupi persolverentur : nos itaque pia unanimitate modeste petitioni assensum prebuimus et ut res gesta majorem habeat assertionem sigilli communi impressione firmavimus.

(*Cartul.* fol. 37 r°.)

22. — 1153, 22 mai. Le comte Henri le Libéral confirme les priviléges de Saint-Loup.

In nomine Sancte et Individue Trinitatis. — Ego Henricus, Trecensis comes palatinus, notum facio presentibus et futuris quod canonicis ecclesie Beati Lupi Trecensis eleemosynam, quam a comite Hugone ab antiquo habebant, pro anima mea et antecessorum meorum concesserim. Concessi igitur ecclesie Beati Lupi Trecensis libertatem domorum canonicarum, videlicet ut nemo presumat deinceps eas violare, propter furem ibidem repertum, nec aliquo modo extrahere ipsum, sed liberum permittere in manu atque nutu canonicorum ; nec accipere mensuram vini sive annone ibidem, quamvis falsam ; neque inde aliquid extrahere violentia ; nec etiam fugitivum aliquem. Servientes etiam qui vivent de proprio victu canonicorum ita liberos efficio ut, etiamsi mercatores fuerint, nullam prorsus michi vel meis faciant consuetudinem, et nullum pro mercatura solvant theloneum. Quod si forte clamor fiat de aliquibus predictorum servientium, nemini respondeant, neque in jus veniant, nisi ammonitione canonicorum. Quid plura? nullum prorsus michi vel meis faciant servicium. Preterea sex servientes qui custodiunt commune bonum canonicorum, videlicet cellerarius, et custos horrei, major, atque submajor, et duo marreglarii eadem prorsus libertate que data est predictis servientibus a me donantur ; et de quocumque officio vivant, nullum theloneum, nulla prorsus consuetudo michi vel meis ab eis persolvatur. — Actum anno ab Incarnatione Domini M°C°LIII°, XI° kalendas junii.

(*Cartul.* fol. 39 r°.)

23. — 1153. Accord entre Guitère, abbé de Saint-Loup, et Aubert, maître de l'Hôtel-Dieu de Chalette, au sujet du bois de Brevonnelle.

In nomine Sancte et Individue Trinitatis. — Ego Henricus, Dei gratia Trecensis episcopus, notum fieri volo tam presentium etati quam future posteritati, quod querela que emerserat inter venerabilem Guitherum, abbatem Beati Lupi Trecensis, et donnum Albertum magistrum domus Chalete, de usuario nemoris Bevronelle et de quadam terra que dicitur Campus Alardi, mediantibus viris religiosis et clericis nostris, taliter decisa est, videlicet quod predictus abbas Sancti Lupi, laudante capitulo suo, concessit magistro Chalete integraliter usuarium nemoris Bevronelle, terramque memoratam sub taxatione census VI denariorum annuatim persolvendi. Porro magister jam dictus, conventu suo laudante, concessit abbati Sancti Lupi et successoribus suis minimam decimam quam habebat apud Luerias. Ne igitur hec pacis celebris compositio posset obliterari, quod absit, vel immutari temporum varietate, vel decedentium personarum successione, precibus utriusque partis inclinati corroborare curavimus sigilli nostri impressione. — Actum ab Incarnatione Domini M°C°L° tertio.

(*Cartul.* fol. 25 r°.)

24. — 1154, 4 août. Le comte Henri le Libéral confirme les biens et les priviléges de Saint-Loup.

In nomine Sancte et Individue Trinitatis. — Ego Henricus, Trecensis comes palatinus. Notum facio presentibus et futuris. Quod canonicis ecclesie Beati Lupi elemosynam quam a comite Hugone ab antiquo habebant, pro anima mea et antecessorum meorum, concesserim. Concessi igitur ecclesie Beati Lupi Trecensis libertatem domorum canonicarum, videlicet ut nemo presumat deinceps eas violare propter furem ibidem repertum, nec aliquo modo extrahere ipsum, sed liberum permittere in manu atque nutu canonicorum; nec accipere mensuram vini sive annone ibidem, quamvis falsam ; neque inde extrahere aliquid violentia; nec etiam fugitivum aliquem. Servientes etiam qui vivent de proprio victu canonicorum ita liberos efficio ut, etiam si mercatores fuerint, nullam prorsus michi vel meis faciant consuetudinem, et nullum pro mercatura solvant theloneum. Quodsi forte clamor fiat de aliquibus predictorum servientium, nemini respondeant, neque in jus veniant, nisi ammonitione canonicorum. Quid plura ? nullum prorsus michi vel meis faciant servicium. Preterea septem servientes qui custodiunt commune bonum canonicorum, videlicet cellerarius, et custos horrei, major, submajor, et duo marreglarii, atque clausarius, eadem prorsus libertate que data est predictis servientibus a me donantur; et de quocumque officio vivant, nullum theloneum, nulla prorsus consuetudo michi vel meis ab eis persolvatur. Concessi etiam palitium quo predictorum canonicorum clauditur vinea que Clausum dicitur, in eo statu quo nunc est, meis meorumque successorum temporibus immotum maneat, et a nemine calumpnietur. Et si amoto palitio murum ibi facere voluerint, absque contradictione eis permittatur. Concessi etiam memoratis canonicis totam aquam que a molendinis de Torrente Infirmorum usque ad grangiam Sancti Lupi que vocatur Bretoneria juxta Villers protenditur, ut nullus absque precepto abbatis vel canonicorum suorum in ea piscari quocumque modo deinceps audeat; ita tamen ut ecclesia predicta michi meisque successoribus annuatim unum sextarium frumenti ad festum sancti Remigii perinde persolvat. Concessi quoque eisdem fratribus, ut salicetum quod interjacet inter molendinos de Ponte Sancte Marie et Pontem Humberti, ubi libuerit, extirpent et exinde quatuor arpenta prati ad usus ecclesie profutura conficiant. Hoc autem factum, ut apud posteros firmum illibatumque permaneat, scribi precepi, sigillique mei impressione, testiumque subscriptione confirmari. Testes hujus rei sunt : Ansellus de Triangulo, Petrus Bursaudus, Gaufridus et Gauterius marescalli, Theobaldus scriba, Amator prepositus, Herfredus major, Petrus filius David, Petrus de Blesis, Galterus de Bernon, Herbertus canonicus Sancti Lupi. — Actum anno ab Incarnatione Domini M°C°LIV°, pridie nonas augusti. Ludovico regnante.

(*Cartul.* fol. 39 r°. — Archiv. Aube, *origin.*)

25. — 1154. Henri de Carinthie, évêque de Troyes, constate que Thibaut, fils d'Herlebaud, de Vendeuvre, renonce à ses prétentions sur l'alleu de Chalette donné par son père à l'église de cette paroisse.

In nomine Sancte et Individue Trinitatis. — Ego Henricus, Dei gratia Trecensis episcopus, tam futuris quam presentibus, in perpetuum. Herlebaudus de Vendopera, pro anima sua et antecessorum suorum ab annis viginti ad censum annuum concessit ecclesie de Chaleta partem in allodio de Chaleta que ipsum contingebat. Census autem erat III solidi et II denarii et sextaria V frumenti et avene. Contigit autem ut mala suggestione filius ejus, Theobaldus Rabitorius, querelam moveret adversus fratres de Chaleta et diceret tali pacto accensitum fuisse allodium quod magister de Chaleta esset major suus et patris sui et ipse quando vellet posset recipere allodium de manu magistri tanquam de manu majoris. Factum est autem in admonitione comitis Brenensis Galteri et bonorum hominum quod resipisceret Theobaldus; accepit itaque de hereditate ecclesie palefridum, et uxor sua porcum unum, et recognoverunt ex integro jus fratrum, quod scilicet in perpetuum ad predictum censum fratres tenerent allodium et in festo sancti Remigii redderent annonam et XVIII denarios ad festum sancti Johannis et ad Natale Domini XX. Ut autem hec compositio illibata servetur sigilli nostri impressione firmavimus. — Actum anno ab Incarnatione Domini M°C°L°IIII°.

(*Cartul.* fol. 25 r°.)

26. — 1155, 23 décembre. Le pape Adrien IV confirme les possessions et les priviléges Apostoliques de Saint-Loup.

Adrianus, episcopus, servus servorum Dei, dilectis filiis Guitero abbati ecclesie Sancti Lupi ejusque fratribus, tam presentibus quam futuris, canonicam vitam professis, in perpetuum. Quotiens illud a nobis petitur quod religioni et honestati dinoscitur convenire, animo nos decet libenti concedere, et petentium desideriis congruum suffragium impertiri. Ea propter, in Domino filii dilecti, vestris justis postulationibus benigno concurrentes assensu, prefatam ecclesiam in qua divino mancipati estis obsequio, sub beati Petri et nostra protectione suscipimus et presentis scripti privilegio communimus. In primis siquidem statuentes, ut ordo canonicus qui secundum Dei timorem et beati Augustini regulam in eadem ecclesia institutus esse dinoscitur, perpetuis ibidem temporibus inviolabiliter observetur. Et ut quascumque possessiones, quecumque bona eadem ecclesia impresentiarum juste et canonice possidet, aut in futurum concessione pontificum, largitione regum vel principum, oblatione fidelium, seu aliis justis modis, prestante

Domino, poterit adipisci, firma vobis vestrisque successoribus illibata permaneant. In quibus hec propriis duximus vocabulis exprimenda : apud Torviler, vineam ex dono Herberti de Villamauri, vineam ex dono Theobaldi, filii Thecelini; in ecclesia ejusdem ville medietatem in tribus sollempnitatibus, scilicet : in Natali Domini, Pascha, et sollempnitate Omnium Sanctorum ; et minutam decimam, que tempore suo, predictus Herbertus tenet a vobis. Apud Trecas, parrochiale jus familie vestre, et famulorum vestrorum liberorum, scilicet : majoris, cellerarii, granetarii, et duorum matriculariorum ; domum Dietii sacerdotis; domum Garnerii Pisani ; censum ex dono Johannis filii Engelberti ; domum et censum ex dono Herberti filii Dameronis; tenimentum Costati in Praeria. Apud Marineium, terram de Monte Cucchet. Apud Ausonam, terram de censu Sancte Eulalie ; usuaria nemoris et pasturam que dicitur Noa Sancti Petri ex dono comitis Brennensis ; terras ex dono Guiterii de Monte Hyngonis, et Theobaldi militis Ausone. Et aquam que defluit inter granchiam de Bretoneria et molendinos de Torrente Leprosorum : conventionem quoquo que inter vos et monachos de Cella super decima rationabiliter facta est, auctoritate Apostolica confirmamus. Sane de laboribus novalium vestrorum que propriis manibus aut sumptibus colitis, sive de nutrimentis vestrorum animalium, nullus a vobis decimas presumat exigere. Decernimus ergo... (Cfr n° 6, p. 20). — Datum Beneventi, X kalendas januarii, Incarnationis Dominice anno M°C°L° quinto.

(*Cartul.* fol. vii v°.)

27. — **1158.** Sous le sceau de Henri, évêque de Troyes, Manassès, de Pougy, donne à Saint-Loup les annuels de Saint-Nicolas de Pougy.

In nomine Sancte et Individue Trinitatis. — Ego Henricus, Dei gratia ecclesie Trecensis humilis minister, notum fieri volo presentibus et futuris, quod Manasses de Pogeiaco, dilectus filius noster, una dierum in nostram curiam venit, et vite presentis incertum recogitans quo sibi suisque provideret in posterum salubri consilio fretus, annualia canonicorum ecclesie Sancti Nicholai de Pogeio, quoquo modo persona mutetur, assensu canonicorum suorum, fratribus in ecclesia Beati Lupi Deo servientibus in perpetuum concessit, et exinde per manum nostram, multis reverendisque personis assistentibus, abbatem Guiterum nomine, qui tunc ecclesie predicte preerat, investivit. Nos quoque, primum pro amore Dei, dehinc tum pro supplici rogatu comitis Henrici, tum pro dilectione qua predictis fratribus debitores sumus, quantum ad nos pertinebat, idipsum concessimus. Et ne temporum vetustate, vel invidorum malitia, vel obliterari vel immutari posset in posterum, scribi sigilloque nostro conscriptum communiri precepimus. — Actum publice Trecis, in domo episcopii, anno ab Incarnatione Domini M°C°L°VIII°.

(*Cartul.* fol. 26 r°.)

28. — 1158. Échange de serfs et de redevances à Pouan, Lusigny, Baire-Saint-Loup, Valmy (Marne), entre Saint-Loup et le comte Henri le Libéral.

In nomine Sancte Trinitatis. — Ego Henricus, Dei gratia Trecensis comes palatinus, presentibus et futuris notum fieri volo, quod ad precem venerabilis abbatis Beati Lupi Trecensis Guiteri, fratrumque suorum, feminam quamdam de Lusigniaco, nomine Belesior, cum tota familia sua, ecclesie predicte Beati Lupi, paci fratrum nec non et utilitati consulens, in perpetuum concessi; predicti vero fratres Bonellum de Poant et quidquid dominus Rainerus de Brena, partis utriusque quantitate considerata, dignum judicaverit, michi pro collato beneficio retribuerunt; preterea pro censu quem jam dicti fratres, canonici scilicet Beati Lupi, apud Walmeri villam, que conjacet in archiepiscopatu Remensi, possederant, ipsis in fresingis de Baira, quas in festo sancti Andree debent homines ipsius ecclesie prenominate, decem solidos annuatim persolvendos retribui. — Actum anno ab Incarnatione Domini M°C°L°VIII°.

(*Cartul.* fol. 42.)

29. — 1158 (v. st.), 1ᵉʳ février. — Le comte Henri le Libéral exempte de sa justice et de ses redevances, sauf réserve, un four et six hôtes de Saint-Loup ; il donne à l'abbaye une partie de la Seine à Rouilly.

In nomine Sancte et Individue Trinitatis. — Ego Henricus, Dei gratia Trecensium comes palatinus, notum facio presentibus et futuris, quod ecclesio Beati Lupi furnum, qui est juxta eamdem ecclesiam, intuitu pacis et quietis pro fructu anime mee predecessorumque meorum liberum concessi, scilicet ut sex hospites cum familiis suis inhabitantes sex mansiones ejusdem furni, de cetero nullam justiciam, nullam consuetudinem michi vel meis persolvant, nec in jus nisi per submonitiones vel abbatis vel canonicorum veniant, nec alicui super aliquo negotio respondeant. Quod si quis eciam predictorum sex hospitum meus sit, non licebit meis ministris propter eum preter licentiam abbatis vel canonicorum furnum violare, aut infra furnum ipsi vel rebus ipsius vim facere. Sciendum tamen, quod exactionem, que vulgo tallia dicitur, propter libertatem furni de homine meo non perdam, et quociens extra furnum inventus fuerit, libere de eo meam exercere justiciam. Preter hoc, ad refectionem fratrum totam aquam, que interjacet, a molendino de Baira usque ad locum qui dicitur Arziletus ecclesio predicte donavi, quatinus in ea nemini liceat preter abbatis vel canonicorum jussionem quocunque modo vel arte piscari. — Actum publico Trecis in ecclesia Beati Stephani. Quod pie factum causa majoris firmitatis scribi precepi ; scriptum vero legitimarum personarum testimonio sigillique mei impressione communivi. Hujus rei testes sunt ex parte mea : Manasses, decanus ; Bonellus, Girardus, Andreas, Michael, sacerdotes ; Rainaudus, Herbertus, Roricus, diaconi ; Rainerius, Guirricus, Galterus camerarius, Guiardus, Teobaldus, Petrus, subdiaconi, canonici Sancti Stephani ; Odo, conestabulus ; Herfredus, prepositus ; Petrus Blesensis ; Lambertus, filius Everardi ; ex parte Beati Lupi : Guiterus, abbas ; Teobaldus, prior : Herbertus, subprior. — Data Trecis per Willelmi, cancellarii, manum, kalendis febroarii, anno M°C°LVIII° ab Incarnatione Domini, Ludovico regnante, Henrico cathedre Trecensi presidente.

(*Cartul.* fol. 40 r°. — Archiv. Aube, *origin.*)

30. — 1159. Le comte Henri le Libéral décharge de toute redevance et exempte de sa justice le maire de Saint-Loup à Luyères.

In nomine Sancte et Individue Trinitatis. — Ego Henricus, Dei gratia Trecensium palatinus comes, notum fieri volo presentibus et futuris, quod ecclesie Beati Lupi libertatem majoris sui, quem habet in villa, que Lueriis vocatur, in eleemosinam donaverim. Concessi igitur ut predictus major, quisquis ipse sit, secundam successionem temporum a sal-

vamento et a procuratione, et ab omni justicia mea
de cetero liber sit et emancipatus et Trecis nullam
consuetudinem michi persolvat, neque preposito
meo, neque ministerialibus meis in aliquo, nisi per
justiciam abbatis et in curiam Sancti Lupi respondeat. Qui tamen si gravius aliquid, quod ante me-
metipsum judicem deberet corrigi, forte peccaverit,
abbas, inde submonitus, eum meo successorumque
meorum judicio responsurum presentabit. Hoc autem quo ratum maneat et illibatum sigillo meo confirmari precepi. Hujus rei testes sunt : Petrus, abbas de Cella, Jocelinus, prior Sancti Aygulfi, et
Thomas, monachi ipsius ; Villermus, cancellarius ;
Rainerus de Brena ; Guirricus Buceps ; Petrus Bursaudus, Herfredus, prepositus ; Petrus, filius David. — Actum Trecis in ecclesia Beati Lupi, anno
ab Incarnatione Domini M°C° quinquagesimo nono.

(*Cartul.* fol. 40 r°. — Archiv. Aube, *origin.*

31. — 18 avril 1161. Le comte Henri le Libéral confirme
à l'abbaye de Saint-Loup des donations et des échanges.

In nomine Sancte Trinitatis. — Ego Henricus,
Trecensis palatinus comes, notum facio presentibus
et futuris, quod exceptis quibusdam, que ipsius ecclesie Beati Lupi per elemosinam simplici dono
contuleram, ecclesia predicta quedam de suis michi
dedit, pro quibus alia quedam que mei juris erant
in commutationem recepit, que cuncta data scilicet

vel commutata subnotari precepi sigilloque meo, causa majoris firmitatis, ne res quoquo modo depravetur in posterum, confirmavi. Aquam que interjacet a molendino de Baira usque ad Arziletum ; et apud castrum quod Pontes dicitur, decem arpenta prati ; et apud Bretoneriam pratum de Grandi Campo, et pratum Gaudrici fratribus in ecclesia Beati Lupi Deo servientibus, in elemosinam donavi ; consuetudines quoque de Baira quas indigene fresingas vocant, eisdem concessi pro terra de Walmeri villa et pro hominibus quos in villis Valant, Magrinei, Boeii possederant ; familiam quoque Beleisor de Lusigniaco pro Bonello de Poanz commutavi, et Emelinam, filiam Constantii Jobar, uxorem Drochonis, pro Elisabeth, filia Galteri granetarii ; sciendum quoque de predicta Emelina, quod sic eam liberam ecclesie Beati Lupi manumisi, quattinus ipsa et vir eujus ab omni justicia et consuetudine michi debita sint emancipati. Hujus rei testes sunt : Pontius, abbas Sancti Sereni ; Manasses, propositus Beati Stephani ; Galterus, cantor Sancti Petri ; Rainerius de Brena, Odo, conestabularius ; Hugo de Planceio, Guillermus, marescallus ; Herfredus, prepositus Trecorum ; Petrus de Blesis, Milo, prepositus de Mareio ; Bonedictus de Pontibus. — Actum publice Trecis, anno M°C°LX° primo, ab Incarnatione Domini. Data Trecis per manum Guillermi cancellarii, XIIII kalendas maii.

(*Cartul.* fol. 40 v°. — Archiv. Aube, *origin.*)

32. — **1161.** Le comte Henri le Libéral confirme Saint-Loup dans ses possessions et dans ses priviléges.

Ego Henricus, comes Trecensis palatinus, universis tam presentibus quam futuris notum facio, quod reatum anime mee intolerabilem agnoscens et ecclesiam Dei nulli potestati seculari jure esse subditam, immo ab omni jugo dominationis laice secundum canonicam institutionem esse liberam agnoscens, dominium quod in civitate Trecensi antiquitus beatus Lupus habuit confessor gloriosus recognoscens et signum et memoriam ipsius antique dominationis, ob remedium anime mee et parentum meorum, videlicet bone memorie quondam comitis Theobaldi patris mei et matris mee Mathildis quondam comitisse et aliorum antecessorum meorum, ecclesie Beati Lupi Trecensis concessi, quod homines dicte ecclesie Beati Lupi quos habet apud Trecas, et habitura est, undecunque veniant, quamvis maneant in justitia mea in civitate et potestate Trecensi, non respondeant alicui de cetero coram me vel meis ministris, nisi pro forefactis furti, vel multre, vel raptus, vel inventi fuerint presentialiter in forefacto quod dicitur mellee, et hoc quando sanguinis effusio intervenerit. Concessi preterea ecclesie predicte Sancti Lupi libertates majorum et submajorum quos habet et habitura est in villis suis dicta ecclesia : videlicet libertatem majoris et submajoris de Molins, majoris et forestarii de Lusegni, majoris de Rulliaco et majoris de Baira ; et servientium dicte ecclesie quos habet apud Villampartis, et de Cortlaverzei, et de Montesusano, et de Mainillo juxta Selerias, et de Riveria de Arduceo majorum et submajorum seu decanorum similiter, ita quod predicti servientes in tota terra mea de cetero nullum pedagium, nullum portagium, nullum minagium, seu theloneum, vel aliam consuetudinem, quocumque nomine censeatur, michi vel meis pro aliqua mercatura persolvatur. Ita tamen quod quilibet de predictis mercatoribus vel servientibus, in signum libertatis sue, teneatur duas libras bone cere accrescere in cereo quod solet deferri in processione ad festum dicti gloriosissimi confessoris et in honore ipsius sancti pro remedio anime mee et parentum meorum offerre. Vineam vero dicte ecclesie quod Clausum dicitur de retro Sanctum Martinum, et vineam de Hastis, et vineam de Thesauro, et vineam de Laboras, que omnia habet dicta ecclesia ex dono bone memorie Karoli Calvi, quondam regis Francorum, ad preces et instantiam religiosi viri Guiteri abbatis, ita liberas esse recognovi, et recognosco, quod nec ego, nec aliquis balivus seu minister vel serviens meus propter aliquid forefactum in predictis locis justitiam aliquam possit habere vel reclamare, nec aliquis alius nisi tantummodo mandatum dicte ecclesie Sancti Lupi. Preterea in grangiis et domibus ecclesie Sancti Lupi, quaqua versum site sint in tota terra mea,

dictam ecclesiam eamdem prorsus justitiam in ipsis
et pertinentibus ad eas habere recognosco; me et
successores meos omnino nullam habere justitiam
in eis... Quod ut ratum et illibatum in posterum re-
maneat presens scriptum sigilli mei precepi impressione firmari. Sunt autem testes hujus rei : Andreas
de Lueriis et magister Hugo de Monrampon, clerici ; Borangarius de Cusangiaco, Hugo Eventatus,
et Garinus de Meriaco, milites. — Actum est hoc
apud Peantium anno Incarnati Verbi M°C°LX° primo,
regnante Ludovico, rege Francorum.

(*Cartul.* fol. 19 v°.)

33. — 1162. Le comte Henri le Libéral fait un échange de
serfs avec Saint-Loup et remet à l'abbaye diverses redevances.

In nomine Sancte et Individue Trinitatis. —
Ego Henricus, Trecensis comes, notum facio presentibus et futuris, quod ecclesie Beati Lupi conjugem Vincentii de Boconniaco pro Galtero de Mareio,
qui mihi necessarius erat, concessi. Eidem quoque
ecclesie sextarium frumenti, quem mihi debebant
pro piscatione aque de Bretoneria, perdonavi; nec
non et terram quam tenent juxta Noas, de ele-
mosine Berte, et hospites, si qui in ea manserint,
ab omni servicio, sive justicia, sive consuetudine michi debita, duntaxat homines mei non sint,
perhenniter emancipavi. Hoc autem, ne vetustate temporis aut hominum malignitate depravetur,

scribi precepi, scriptum que sigillo meo legitimorumque testium subscriptione confirmari. Hujus rei testes sunt : Pontius, Sparnacensis abbas ; Jacobus, abbas Sancti Martini ; Manasses, prepositus Sancti Stephani ; Herbertus de Villamauri ; Evrardus ; Galterus, cantor Sancti Petri ; Haicius de Planceio ; Galterus, camerarius Sancti Stephani ; Evrardus Gillardi ; Willermus, marescallus ; Drogo Bristaudus ; Rainaudus, prepositus Rosniacensis ; Fromundus de Plaiotra. — Actum publice in ecclesia Sancti Lupi, anno ab Incarnatione Domini M°C°LX° secundo.

(*Cartul.* fol. 40 v°. — Archiv. Aube, *origin.*)

34. — 1162 (v. st.), 23 février. Le comte Henri le Libéral donne à Saint-Loup : 1° les frésinges de Rouilly-Saint-Loup ; 2° les hommes qu'il avait à Lusigny.

In nomine Sancte et Individue Trinitatis. — Ego Henricus, Dei gratia Trecensis palatinus comes, notum facio presentibus et futuris, quod ecclesie Beati Lupi Trecensis et canonicis in ea Deo servientibus consuetudines Rulliaci, quas indigene fresingas vocant ; nec non et homines, tam mares quam feminas, quos apud Lusiniacum possidebam in eleemosinam concessi ; sub hac conditione duntaxat, ut obitus mei diem in kalendario suo scribant et singulis annis anniversarium meum debita veneratione concelebrent. Hoc autem quo ratum maneat et illibatum et in posterum nulla diuturnitate temporis obliteretur scribi precepi et causa majoris firmitatis sigillo meo confirmavi. Hujus rei testes sunt : Ansellus de Triangulo, Odo de Pogeio, Drogo de Pruvino, Manasses, archidiaconus Beati Petri et decanus Sancti Stephani ; Manasses, prepositus ; Aicius de Planceio, Guillermus, notarius ; Herbertus de Villamauro, Guirricus Boceps. — Actum anno Incarnati Verbi M°C°LX° secundo, Ludovico rege Francorum regnante, Henrico in Trecensium existente episcopo. Data Trecis per manum Guillermi cancellarii, V° kalendas martii.

(*Cartul.* fol. 42 r°. — Archiv. Aube, *origin.*)

35. — 1163, 26 mai. Le pape Alexandre III accède à Saint-Loup le droit général de sépulture.

Alexander, episcopus, servus servorum Dei, dilectis filiis abbati et fratribus Sancti Lupi, salutem et Apostolicam benedictionem. Justis petentium desideriis facilem nos convenit impertiri consensum, et vota, que a rationis tramite non discordant, opere sunt prosequente complenda. Ea propter, dilecti in Domino filii, vestris justis postulationibus grato concurrentes assensu, corpora eorum qui sibi apud vos sepulturam elegerint in cimiterio vestro sepeliendi, nisi excommunicati vel interdicti fuerint, liberam facultatem Apostolica vobis auctoritate concedimus et presentis scripti patrocinio communimus, salva tamen suorum justitia sacerdotum et ecclesiarum a quibus ipsorum mortuorum corpora assumuntur. Decernimus ergo ut nulli... (Cfr n. 6, p. 20). Datum Turonis, VII° kalendas junii, anno Incarnati Verbi M°C°LX°III°.

(*Cartul.* fol. 16 r°. — Archiv. Aube, *origin.*)

36. — 1163. Saint-Loup abandonne ses possessions à Charmont et la station de Sainte-Maure pour une prébende dans la collégiale de Saint-Étienne.

In nomine Sancte Trinitatis. — Ego Manasses, ecclesie Beati Stephani humilis decanus, et Manasses ejusdem ecclesie prepositus, in posterum. Quia tempus preterit et facile postlabitur et recedit a memoria quidquid fit aut nascitur in tempore, nos et fratres nostri, quatenus aliquod oblivioni remedium opponeremus, quod pio et simplici oculo factum est tradidimus. Igitur filii qui nascentur et exurgent enarrent filiis suis et cognoscat generatio altera, quod Guiterus abbas Sancti Lupi et fratres cum eo et sub eodem servientes, a domino de Cortlaverzei patiebantur, et vim facienti per se resistere non valebant. Propterea de patrocinio serenissimi comitis Henrici principis et fundatoris nostri plus sperantes et ab ecclesia Sancti Stephani, que nobiles et potentiores personas habet, majus auxilium consiliumque prestolantes, medietatem totius possessionis quam in territorio de Cortlaverzei et in appenditiis ejus tenebant eidem ecclesie Beati Stephani et canonicis in eadem servientibus imper-

petuum possidendam concesserunt. Et preter hoc,
ut si quid ex his que per violentiam tyrannorum
ipsis rapta vel detracta sunt, adjuvante Deo revocare
potuerimus, nos duas partes recuperatorum nobis
teneamus, ipsi tertiam hereditario jure rehabeant.
Stationem quoque quam Sancto Mauro debebant,
et quidquid ipsis pro ea debebatur, ecclesie nostre
similiter concesserunt; ita tamen ut, eo anno quo
festum sancte Mauro feria secunda evenerit, ab hominibus Sancti Lupi qui preparationem panis et
carnium debent, nihil amplius quam summa decem
solidorum requiratur. Illustris vero princeps, predictus Henricus, participato consilio tam personarum quam totius reliqui capituli nostri, ne tanto
beneficio nos et ipse videremur ingrati, reciproca
charitate in ecclesia nostra prebendam unam ecclesie Beati Lupi perpetue tenendam concessit, et
supradictum abbatem de illa, sicut mos est, investivimus. Ad majorem quoque societatis et familiari-
tatis conjunctionem utriusque capituli Beati Stephani et Beati Lupi, statutum est ut ad sepulturam
canonicorum defunctorum vicissim fratres utriusque ecclesie conveniant, et defuncto debitum servitium persolvant. In inventione quoque beati Stephani, et in natale beati Lupi processiones ad cele-
brationem misse majoris adinvicem sibi debebunt,
et alteriusque solempnitatis octavas alterutri, quotannis, ordine debito, celebrabunt. Hoc autem totum quo ratum maneat et illibatum, neve temporis
diuturnitate vel hominum nequam malignitate per-

verti vel mutari valeat, scribi fecimus ; scriptum vero causa majoris firmitatis communi sigillo capituli nostri communiimus. Data Trecis per manum Haicii, magistri schole, anno ab Incarnatione Domini M°C°LXIII°.

(*Cartul.* fol. 70 r°.)

37. — 1164, 3 mars. Le pape Alexandre III confirme l'abbaye de Saint-Loup dans toutes ses possessions.

Alexander, episcopus, servus servorum Dei, dilectis filiis Guitero, abbati ecclesie Sancti Lupi, ejusque fratribus tam presentibus quam futuris, canonicam vitam professis, in perpetuum. Quotiens illud a nobis petitur quod religioni et honestati dinoscitur convenire, animo nos decet libenti concedere, et petentium desideriis congruum suffragium impertiri. Ea propter, dilecti in Domino filii, vestris justis postulationibus clementer annuimus, et prefatam ecclesiam in qua divino mancipati estis obsequio, ad exemplar patrum et predecessorum nostrorum felicis memorie Eugenii et Adriani Romanorum pontificum, sub beati Petri et nostra protectione suscipimus, et presentis scripti privilegio communimus. In primis siquidem statuentes, ut ordo canonicus qui secundum Dei timorem et beati Augustini regulam, in eadem ecclesia institutus esse dinoscitur, perpetuis ibidem temporibus inviolabiliter observetur. Preterea quascumque possessiones quecumque bona eadem ecclesia impresentiarum justo et canonice possidet, aut in futurum concessione pontificum, largitione regum, vel principum, oblatione fidelium, seu aliis justis modis, prestante Domino, poterit adipisci, firma vobis vestrisque successoribus et illibata permaneant. In quibus hec propriis duximus exprimenda vocabulis : ecclesias de Molins, de Ausona, de Lonsoldo, de Lusiniaco, sicut ab Hatone Trecensi episcopo canonice vobis concesse sunt et scripto suo firmate ; nemus de Bevronella ; potestatem de Molins et decimam ; curtem de Ausona cum pertinentiis suis ; terram de censu Sancte Eulalie ; terras ex dono Guitterii et Theobaldi militis de Monte Hyngonis et Milonis Venatoris ; potestatem de Rulliaco ; curtem de Bretoneria et molendinos ; medietatem decime de occhiis Rulliaci ; potestatem de Lusigniaco et decimam duobus annis continuis ; potestatem de Villapartis cum pertinentiis suis ; curtem et Fontem Sancti Guinebaldi et terram adjacentem de censu Sancte Columbe et terram contiguam de censu Hugonis militis de Sezania ; decimam de Sancto Lupo de Riveria Arducei et oblationem ecclesie in natali sancti Lupi ; nonas de Capella Sancti Luce. Apud Trecas, frumentum de dono Fromundi Vulturis ; censum de dono Fulconis ; prebendam unam in ecclesia Beati Stephani Trecensis rationabiliter vobis concessam ; ex dono Guiardi de Pontibus censum de cultillo Martini Strabonis ; ex dono Hugonis Rufi censum de cultillo Boni Filii ; ex dono Berte, uxoris Raaudi, terram de Nois et haream domus ; apud Trecas itidem, parrochiale jus familie vestre et famulorum vestrorum liberorum, scilicet majoris, cellerarii, granetarii, duorum matriculariorum; domum Drogonis, fratris Dietii sacerdotis ; ex dono Roberti Surdi et Henrici de Triagnello terram que est juxta ecclesiam vestram ; domum Garnerii Pisani, censum et vineam, ex dono Johannis filii Ingelberti ; ex dono Theobaldi, filii Thecelini, vineam ; ex dono Herberti, filii Dameronis, domum et censum ; tenimentum Costati in Praeria ; apud Torviler, vineam ex dono Herberti de Villamauri ; in ecclesia ejusdem ville medietatem oblationum, in Natali Domini, in Pascha, in festo Omnium Sanctorum, et minutam decimam ; medietatem aque que defluit inter Argilletum et Molendinum de Baira ; conventionem quoque que inter vos et monachos de Cella super decima de Ausona rationabiliter facta est ; annualia cononicorum Sancti Nicholai de Pogeio ; ex dono Marie et Bonini terras apud Argentellam ; ex dono Gobaldi terras ad Pontem Sancte Marie ; usuarium nemorum comitis Brennensis et de Doschia, ad omnes necessitates vestras ; quinque solidos census in villa que dicitur Longumpratum ; quicquid habetis in villis : Curtlaverzi, Lueriis, Boeio, Ascensoriis, Masnillo sub Selleriis, Curtearengiis, Allebalderiis, Villa Arduini, Chamaio, Buxeriis, Teneleriis, Baria, Diemvilla. Sane novalium vestrorum, que propriis manibus aut sumptibus colitis, sive de nutrimentis vestrorum animalium nemo decimas vobis presumat exigere. Prohibemus preterea ut nulla ratione vobis sit licitum prebendam, vel terram, seu aliquod ecclesiasticum beneficium alicui seculari persone concedere. Decernimus ergo... (Cfr. n. 6, p. 20.) — Datum Senonis, V nonas martii, anno Incarnati Verbi M°C°LX°IIII°.

(*Cartul.* fol. 6 r°. — Archiv. Aube, *copie collationnée le* 20 juillet 1425 en la prévôté.)

38. — 1165. Échange de serfs entre Saint-Loup et le prieuré de Sainte-Marie de Pont-sur-Seine.

In nomine Sancte Trinitatis. — Ego Rogerus, Dei gratia monasterii Cormeriacensis abbas, notum facio presentibus et futuris quod querela, quam ecclesia Sancti Lupi Trecensis multo tempore pro uxore Haimerici de Rupe, adversum nos habuerat et clamaverat, tali modo decisa est et terminata. Guitherus, abbas ecclesie jam dicte, conjugem predicti Haimerici cum tota familia sua necnon et familiam Seberti, laudante capitulo suo, nobis in pace dimisit, pro quorum manumissione nos eidem ecclesie vicissitudinem reciprocantes, familiam Petri Blanchart et Theobaldum de Basaint cum tota familia sua et dimidiam familiam Clariane, quantum scilicet ad nos pro nostra parte pertinet, assentientibus fratribus nostris, in perpetuum concessimus. Hoc autem quattinus in posterum ratum maneat et inconcussum scribi fecimus et sigillo nostro confirmari. — Actum anno Incarnationis Domini M°C°LX° quinto.

(*Cartul.* fol. 73 v°.)

39. — **1168.** Le comte Henri le Libéral renonce au sauvement et à la redevance en gelines que lui devaient les hommes de Saint-Loup à Baire.

In nomine Sancte Trinitatis. — Ego Henricus, Dei gratia Trecensis comes palatinus, notum facio presentibus et futuris, quod avenam, quam habitatores terre Beati Lupi que conjacet apud Bairam, pro salvamento michi debebant, pro fructu anime mee et pro remedio animarum patris mei pie memorie Theobaldi et matris mee Mathildis, necnon et ceterorum predecessorum meorum, ob redemptionem temporis, quia dies mali sunt, fratribus in ecclesia prefati Beati Lupi Deo servientibus in perpetuum donavi. Et ut omnis occasio nocendi malivolis exinde tolleretur, consuetudinem gallinarum, quas mei servientes a predictis hominibus accipere et singulis nummis singulas comparare solebant, eidem ecclesie similiter in eleemosinam concessi. Hoc autem ne diuturnitate temporum, seu malignitate perversorum possit in posterum depravari, ordinem rei geste scribi precepi, scriptum quoque sigilli mei impressione, testiumque subscriptione communiri. Testes hujus rei sunt : Andreas, sacerdos, Teobaldus, scriba, canonici Beati Stephani ;

Guillermus, marescallus; Petrus Bristaudus; Herfredus, prepositus. — Actum publice anno ab Incarnatione Domini M°C°LX°VIII°, regnante Ludovico rege Francorum, Henrico episcopo cathedre Trecensi presidente. Data Trecis per manum Guillermi cancellarii.

(*Cartul.* fol. 41 r°. — Archiv. Aube, *origin.*)

40. — 1168. Le comte Henri le Libéral fait un échange de serfs avec l'abbaye de Saint-Loup.

Ego Henricus, Trecensium comes palatinus, universis presentibus et futuris notum facio, quod Jacobam, filiam Hugonis de Curcellis, abbati et ecclesie Sancti Lupi donavi, maritandam filio Belini de Submuro, propter quam ipse abbas michi dedit in excambio filiam predicti Belini, maritandam cuilibet hominum meorum. Quod ut ratum permaneat, sigilli mei impressione precepi confirmari. — Actum anno Incarnati Verbi M°C°LX°VIII°.

(*Cartul.* fol. 41 v°.)

41. — 1168. Le prieuré de l'Abbaye-sous-Plancy vend à Saint-Loup, moyennant 300 sous, ce qu'il possédait à Longsols.

Notum sit omnibus tam presentibus quam futuris, quod ego Theobaldus, Dei miseratione Molismensis abbas et fratrum nostrorum conventus, quicquid prioratus noster de Planceiaco, qui vulgo Abbatia dicitur, in decima seu in censu de Lonsodo possederat, dilecto nostro Guitero Sancti Lupi Trecensis abbati et successoribus ejus, acceptis ab eo trecentis solidis, deinceps habendum jure perpetuo concessimus ; et si quis in his quidpiam reclamaverit, justam sufficientemque garentiam promittimus. Rogavimus etiam dominum nostrum Mattheum Trecensem episcopum, quattinus quod feceramus laudaret et appositionem sigilli nostri confirmet. Hujus rei testes et cooperatores sunt : frater Raaudus, subprior; et Wilelmus, cantor; Lambertus, camerarius; Thomas, prior de Firmitate ; Laigulfus, prior de Insulis; Rainaldus, prior de Radonisvillari ; Johannes, prior Planciaci, ad cujus prioratum decima ipsa pertinebat; Radailfus, capellanus abbatis; Pontius, prior Sancti Lupi, qui presens in capitulo nostro laudationi fratrum nostrorum interfuit. — Actum publice anno ab Incarnatione Dominica M°C°LX°VIII°.

(Cartul. fol. 72 v°. — Archiv. Aube, origin.)

42. — 1170. Matthieu, évêque de Troyes, constate que Robert le Sourd, de Mathaux, a donné à l'Hôtel-Dieu de Chalette ce qu'il possède sur le finage de Brevonnelle, commune de Mathaux.

Ego Mattheus, Dei gratia Trecensis episcopus, notum fieri volo tam presentibus quam futuris, quod Robertus Surdus de Mastello dedit in elemosinam domui Dei Chalete, per manum meam, quicquid habebat in finagio Bevronelle, in pratis, in aquis, in nemoribus, a laiis Bevronelle magne, sicut vadit via Sainaria, usque ad finagium de Mastelli. — Facta sunt hec anno ab Incarnatione Domini M°C°LXX°. Et ut hoc donum ratum stabile in perpetuum maneat, sigilli mei impressione confirmavi.

(*Cartul* fol. 26 v°.)

43. — **1170.** Henri le Libéral donne à Saint-Loup une famille serve à Fontaine-Luyères, à charge de célébrer l'anniversaire du comte Thibaut et de la comtesse Mathilde, etc., etc.

In nomine Sancte Trinitatis. — Ego Henricus, Dei gratia Trecensis palatinus comes, notum facio presentibus et futuris, quod uxorem Pascharedi de Fontibus, nec non et filios ejus et uxores eorum, cum tota domo et successione sua, ecclesie Beati Lupi Trecensis pro fructu anime mee in elemosinam donavi, tali quidem pacto, quod fratres inibi Deo servientes, anniversarios dies depositionis patris mei bone memorie Theobaldi et matris mee Mathildis, per singulos annos devotius et affectiosius concelebrent. In castello quoque quod Pontes dicitur, unum quem, succedentibus sibi temporibus, abbas voluerit ex hominibus ejusdem Beati Lupi, ab omni justicia et consuetudine michi debita seu tallia emancipavi, qui prata, que ecclesie prefato ad usus domus Sancti Winebaudi dederam, sollicite custodiat, et in nulla causa preposito meo seu ceteris servientibus meis, nisi per clamorem abbatis, respondeat. Eleemosinam quoque laudavi quam Gaufridus Furnerius eidem ecclesie fecerat de gallinis et aliis consuetudinibus, quas habitatores terre Sancti Lupi, que est apud Bairam, ei annuatim reddere solebant. Hoc autem totum, quo ratum sit et inconcussum permaneat, scribi precepi scriptumque sigilli mei impressione communiri. Testes autem sunt: Andreas de Lueriis, Michael Hugonis, sacerdotes; Nicholaus de Datia, Girardus Gillardi, Symon de Rupe, Theobaldus scriba, subdiaconi; Ansellus de Triangulo, Garnerus, frater ejus; Guillermus de Domnopetro, Guillermus mareschaldus, Nevelo de Alneto, Drogo Bristaldus, Gillebertus de Clauso, Manasses Karoli. — Data Trecis, per manum Guilelmi cancellarii, anno M°C°LXX° ab Incarnatione Domini nostri Jesu Christi. — Actum anno ab Incarnatione Domini millesimo centesimo septuagesimo.

(*Cartul.* fol. 41 v°. — Archiv. Aube, *origin.*)

44. — 1171-1180, 21 août. Le pape Alexandre III confirme en général les possessions de Saint-Loup.

Alexander, episcopus, servus servorum Dei, dilectis filiis abbati et conventui Sancti Lupi Trecensis salutem et Apostolicam benedictionem. Justis postulationibus religiosorum virorum assensum nos convenit facilem impertiri, et eorum vota effectu prosequente complere. Hac itaque ratione inducti, petitionibus vestris grato concurrentes assensu, universa bona que domus vestra juste et pacifice possidet vobis et eidem domui auctoritate Apostolica confirmamus et presentis scripti patrocinio communimus, statuentes ut nulli omnino hominum liceat hanc paginam nostre confirmationis infringere, vel ei ausu temerario contraire. Si quis autem hoc attemptare presumpserit, indignationem Omnipotentis Dei et beatorum Petri et Pauli apostolorum ejus, se noverit incursurum. — Datum Tusculani, XII kalendas septembris.

(*Cartul.* fol. 16 r°. — Archiv. Aube, *origin.*)

45. — 1172. Henri le Libéral donne à Saint-Loup une rente sur le moulin de la Porte-l'Évêque, à Troyes, et un droit d'usage dans la forêt d'Isle.

Ego Henricus, Trecensium palatinus comes, universis presentibus et futuris notum facio quod Trecis, in molendinis de juxta portam, que dicitur episcopi, dimidium modium frumenti et dimidium modium molturensis annone ecclesie Beati Lupi Trecensis pro fructu anime mee in perpetuum donavi; et eidem ecclesie pro necessitatibus suis usuarium nemorum de Insulis ad duas bigas sine quocumque pretio, solo tantum respectu Dei, similiter in perpetuum concessi. Quod pie factum, ne valeat in posterum depravari, sigilli mei impressione et subscriptorum testium subnotatione firmari precepi. — Actum Trecis anno Incarnati Verbi M°C°LXXII°.

(*Cartul.* fol. 41 v°.)

46. — 1172. Matthieu, évêque de Troyes, constate que Clerembaud de Chappes, Hugues de Magnicourt, Geoffroi Fournier et Herbert de Villemaur accordent divers droits à Saint-Loup.

In nomine Sancte Trinitatis. — Ego Mattheus, Dei gratia Trecensis episcopus, notum facio presentibus et futuris quod Clarembaudus de Capis, multis assistentibus, ad me venit et quod ecclesia Beati Lupi Trecensis in nemore de Doschia decimum nummum de pasnagio et usuarium plenum, tam ad edificandum sive comburendum quam ad pascua quorumlibet animalium, haberet et habere deberet in presentia nostra recognovit atque concessit, salvo jure forestariorum ; consuetudinarium vero forestariorum jus hoc est, quod cum sint quatuor in vindemia de Clauso Sancti Lupi singuli singulos vini sextarios habere debebunt, et in festo sancti Lupi singuli binos nummos. Concessit nichilominus isdem Clarembaudus hominibus Sancti Lupi de Masnillo Fulcheri juxta Selerias usuarium predicti nemoris sicut habent illud ceteri qui persolvunt annuatim consuetudinem que haia nuncupatur. Sciendum nichilominus quod dominus Hugo de Magnicorth V sextarios avene quos in decima Lonsoldi singulis annis solebat percipere, prefate ecclesie Beati Lupi in elemosinam dedit et exindo filium nostrum, ejusdem ecclesie abbatem, Guiterum, per manum nostram multis assistentibus investivit. Dominus quoque Gaufridus Furnerius in curiam nostram, multis assistentibus, adhuc venit et se pietatis obtentu, pro fructu anime sue predecessorumque suorum, quidquid ab hominibus seu hospitibus Sancti Lupi commanentibus in villa que Baira dicitur, tam gallinas quam nummos seu avenam que solebat accipere, prefate ecclesie Beati Lupi dedisse recognovit. Sciendum nichilominus quod dominus Herbertus de Villamauri quartam partem majoris decime de Torviler et quidquid in eadem villa possidebat prefate ecclesie Beati Lupi sub presentia nostra donavit. Hoc autem totum ne malignitate cujuspiam valeat in posterum depravari vel diuturnitate temporis in oblivionem devenire scribi precepi, tamque meo sigillo quam subscriptarum personarum testimonio confirmari. Testes sunt : Girardus, abbas de Cella ; Galterus, abbas Arremarensis ; magister Girardus, magister Bernardus, Rainaudus de Pruvino, archidiaconi ; Stephanus Girulfi, magister Guiardus, Petrus Bogres, canonici Sancti Petri ; Lethericus et Stephanus, monachi de Cella ; Bernardus, canonicus Sancti Martini ; Nicholaus, prior Sancti Johannis ; Stephanus, prepositus Arremarensis ; Galterus, camerarius Sancti Stephani. — Actum Trecis in palacio pontificali, anno Incarnati Verbi M°C°LXXII°.

(*Cartul.* fol. 27 v°. — Archiv. Aube, *origin.*)

47. — **1173. Henri le Libéral fait un échange de serfs avec l'abbaye de Saint-Loup.**

Ego Henricus, Trecensis comes palatinus, universis tam presentibus quam futuris, notum facio quod Margaritam, filiam Belini de Submuro, quam Witerus, abbas Sancti Lupi, michi dedit in excambio pro Jacoba, nuru predicti Belini, prefato abbati et ecclesie ipsius manumissam reddiderim, pro qua ipse abbas Hildeburgem, filiam Johannis, nepotem Andree de Lueriis, canonici Beati Stephani, michi rursus in excambio donavit. Quod ut ratum permaneat, impressione sigilli mei confirmari precepi. — Actum anno Incarnati Verbi M°C°LXXIII°.

(*Cartul.* fol. 42 v°.)

48. 1175. Henri le Libéral fait avec Saint-Loup un échange de serves.

In nomine Sancte Trinitatis. — Ego Henricus, Dei gratia Trecensis comes palatinus, notum facio presentibus et futuris, quod filiam Benedicti de Pontibus, Margaritam, ecclesie Beati Lupi Trecensis perpetuo habendam pro filia Thebaldi de Rulli, uxore Walonis de Montegoor, in excambio concesserim. Sic factum est et precepto meo scriptum, et causa firmitatis, sigillo meo communitum. Actum anno ab Incarnatione Domini M°C°LXXV°.

(*Cartul.* fol. 43 v°.)

49. — 1175. Accord entre Saint-Loup et Benoît de Pont-sur-Seine au sujet du fief de Rigny-la-Nonneuse.

In nomine Sancte Trinitatis. — Ego Garnerus, Dei patientia dominus Triagnelli, notum facio presentibus et futuris, quod dilectus et familiaris meus Guiterus, Beati Lupi Trecensis abbas, et Benedictus de Pontibus, Trecis in presentia mea convenerunt, rogantes ut pactiones, quas inter se de feodo Regniaci fecerant, audire deberem et ad dirimendam litem, si super his in posterum questio moveretur inter eos, auditorum testis et relator existeremus. Ad hoc igitur ventum est in extremis, quod predictus abbas feodum Regniaci, sicut Renaudus de Sancto Martino tenuerat illud a Sancto Lupo, Benedicto concessit; ut ipse, salva justitia abbatis, bona fide servaret illud et manu teneret, quandiu Drocho, filius prefati Renaudi, qui filiam ipsius Benedicti uxorem ducere debebat, sub tutela ipsius et advocatione permaneret. Si vero prefatus puer ante nuptias forte decesserit, aut condictum conjugium quacumque ratione solutum fuerit, abbas feodum suum de manu Benedicti sine calumpnia recipiet, ut hereditas ad rectos heredes in pace revertatur. Hoc audivi, hoc pro bono pacis, utriusque partis assensu, scribi precepi scriptumque tam sigillo meo quam subscriptorum testium subnotatione communiri. Testes sunt hujus rei : Renardus, monachus de Sigileriis; Campanus, decanus; Lambertus, sacerdos de Marigni; Gaufridus, frater Rigaudi; Garnerus de Marcilli, Petrus de Pars, Girardus Lunfard, Gaufridus, Eventatus, Seguinus de Fonvenna, Girardus de Fox, Gilo sororius ejus, Milo de Pontibus, Rainaudus de Occi prepositus, Herveus de Sancto Flavito, Renoardus de Marigni, Gaufridus de Rivo. — Actum Trecis, anno ab Incarnatione Domini M°C°LXXV°.

(*Cartul.* fol. 49 v°. — Archiv. Aube, *origin.*

50. — Sans date. L'abbaye de Montiéramey donne à l'Hôtel-Dieu de Chalette des terres sises à Brevonnelle.

Notum sit presentibus et futuris quod dominus Galterius, abbas Arremarensis, assentiente capitulo suo, concessit domui Dei de Chaleta et magistro Nicholao ejusdem ecclesie terram Sancti Petri, que apud Bevronellam erat, tali pacto quod ecclesia Chaletensis quoque anno persolvet priori de Dervo, in festo sancti Remigii, ad mensuram Brenensem sextarium frumenti. In nemore autem predicte Bevronelle, porci monachorum de Dervo sine omni pasnagio discurrent, ut prius, sine omni contradictione ; et usuarium per totum nemus habebunt tam monachi, quam homines illorum. Et ut hoc ratum sit et inconcussum permaneat, presens cirographum testatur.

(*Cartul. fol. 60 r°.*)

51. — 1176. Le comte Henri le Libéral cède à Saint-Loup ses droits sur la maison de Humbert de Villehardouin, rue du faubourg Saint-Jacques.

In nomine sancte Trinitatis. — Ego Henricus, Dei gratia Trecensium comes, notum fieri volo presentibus et futuris, quod ego ad precem Guiteri, abbatis Sancti Lupi Trecensis, querelam, quam adversus Humbertum de Villa Harduini pro domo sua de burgo Sancti Jacobi habueram, in pace dimisi. Concessi etiam, quod neque prepositus meus, neque quilibet alius serviens eundem H. de cetero justificabit, sive vexabit ; sed, si questio mota fuerit adversus eum, michi tantum per abbatem Sancti Lupi, sive per priorem Sancti Jacobi in cujus burgo manet, respondebit. Ipse vero H. michi per singulos annos in Cena Domini V solidos de censu pro hac libertate donabit. Hoc ipsum eodem tenore filio ipsius Humberti, Radulpho, post ejus decessum concessi. Petrum quoque de Virduno, et quicquid in ipso reclamaveram, divini timoris et amoris intuitu prefate ecclesie Beati Lupi in pace dimisi.

Concessi nichilominus, ut predictus abbas Sancti Lupi sex arpenta prati faciat et habeat ad usus domus sue in pascua sua, juxta sedem molendini, qui Pasturellus vocabatur, si nemus ad eadem prata facienda incisum non fuerit. Hoc autem totum ne malignantium perversitate depravetur vel immutetur in posterum, scribi precepi, scriptum que sigillo meo subscriptorumque testium subnotatione communivi. Affuerunt autem hujus rei testes : dominus Ansellus de Triagnello ; Hugo de Planciaco ; Guillermus, marescallus; Ertaldus, camerarius ; Milo de Pruvino, et Johannes frater ejus. — Data Trecis per manus Stephani cancellarii, anno ab Incarnatione Domini nostri Jesu Christi M°C°LXX°VI°, nota Guilelmi.

(*Cartul.* fol. 42 v°.)

52. — 1176. Matthieu, évêque de Troyes, constate qu'Engelbert, abbé de Molôme, et Laigulfe, prieur de Saint-Hilaire, ont vendu à Saint-Loup une famille de serfs.

In nomine Sancte et Individue Trinitatis. — Ego Mattheus, Dei gratia Trecensis episcopus, notum fieri volo presentibus et futuris, quod dilecti fratres Engelbertus, venerabilis abbas monasterii Molismensis et Laigulfus, prior Sancti Hylarii, semel in presentiam nostram convenerunt et quamdam feminam, Adelinam scilicet, uxorem Richeri, filii Herberti de Moncello cum filiis et filia-

bus suis, de quorum partitione inter ipsum priorem
Sancti Hylarii et fratrem nostrum Guiterum, Sancti
Lupi Trecensis abbatem, lis et contentio coram nobis diutius extiterat, eidem abbati Sancti Lupi, qui
et ipse tunc presens erat, acceptis ab eo decem libris,
se in perpetuum concessisse testati sunt. Quod au-
ditum, nos pro bono pacis, ut in posterum ratum
maneat, litteris mandavimus, scriptumque tam sigillo nostro quam subscriptarum personarum subnotatione, partis utriusque concordi rogatu, firmavimus. — Actum anno gratie M°C°LXXVI.

(*Cartul.* fol. 29 r°.)

53. — 1176. Engelbert, abbé de Molême, ratifie la vente
d'une famille de serfs faite à Saint-Loup par Laigulfe,
prieur de Saint-Hilaire.

Ego frater Engelbertus, ecclesie Molismensis dictus abbas, presentibus et futuris notum facio,
quod dilectus filius noster Laygulfus, prior Sancti
Hylarii, laude et assensu nostro, in presentia domini Matthei, Trecensis episcopi, cujusdam Riche-
rii, filii Herberti de Moncello, uxorem cum filiis
et filiabus suis, qui ad eamdem Sancti Hylarii domum proprie spectabant, ecclesie Sancti Lupi Trecensis sub decem librarum pretio vendidit, et per
prefati episcopi manum, Guiterum, ejusdem ecclesie
abbatem, exinde investivit. Quo venditio, ut magis
in posterum rata habeatur, eam sigillo nostro et

fratrum nostrorum testimonio confirmare curavi. — Actum anno Incarnati Verbi M°C°LXX° sexto.

(*Cartul.* fol. 29 v°.)

54. — **1177. Matthieu, évêque de Troyes, donne à Saint-Loup l'église de Laines-au-Bois, et confirme à cette abbaye la possession des églises de Molins et de Lusigny.**

In nomine Sancte et Individue Trinitatis. — Ego Mattheus, Dei gratia Trecensis ecclesie minister humilis, tibi, frater dilecte Guitere, venerabilis abbas Sancti Lupi Trecensis, et ecclesie tue, tuisque successoribus, ecclesiam de Laneis cum omnibus pertinentiis suis, salvo jure episcopali dedimus, ita ut liceat vobis in predicta ecclesia unum de vestris fratribus collocare, qui de manu nostra successorumque nostrorum curam recipiat. Nichilominus ecclesias illas, quas ex dono venerabilis antecessoris nostri, felicis memorie, Hatonis episcopi, ecclesiam vestram jampridem possedisse dignoscitur : ecclesiam videlicet de Molinis, ecclesiam de Lusigniaco, sicut a jamdicto episcopo vobis concesse sunt et autentico ipsius scripto confirmate, vobis concedimus et confirmamus, et ipsam confirmationem presentis pagine contestatione et sigilli nostri auctoritate confirmamus. — Actum publice Trecis, in palatio nostro pontificali, anno Incarnati Verbi M°C°LXX°VII°.

(*Cartul.* fol. 27 r°.)

55. — 1177. Échange de censives entre Saint-Loup et Airard, comte de Brienne.

Ego Erardus, Brenensis comes, notum fieri volo presentibus et futuris, quod ego duos solidos de censu ecclesie Beati Lupi Trecensis in manso Herlaii sacerdotis de Saciaco in perpetuum donavi, pro duobus solidis quos idem Sanctus Lupus singulis annis habebat in villa que Luvigniaca vocatur. Sciendum vero quod eidem ecclesie, in prefato manso, pro excambio nemoris Bevronelle duodecim nummos jam donaveram. Quod ut ratum maneat, sigillo meo subscriptorumque testium subnotatione firmavi. — Actum anno gratio M°C°LXX° septimo.

(*Cartul.* fol. 46 r°.)

56. — 1177. Érard, comte de Brienne, donne à Saint-Loup les droits qu'il avait dans les coutumes de Rouilly-Sacey. Il cède à l'abbaye le droit d'usage dans le bois du *Bateiz* en échange du même droit dans le bois de Brevonnelle.

In nomine Sancte et Individue Trinitatis. — Ego Airardus, Dei patientia Brenensis comes, notum fieri volo presentibus et futuris, quod ego pro bono pacis, ecclesie Beati Lupi Treconsis, mediante ipsius ecclesie abbate Guittoro, furnum bannalem de Saciaco, et terram similiter in qua domus furni constitit, in perpetuum donavi; ut deinceps abbas vel minister ejus eidem furno, pro sua voluntate, furnerum utilem provideat et ponat, aut cui voluerit, et pro quanto potuerit, ad moisonam tradat; et nulli, preter hunc, alium furnum in eadem villa facere liceat, et nullus in eo sine competenti furnagio coquat. Quod si quandoque de quantitate furnagii questio mota fuerit, tantus et talis esse debet quantus et qualis de furno Pisniaci nunc accipitur. Donavi preter hoc eidem ecclesie, in prescripta villa, sex mansos et terciam partem septimi cum appendiciis, et justiciam eorumdem, quantum pertinet ad censum. Quos, ad litem dirimendam, propriis possessorum nominibus exprimere curavi: mansum Galteri, filii Roberti, debentem tres solidos et sex denarios; mansum Martini Hulrici et heredum ejus, debentem tres solidos et sex denarios; mansum Audrici et heredum ejus, debentem duos solidos et sex denarios; mansum Stephani, filii Johannis, et heredum ejus, debentem duos solidos et sex denarios; mansum Jocelmi, filii Martini, et heredum ejus, debentem tres solidos et sex denarios; mansum Petri Borlee, debentem tres solidos et sex denarios; in manso Herlaii sacerdotis, duodecim denarios. Sciendum vero de prescriptis mansis, quod si possessor mansi, morte vel alio casu interveniente, defecerit, et non inveniatur alius qui dimissum ad prenotatum censum tenere velit, ex tunc abbas vel minister ejus illum mansum libere in manu sua tenebit et aratro suo colet, aut cui voluerit colendum tradet, donec aliquis veniat qui eumdem mansum ad debitam consuetudinem repetat et recipiat; quem minister abbatis repetenti negare non poterit. Donavi nichilominus ecclesie prefate ut omnes habitatores ville que dicitur Molins et sue domus Sancti Lupi de Molins et Ausona plenum usuarium mei nemoris Bateith, extra defensum, gratis, in eternum possideant; et euntes illuc et redeuntes securitatem mei conductus habeant. Nemus autem Bateith dicitur, in quo predictis hominibus et domibus usuarium concessi, quod ab habitatoribus Pisniaci, seu Brevonne, usualiter scinditur, et portatur, et insumitur. Hoc autem factum est et ordinatum, laudantibus et assentientibus uxore, et liberis meis Galtero, Guillelmo, Andrea. Abbas vero predictus nemus de Bevronella mihi in excambium, seu in commutationem, laudante capitulo Beati Lupi, retribuit, et quicquid juris in eo Sanctus Lupus possidebat, sive proprium, sive casamentum, retentis sibi plane agris, et pratis hominum suorum et suis, salvo quoque usuario prefati nemoris ad omne opus habitatorum de Molins et omnium domorum Sancti Lupi, quaquaversum site sint. Usuarium vero tale est, quod prefati usuatores omnes fructus et omnia ligna prefati nemoris et circa, et ultra aquam, que Bevronna dicitur, quocumque tempore scindent, colligent, ducent ad edificandum, ad comburendum, ad vendendum; et euntes illuc et redeuntes securitatem mei conductus habebunt. Omnia quoque animalia sua, sive porcos, sive boves, sive cujuscumque generis in idem nemus licite ducent ad pascendum si voluerint, et accubare facient sine pretio, sine pasnagio. Statutum est etiam ut in tota prefata possessione, in qua sepedicta ecclesia Beati Lupi sibi suisque hominibus de Molins usuarium retinuit, ego vel sucessores mei, sine grato assensu abbatis ipsius ecclesie, nec villam, nec extirpatum, quod vulgo dicitur exartum, faciemus, nec ab alio fieri permittemus. Hoc autem totum quia dies mali sunt, et humanum genus facile ad iniquitatem declinat, ne possit ab insidiatoribus, sive malignari volentibus, in posterum depravari, diligenter et sollicite scribi precepi, scriptumque, interposita fide mea, sigillo meo subscriptarumque personarum testimonio communivi. Testes hujus rei sunt : Matheus, Trecensis episcopus ; Vitalis, abbas Sancti Martini ; Bernardus, archidiaconus ; Herbertus, cantor Sancti Stephani ; Simon, thesaurarius Sancti Stephani ; magister Guiardus ; Galterus, camerararius ; Petrus Furnerus, prior Arremarensis ; Thomas, prior Sancti Quintini ; Andreas, frater meus ; Hato de Lesmont, Nicholaus de Prissi, Henricus Flandrensis, Lambertus Flandrensis, milites ; Hugo, magister de Chalathea ; Gerumus, decanus ; Ebroinus, presbiter Brene Vetule ; Gregorius, presbiter Doschie ; Vuingerus de Pisniaco, Parredus de Brena, Paganus de Losmont, prepositus ; Hugo de Lesmont, avunculus ejus ; Galterus, villicus Bevronne ; Garnerus de Lesmont, Mangerus de Prissi, Ernaudus, villicus de Molins ; Bovo, Robertus Malanumerata, Clemens, Ulricus Sponsus, Ulricus Bechars de Molins, Vuido de Maceriis, Bigoth de Larcicuria, Richardus, frater ejus ; Rainaudus de Hispania, Drogo, frater Parredi ; Humbertus, villicus de Lesmont; Paganus Militia, Girardus, filius Scoti ; Achardus Theboldi, Landricus Odonis, Garnerus de Pisniaco, Gilo, pedagogus Galteri, filii mei ; Paganus, prepositus Brene ; Galterus de Prisseio, villicus. — Actum publice in aula Brenensi, anno ab Incarnatione Domini nostri M°C°LXXVII°.

(*Cartul.* fol. 56 r°. — Archiv. Aube, *origin.*)

57. — 1178. Matthieu, évêque de Troyes, confirme l'Hôtel-Dieu de Chalette dans la possession de l'église d'Épagne et de la chapelle de Blaincourt.

In nomine Sancte et Individue Trinitatis. — Ego Mattheus, Dei gratia Trecensis opiscopus, notum facio tam futuris quam presentibus, quod nos, intuitu timoris et amoris divini, domui Dei de Chalathea, laudante et cooperante archidiacono nostro, magistro Girardo, ecclesiam de Hispania cum appendiciis suis, scilicet cum capella de Blaincurt et presentationem sacerdotis, ad sustentationem pauperum qui inibi suscipiuntur et hospitantur, in perpetuum concessimus, quam eidem domui, bone memorie predecessor noster, episcopus Hato, concesserat et litteris suis signatis firmaverat. Sciendum quoque, quod decedente Girberto, qui nunc in ecclesia prefata ministrabat, quem nos, ad presentationem fratris Hugonis, magistri de Chalathea, inibi statuimus, magistro de Chalathea qui tunc erit, unum de fratribus suis qui curam de manu episcopi recipiat, presentare licebit, secundum consuetudinem ceterorum sacerdotum nobis in omnibus de his que ad episcopalia pertinent responsurum. Ipse vero Girbertus, quamdiu superstes fuerit, et in eadem ecclesia ministraverit, sepedicte domui Dei de Chalathea dimidium modium annone, ad mensuram Brenensem, de portione decime que presbyterum contingit, et XX solidos in IIII festis annualibus, de proventibus ecclesie, per singulos annos reddere debebit. Verum ne quod pie factum est, apud posteros malignantium perversitas invertere queat, adhibita cautela, rerum gestarum seriem scripture mandari fecimus scriptumque tam sigillo nostro quam subscriptarum personarum subnotatione confirmavimus. Testes hujus rei sunt : Manasses, archidiaconus; Guiterus, abbas Sancti Lupi ; magister Guiardus, Galterus, camerarius, canonici Beati Petri ; Thomas, prior Sancti Quintini ; Remigius, sacerdos Sancte Maure ; Bonardus, sacerdos de Presseio ; Girbertus ipse, de quo sermo habitus est, sacerdos de Hispania. — Actum Trecis publice in palatio pontificali, anno ab Incarnatione Domini M°C°LXX°VIII°.

(*Cartul.* fol. 26 r°. — Archiv. Aube, *origin.*)

58. — 9 mars 1178. Le pape Alexandre III confirme l'abbaye de Saint-Loup dans toutes ses possessions.

Alexander, episcopus, servus servorum Dei, dilectis filiis abbati ecclesie Sancti Lupi Trecensis ejusque fratribus tam presentibus quam futuris regularem vitam professis, in perpetuum. Religiosam vitam eligentibus Apostolicum convenit adesse presidium, ne forte cujuslibet temeritatis incursus aut eos a proposito revocet, aut robur, quod absit, sacre religionis enervet. Ea propter, dilecti in Domino filii, vestris justis postulationibus clementer annuimus et ecclesiam vestram, in qua divino estis obsequio mancipati, sub beati Petri et nostra protectione suscepimus et presentis scripti privilegio communimus; statuentes ut quascumque possessiones, quecumque bona, eadem ecclesia in presentiarum juste et canonice possidet aut in futurum concessione pontificum, largitione regum vel principum, oblatione fidelium, seu aliis justis modis, prestante Domino, poterit adipisci. firma vobis vestrisque successoribus et illibata permaneant. In quibus hec propriis duximus exprimenda vocabulis. Unam prebendam in ecclesia Sancti Stephani Trecensis. De dono Laurentii de Urmello totam possessionem, quam protendentem habebat a Vico Majore usque in Medium Vicum, extra ecclesiam Sancti Johannis, inter domum Gisleberti, filii Clarini, et domum Arnulphi piperarii. De dono Jacobi canonici vestri de Vitreio thalamum, qui est inter domum Clerici Theobaldi, scribe, et domum que fuit Symonis de Ancora. Et quartam partem stalli contingentis Sancti Johannis ecclesiam. De dono femine conjugis Gilberti de Stallo censum in vico Galteri de Nivigella. Et ortum de Vaisa. Et vineam de Rulliaco. Apud Laneas, de dono Matthei episcopi, ecclesiam ejusdem ville cum appendiciis suis. In eadem villa de dono Rainaldi, canonici nostri et Guidonis, fratris sui, et femine matris eorum grangiam et totam possessionem que fuit Gilberti de Stallo, exceptis vineis parve sororis predictorum. Domum que fuit Clarini et fratrum suorum juxta ecclesiam de Laneis. Apud Ausonam, de dono Guitherii et Martiniane, uxoris sue, quidquid possideant in territorio Ausone et in territorio Montis Yngonis; partem suam agri, quam ex equo parciebantur cum Herberto Venatore. Apud Torviler, de dono Herberti de Villamauri quartam partem majoris decime. Trecis, de dono Haicii de Planceio et Juliane et filiorum ejus totam terram que fuit Falconis archidiaconi, inter domum Ugonis militis et domum Tadei. De dono Anglice domum que est juxta domum lapideam, que fuit Otranni. De dono Roberti Ceci et Osanne domum ultra pontem porte Ursariorum. Apud Saciacum, de concessione Erardi, Brenensis comitis, furnum et censum occhiarum; et pactionem factam inter ecclesiam vestram et prefatum comitem de nemore Bevronelle, sicut in litteris ejus continetur. Apud Lusigniacum, domum Gilberti sacerdotis. Compositionem factam inter vos et Bovonem de Curtelaverzei de tenenda carta signata sigillis Hugonis, quondam Antisiodorensis episcopi et comitis Theobaldi, de consensu utriusque partis facta, et nunc observari dinoscitur. Et privilegia ab antecessoribus nostris rationabiliter vobis indulta. Et possessiones alias, quas canonice possidetis et juste acquisivistis, auctoritate Apostolica confirmamus. Decernimus ergo... (Cfr. n. 6, p. 20.) — Actum anno gratie M°C°LXX° octavo.

(*Cartul.* fol. 44 r°.)

59. — 1179. Sous le sceau de Henri le Libéral, Mathieu *Rufus* donne une famille à Saint-Loup.

Ego Henricus, Trecensis comes palatinus, notum facio presentibus et futuris, quod ego, Iherosolimam profecturus, elemosinam laudavi quam Matheus Rufus ecclesie Beati Lupi fecerat de Drochone Lorimario et filiis ejus, quos ipse de feodo meo tenebat. Quod ut ratum sit et inconcussum permaneat, scribi precepi scriptumque sigillo meo confirmari. — Actum anno Incarnati Verbi M°C°LXX° nono.

(*Cartul* fol. 43 r°.)

60. — 1179. Arrard *(sic)*, comte de Brienne, donne à l'Hôtel-Dieu de Chalette droit d'usage dans ses bois.

In nomine Sancte et Individue Trinitatis. — Ego Arrardus, comes Brennensis, notum facio presentibus et futuris, quod ego dedi et concessi in perpetuum, ob remedium anime mee et antecessorum meorum, plenum et integrum usuarium ad duas catrigas domui de Chaleta in remananciis omnium nemorum meorum, ubicumque sint, tam ad comburendum quam ad edificandum et etiam in pomis et piris in dictis nemoribus sitis et ad omnia alia necessaria dicte domus; et insuper ad edificandum in nemoribus meis secantibus planchas, a dicta domo usque ad villam que Chaleta vocatur. Quo ratum sit et firmum presentes litteras sigilli mei munimine feci roborari. Testes hujus rei sunt : Hato de Lesmont, Bigot de Varricurt, Nicolaus de Pressiaco, Renardus de Yspania, milites mei. — Actum publice anno Incarnati Verbi M°C°LXX°IX°.

(*Cartul.* fol. 47 r°. — Archiv. Aube, *extrait d'une confirmation faite, le 29 juill. 1454, par Englebert d'Enghuien.*)

61. — 1179. Matthieu, évêque de Troyes, constate que Michel, chevalier, et Luquette, sa mère, ont donné la sixième partie de la dîme de Creney à l'abbaye de Saint-Loup.

In nomine Sancte et Individue Trinitatis. — Ego Mattheus, Dei gratia Trecensis episcopus, notum facio presentibus et futuris, quod Michael, miles, et Luca mater ejus ante presentiam nostram venerunt et per manum nostram quicquid in decima de Creniaco possidebant, sextam scilicet partem, ecclesie Beati Lupi in elcemosynam dederunt et exinde fratrem nostrum Guitherum, prefate ecclesie abbatem, coram nobis investiverunt et justam sufficientemque garantiam promiserunt. Hoc audivimus et laudavimus et ad memoriam conservandam scribi precepimus scriptumque tam sigillo nostro quam subscriptorum testium subnotatione communivimus. Testes hujus rei sunt : Galterus archidiaconus, Thomas prior Sancti Quintini, magister Guiardus et Drogo de Balchisi, canonici Beati Petri ; Johannes et Rainaudus, canonici Beati Lupi ; magister Belerius, Rainaudus decanus Villemauri, Fromundus sacerdos de Vinzeio. — Actum publice in palatio pontificali, anno Incarnati Verbi M°C°LXX°VIIII°.

(*Cartul.* fol. 28 v°. — Archiv. Aube, *origin.*)

62. — 1179. Sous le sceau de Matthieu, évêque de Troyes, Marie, veuve de Pierre le Créancier, reconnaît que son mari a donné à Saint-Loup et à Saint-Martin moitié d'une maison, près de Saint-Jean ; elle ratifie cette donation.

In nomine Sancte et Individue Trinitatis. — Ego Mattheus, Dei gratia Trecensis episcopus, notum facio presentibus et futuris, quod Maria, Petri Creditoris uxor, ante presentiam nostram venit et quod vir suus, prefatus Petrus, ecclesiis Sanctorum Martini et Lupi medietatem domus, quam juxta ecclesiam Sancti Johannis, in Majore Vico, possidebat et cum Seimero Divite ex equo partiebatur, se laudante, in eleemosinam dedisset, devote recognovit : ita tamen ut ipsa, quandiu vixerit in seculo, salva investitura predictarum ecclesiarum, redditus ejusdem domus sibi retineat, post ipsius vero decessum, eedem ecclesie, ratione legati, totam partem viri sui et suam in eadem domo possideant et proventus ejus inter se ex equo dividant. Hoc audivimus et ad memoriam conservandam scribi fecimus scriptumque tam sigillo nostro quam subscriptorum testium subnotatione communivimus. — Actum est anno Verbi Incarnati M°C°LXXIX.

(*Cartul.* fol. 29 r°.)

63. — **1179. Accord entre l'abbaye de Saint-Loup et la collégiale de Saint-Étienne au sujet du pré de Guerry Bocel.**

In nomine Sancte et Individue Trinitatis. — Ego Manasses, decanus ecclesie Beati Stephani Trecensis et Manasses prepositus et Haicius subdecanus, notum facimus presentibus et futuris, quod querela que inter ecclesiam Beati Stephani et ecclesiam Beati Lupi pro prato Guerrici Bocel, quod juxta pratum Herberti de Ranoleria situm est, vertebatur, tali modo amicabili compositione terminata est: ecclesia Sancti Lupi terciam partem predicti prati tenebit et ea, salvo sibi censu suo, contenta erit, quamdiu Manasses decanus vixerit et in manu sua prefatum pratum tenuerit; quando vero ipse decesserit vel idem pratum, quacumque ratione possidere desierit, ecclesie predicte, Beatorum scilicet Stephani et Lupi, jam sepe dictum pratum ex equo per medium partientur, salvo tamen censu Beati Lupi, ut quatuor denarios habeat de singulis arpentis ad festum sancti Johannis. Hoc factum est assensu nostri capituli et laudatum, et causa majoris firmitatis, ne malignantium dolositate possit in posterum perverti, sigillo capituli nostri confirmatum. — Actum anno Incarnati Verbi M°C°LXX° nono.

(*Cartul.* fol. 70 v°.)

64. — **1179.** Garnier de Trainel, en reconnaissance de sa guérison à la fontaine Saint-Vinebaud, fait remise d'une redevance aux religieux du prieuré de Saint-Vinebaud.

Ego Garnerus de Triagnello notum fieri volo universis tam presentibus quam futuris, quod canonici Sancti Lupi Trecensis, apud Sanctum Winebaudum degentes, tres modios avene, pro salvamento, singulis annis, de suis propriis, mihi reddere solebant; sed cum ego diutius febre quartana vehementer fuissem afflictus, ad fontem Beati Winebaudi, quadrigis, propter nimiam debilitatem, vix adductus, ibidem tribus diebus balneatus, beati Confessoris meritis et intercessionibus a febre omnino liberatus, unum modium avene predicte, in Jesu Christi gratiarum actione, eidem ecclesie in elemosinam in perpetuum condonavi. Hoc autem fideliter laudavit Garnerius, filius meus. Elemosinam quoque, quam fecit Guitherius de Monte Hyngonis ecclesie predicté Beati Lupi, laudavimus ego et Hugo de Vergeio, gener meus, qui totum quod possidebat in territorio Ausone dedit eidem ecclesie pro se et uxore sua Martiana, laudante Balduino, filio suo ; necnon et partem suam campi, qui est juxta grangiam canonicorum, quem ipse partiebatur ex equo cum Herberto Venatore. Concessi nichilominus, quod et taceri non volo, quod abbas Sancti Lupi, Guiterius, in cultura sua de Cordoen et in cultura de Bocenaco hospites tali conditione recepit, quod quandiu manserint inibi, salvamentum meum et justiciam liberc, sicut de ceteris mansuris, ab ipsis habebo ; si vero recesserint et prescripta terra vacua remanserit, ipsa deinceps, sicut prius erat, libera manebit a salvamento. Hoc autem totum, ne diuturnitate temporis aut malignitate cujusquam perverti queat in posterum, scribi feci scriptumque sigillo meo, subscriptarumque personarum subnotatione communivi. — Actum anno Incarnati verbi M°C°LXX° nono.

(*Cartul.* fol. 50 v°.)

65. — 1180. Matthieu, évêque de Troyes, donne à Saint-Loup l'église de Bucey pour y établir un prieuré qui est fondé par Garnier de Bucey et Mélissende, sa femme.

In nomine Sancte et Individue Trinitatis. — Ego Mattheus, Dei gratia Trecensis episcopus, notum fieri volo presentibus et futuris, nos ad propagationem religionis, et ad precem nobilis viri Garneri de Bucci, ecclesiam de Bucci cum pertinentiis suis, cujus ipse predictus Garnerus fundator erat, ab ecclesia de Tusiaco separatam et disjunctam, ad quam prius pro parrochiatu spectare videbatur, ecclesie Beati Lupi Trecensis, et tibi, frater Guitere, abbas, et successoribus tuis, laudante fratre et archidiacono nostro, Manasse, salvo in omnibus episcopali jure, in perpetuum donavimus ; ita tamen ut canonici regulares ibidem Deo deserviant et unus ex his, nobis ab abbate presentatus, de cura parrochiali nobis respondeat. Notum etiam fieri volo, quod predictus Garnerus in presentia nostra retractavit et recognovit se, laudante uxore sua, Milisende, prefate ecclesie Beati Jacobi de Bucci et habitatoribus ejus in perpetuum concessisse et concedere plenum usuarium in nemoribus suis, excepta foresta, et in pascuis suis; et terram totam, quam comparavit Guerricus, frater ejus, de feodo suo, a Pontio de Fonvenna; et in molendinis suis quantum ad partem suam spectat, molere sine moltura; et de feodis suis quidquid vel per elemosinam, vel per emptionem potuerint acquirere; et decimas culture aratri sui; et dimidium modium annone in terragio suo de Bucci, scilicet duos sextarios siliginis et IV tremesii; et culturam que Poncta vocatur; et virgultum quod est juxta ecclesiam, sicut fossato cingitur, a porta munitionis usque ad plassetum; et mansum extra portam, quem tenere solobant Horiouth et Robertus pelliparius. Hoc autem totum, quia pie factum est, ne qui malignari voluerint in posterum revertere vel mutare pervaleant res gestas, vel aliquantenus a memoria per oblivionem recedant, ex ordine scribi precepimus, scriptumque sigillo nostro et subscriptarum personarum subnotatione communiri. — Actum est publice apud Sanctum Leonem, in domo pontificali, anno Incarnati Verbi M°C°LXXX°.

(*Cartul.* fol. 26 v°.)

66. — **1181.** Échange de biens à Brevonnes et à Brevonnelle entre Airard, comte de Brienne, et l'Hôtel-Dieu de Chalette.

In nomine Sancte et Individue Trinitatis. — Ego Erardus, Dei gratia Brenensis comes, notum fieri volo presentibus et futuris, quod ego, laudantibus uxore mea et filiis meis Galtero atque Willermo, domui Dei de Chaleta in excambium dedi totam terram meam arabilem et prata de Bevronella, et quicquid omnes homines mei et Milo cognomento Gnarus de Lesmont et filii et nepotes ejus in eodem territorio possidebant, pro terris et pratis et nemore que predicta domus habebat in finagio de Bevronna ; et sufficientem garantiam, si quis aliquid michi reclamaverit, repromisi. Concessi etiam quod neque Johannes pauper, nec heredes ejus, nec alii quilibet hominum meorum in predicto territorio de Bevronella deinceps manebunt. Hoc autem, ne malignantium calliditate vel temporum prolixitate negari possit vel mutari, scribi precepi, scriptumque sigillo meo, subscriptarumque personarum testimonio confirmari. — Actum anno Incarnati Verbi M°C°LXXX° primo.

(*Cartul.* fol. 47 r°.)

67. — 1182, 12 janvier. Privilége du pape Lucius III.

Lucius, episcopus, servus servorum Dei, G. abbati et conventui Sancti Lupi Trecensis, salutem et Apostolicam benedictionem. — Justis petentium desideriis dignum est nos facilem prebere consensum et vota, que a rationis tramite non discordant, effectu prosequente complere. Ea propter, dilecti in domino filii, vestris justis postulationibus justo concurrentes assensu, ecclesiam de Buceio, quam dovit vobis M. quondam episcopus Trecensis cum appenditiis suis; vineam de Colle Symonis; grangiam de Dienvilla, quam dedit vobis J. sacerdos Sancti Johannis; medietatem decime majoris de Torvieler; medietatem decime de Tusiaco et de Buciaco in secundo anno; medietatem decime de Creniaco in quinto et in sexto anno; decimam de Lonsoth in quarto anno; vineam de Chaven et vineam de Valle Alberti et sex arpenta prati apud Rumiliacum, que dedit vobis Johannes, sacerdos ejusdem ville; pratum de Chaloel, quod dedit vobis Gelebertus Grimbertus; ecclesiam et prioratum Sancti Winebaudi cum appenditiis suis; de dono Manasse archidiaconi dimidiam domum que fuit Nicholai; domum in vico Sancte Marie, quam dedit vobis Theobaudus de Fimis : sicut ea canonice et sine controversia possidetis, vobis vestrisque successoribus auctoritate Apostolica confirmamus et presentis scripti patrocinio communimus. Statuentes ut liceat vobis clericos et laicos seculo fugientes liberos et absolutos ad conversionem recipere, et quidquid de jure suo secum attulerint, sine contradictione aliqua rotinere. In parrochialibus autem ecclesiis quas habetis liceat vobis sacerdotes eligere et diocesano episcopo presentare, quibus, si idonei fuerint, episcopus curam animarum committat, ut ei de spiritualibus, vobis vero de temporalibus debeant respondere. Preterea canonicos parrochiis constitutos, propter excessum eorum, de conscientia et assensu episcopi diocesani ad claustrum vestrum vobis liceat revocare. Sepulturam quoque ecclesie vestre esse liberam decernimus, ut eorum devotioni et extreme voluntati qui se illis sepeliri deliberaverint, nisi forte excommunicati vel interdicti sint, nullus obsistat, salva tamen justicia illarum ecclesiarum a quibus mortuorum corpora assumuntur. Nulli ergo omnino hominum liceat... (Cfr. n. 44, p. 73) — Datum Laterani, II° idus januarii.

(*Cartul.* fol. 16 v°. — Archiv. Aube, *origin.*)

68. — 1182. Marie, comtesse de Champagne, notifie les donations faites à Saint-Loup par les parents de Henri Bogre pour son entrée en religion.

In nomine Sancto Trinitatis. — Ego Maria, Trecensium comitissa, notum facio presentibus et fu-

turis, quod Guiterus, abbas Beati Lupi Treconsis, et
Jacobus Roncevel ante presentiam meam convenerunt, et isdem Jacobus coram me, multis assistentibus, recognovit quod ipse et Petrus, frater ejus,
predicte ecclesie Beati Lupi, pro susceptione Henrici Bogri dederant in elemosinam quidquid apud
Rulliacum possidebant, vel post decessum Marie,
conjugis Petri Creditoris, fratris sui, possessuri
erant, quod totum est de censiva Beati Lupi ; et XII
solidos annui redditus qui eos, pro parte sua, in
domo Adam Bogi contingebant ; et quicquid predictus Henricus apud Bairam possidebat, vel post
decessum Lucie, conjugis Gilberti, fratris sui, pos-
sessurus erat, et exinde si quis aliquid reclamaverit sufficientem garentiam compromisit. Concessit
etiam, quod si quid ex his ipse forte garentire non
sufficeret, defectum digna compensatione Trecis in
redditu competente restaurabit. Pro his autem, que
idem Jacobus de rebus suis de Ruli, et pro XII solidis de domo Adam Bogi ecclesie Sancti Lupi dedit, recepit ipse in excambio quicquid census, tam
frumenti quam avene, predictus Henricus habebat
inter Noas et Villam Dei. Johannes quoque Briderius coram me similiter recognovit quod ipse, pro
susceptione predicti Henrici, prefate ecclesie Beati
Lupi X denarios de censu, quos Thomas Salvagius
debet, et septem solidos annui redditus in domo
Herberti Theoclarii, vel ipsam plateam, si domus
eadem comburetur, in eleemosinam dederat ; et
exinde si aliquis reclamaverit sufficientem garen-

tium compromisit. Ego vero pro officio consulatus, paci et utilitati ecclesie providens, et utriusque partis precibus assentiens, rem, sicut coram me recognita esset, scribi feci, scriptumque, laudante dilecto filio meo Henrico, sigillo meo confirmavi. Affuerunt autem testes hujus rei : Andreas capellanus, Garnerus de Trianello, Gaufridus Eventatus, Gilo de Torneel, Nivelo de Alneto, Artaldus de Nojant, Rainaldus de Sezanna ; Herbertus Malamoneta, Robertus qui fuit prepositus, Jacobus, filius Gileberti, Manasses de Clauso. — Actum publice Trecis anno Incarnati Verbi M°C°LXXX° secundo. Data per manum Haicii cancellarii, nota Wilelmi.

(*Cartul.* fol. 43 r°. — Archiv. Aube, *origin.*)

69. — Acelin, curé de Torvilliers, donne à Saint-Loup une vigne sur le finage de ce village ; Manassès, évêque de Troyes, ratifie cette donation.

Noverint presentes et futuri quod ego Manasses, Dei gratia Trecensis episcopi, ecclesie Sancti Lupi in perpetuum concessi et in pace dimisi vineam quamdam, quam eidem ecclesie Acelinus presbyter in elemosinam dedit. Testes sunt : Galterus de Pugiaco, Manasses de Sancto Fidolo, archidiaconi ; Herbertus, cantor Sancti Stephani ; Manasses de Buceio, Lascherus de Nojento, Milo de Sancto Albino, canonici Beati Petri ; Radulfus, decanus ; Airardus, comes Brenensis ; Estoldus de Briel et Odo, frater ejus, Nicolus de Prissiaco, Hugo de Corthejusani, milites ; Herbertus, tunc Trecensis prepositus ; Theobaldus, prepositus episcopi ; Wingerus de Pisgneio, Bernardus, qui hanc cartam fecit. — Actum publice Trecis, in domo episcopii, anno Incarnati Verbi M°C°LXXX°II°.

(*Cartul.* fol. 30 r°. — Archiv. Aube, *origin.*)

70. — 1182-1183, 4 mars. Le pape Lucius III dispense les religieux de l'hôpital de Chalette de payer les dîmes novales.

Lucius, episcopus, servus servorum Dei, dilectis filiis Hugoni magistro et fratribus hospitalis Sancte Marie de Chaleta, regularem vitam professis, salutem et Apostolicam benedictionem. Apostolice Sedis benignitate inducimur et pietatis debito provocamur, ut quanto studiosius sustentationi pauperum et infirmorum intenditis, tanto facilius preces vestras que juri conveniunt et honestati non dissonant admittamus. Ea propter, vestris postulationibus inclinati, Apostolica auctoritate statuimus ut de novalibus, que propriis manibus vel sumptibus colitis, sive de nutrimentis animalium vestrorum, nullus à vobis decimas extorquere presumat. Nulli ergo omnino hominum liceat... (Cfr. n. 44, p. 73) — Datum Velletri, IV° nonas martii.

(*Cartul.* fol. 15 r°. — Archiv. Aube, *origin.*)

71. — 1183, 27 août. Le pape Lucius III confirme l'Hôtel-Dieu de Chalette dans la possession de l'église d'Épagne et de la chapelle succursale de Blaincourt.

Lucius, episcopus, servus servorum Dei, dilectis filiis magistro et fratribus domus elemosinarie de Chaleta, salutem et Apostolicam benedictionem. Cum ex suscepti apostolatus officio simus omnibus debitores, eos tamen debemus propensius confovere quos circa pauperum majorem audimus operam et diligentiam adhibere. Ea propter, dilecti in Domino filii, justis vestris postulationibus grato concurrentes assensu, ecclesiam de Hyspania cum capella de Bleincort et ceteris pertinentiis suis, quam bone memorie Hatto, quondam Trecensis episcopus, domui vestre ad usus pauperum contulit, et tam ipse quam Mattheus successor ejus, scripto proprio postmodum confirmavit, vobis et vestre domui confirmamus et presentis scripti patrocinio confirmamus, ita ut, sicut in scriptis autenticis predictorum episcoporum, exinde vobis concessis, expressius continetur, decedente G. presbytero, qui in prescripta ministrat ecclesia, libere vobis liceat unum de fratribus vestris in eadem ecclesia presbiterum subrogare, qui diocesano episcopo de cura, et vobis debeat de temporalibus respondere; statuentes ut nulli omnino hominum liceat…

(Cfr. n. 44, p. 73) — Datum Signie, VI° kalendas septembris.

(*Cartul.* fol. 44 r°.)

72. — **1183. Marie, comtesse de Champagne, fait un échange de serfs avec l'abbaye de Saint-Loup.**

Ego Maria, Trecensis comitissa, notum facio presentibus et futuris inter me et abbatem Witerum, et canonicos Sancti Lupi Trecensis hujusmodi excambium factum fuisse : ipsi mihi dederunt Andream, filium Gileberti de burgo Sancti Jacobi ; et Emelinam, filiam Girardi ; et Helisabeth, uxorem Hervei. Ego autem in horum commutationem eis dedi Freelinam, uxorem Herberti de Sancto Martino, cum tota familia sua, et cum toto tenemento suo ; hoc quidem assensu et approbatione Henrici, filii mei, factum est. Et ut ratum et immotum perpetuo teneatur, litteris annotatum sigillo meo confirmavi. — Actum anno ab Incarnatione Domini M°C°LXXX tercio.

(*Cartul.* fol. 43 v°.)

73. — **Airard II, comte de Brienne, en expiation d'une injustice, remet à Saint-Loup le droit de gite qu'il avait dans les granges et les maisons de l'abbaye à Molins.**

Ego Airardus, Dei miseratione Brenensis comes, notum facio presentibus et futuris, quod ego necessitate guerre compulsus, in grangiis ecclesie Beati Lupi Trecensis de Molins et de Ausona, per violentiam, ad muniendum castellum meum, annonam cepi, quod quidem facere non debui. Super hoc vero ab abbate predicte ecclesie Beati Lupi et a canonicis conventus ammonitus penitui, et pro satisfactione transgressionis quam feceram, gestium meum, quod in propriis grangiis et domibus canonicorum apud Molins accipere solebam, laudantibus filiis meis Galtero et Guillermo, in perpetuum perdonavi atque quietum dimisi. Quod, etsi predicti canonici proprias grangias et domos ab eo loco, in quo nunc sunt, movere voluerint et ad alium locum transferre, licebit eis, et eas similiter a gistio liberas fore concessi ; duntaxat curtis eorum sit ejusdem quantitatis et plus terre non occupet quam prius, et locus in quo prius grangie vel domus fuerant ad antiquam consuetudinem geistii, sicut reliqua villa, revertetur et hospitabitur. Et si canonici eamdem terram, quam relinquerint, negaverint petentibus ad hospitandum, meum erit, si voluero, eam ad hospitandum dare. Volo etiam scire presentes et futuros quod infra villam de Molins, vel infra sepes occhiarum, vel mansorum nullam justitiam habeo, nec aliquid nisi per clamorem abbatis vel ministri ejus accipere debeo, salvo gistio meo, quod per totam villam, nisi parcere velim, mihi debetur, singulis annis, semel in anno. Hoc autem quia pia intentione et respectu timoris Dei factum est, quo ratum permaneat scribi precepi, scriptumquo sigillo meo testiumque subscriptorum subnotatione confirmari. — Testes sunt : Vitalis abbas Sancti Martini ; Philippus, Stephanus, Odo, canonici Sancti Martini ; Andreas, frater meus ; Bigotus, Hato, Radulphus de Trena, Gilo, pedagogus Galteri, filii mei ; Estoldus de Spiniaco. — Actum anno Incarnati Verbi M°C°LXXX° quarto.

(*Cartul.* fol. 48 r°. — *Archiv. Aube, origin.*)

74. — 1184. Airard II, comte de Brienne, confirme la charte qui précède et accorde aux hommes de Molins les franchises dont jouissaient les hommes du comte à Brienne.

Ego Airardus, Dei miseratione Brenensium comes, notum facio presentibus et futuris, quod ego, necessitate guerre compulsus, in granchiis ecclesie Sancti Lupi Trecensis de Molins et de Ausona, per violentiam, ad muniendum castellum meum, annonam cepi, quod quidem facere non debui. Super hoc vero ab abbate predicto ecclesie Beati Lupi et a canonicis conventus ammonitus penitui, et pro satisfactione transgressionis quam feceram, gestium meum, quod in propriis grangiis et domibus canonicorum apud Moiins accipere solebam, laudantibus filiis meis Galtero et Willermo, in perpetuum perdonavi atque quietum dimisi. Predecessorum meorum insuper vestigiis inherens volo et concedo quod homines ville de Molins per totam terram meam eant et redeant securi, ementes et vendentes quicquid voluerint et potuerint, et de emptionibus vel vendentionibus talem solvent consuetudinem, et non aliam, talem qualem homines mei de Brena mihi solvere consueverunt. Hoc autem, quia pia intentione et respectu timoris Dei factum est, quo ratum permaneat scribi precepi, scriptumque sigillo meo testiumque subscriptorum subnotatione confirmari. Testes sunt : Vitalis, abbas Sancti Martini; Philippus, Stephanus, Odo, canonici Sancti Martini; Andreas, frater meus ; Bigotus, Hato, Radulphus de Trena, Gilo, pedagogus Galteri, filii mei ; Estoldus de Spiniaco. — Actum publice, anno Incarnati Verbi M°C°LXXX° quarto.

(*Cartul.* fol. 48 r°. — Archiv. Aube, *origin.*)

75. — 1184. Sentence de la comtesse Marie touchant les moulins de la Bretonnière sur Verrières.

In nomine Sancte Trinitatis. — Ego Maria Trecensis comitissa, notum facio presentibus et futuris, quod lis et controversia, que super aquam de Verreriis inter ecclesiam Beati Lupi Trecensis et Robertum villicum de Insulis et Petrum filium ejus vertebatur in curia mea, tali modo terminata est et conquievit : predictus Robertus, mediantibus discretis viris, abbati Beati Lupi, Guitero, et Renaudo, militi de Vilers, acceptis ab eisdem quattuor libris, concessit atque fide data firmavit, quod deinceps omni tempore de predicta aqua de Verreriis, rupta exclusione novorum molendinorum, quorum particeps est Johannes Gruarz, a parte superiori scilicet, antequam aqua ad eosdem molendinos Sancti Petri de Cella veniat, tantum profluere et venire faciet quantum uni molendino sufficere possit ut bene molat; quod jampridem, tempore et precepto bone memorie, illustris viri, et domini mei Henrici comitis, fieri debere et solere, juramento virorum decem, et senum, et indigenarum, probatum fuerat. Ab illis vero molendinis Sancti Petri, quos isdem Robertus a monachis de Cella se sub certa pensione in perpetuum tenere dicebat, eadem aqua, sine calumpnia per molendinos predicti Renaudi transiens, ad molendinos Sancti Lupi defluere debebit. Hoc laudaverunt filii ejus Galterus, Ernaudus, Fortinus et Brutinus. Hoc autem totum, ut ratum maneat et in concussum, ne denuo revocari possit in litem, partis utriusque precibus annuens, scribi precepi, scriptumque sigillo meo confirmavi. Testes hujus rei sunt : Gilo de Torneel, Artaudus camerarius, Milo de Pruvino, Teobaudus Revelarz, Milo de Ternantis. — Datum, per manum Haicii cancellarii, Trecis, anno Incarnati Verbi M°C°LXXX° quarto.

(*Cartul.* fol. 44 v°. — Archiv. Aube, *origin.*)

76. — **1184.** La comtesse Marie déclare qu'elle et son fils ont donné à Saint-Loup un serf en échange d'une serve.

Ego Maria, comitissa, notum facio presentibus et futuris, quod ego et filius meus, Henricus, in excambium concessimus et dedimus ecclesie Beati Lupi Robertum Chauceon perpetuo habendum, liberum ab omnibus consuetudinibus comitis, pro Margarita, filia Belini manumissa. Quod, ut ratum sit et inconcussum, scribi precepi, scriptumque sigillo meo, testiumque subnotatione confirmari. — Data anno Domini M°C°LXXX° quarto.
(*Cartul.* fol. 44 v°.)

77. — **1186, mai.** Airard II, comte de Brienne, constate et confirme les donations faites au prieuré-cure d'Auzon par Renaud d'Épagne.

In nomine Sancte Trinitatis. — Ego Erardus, Dei gratia Brenensis comes, notum fieri presentibus et futuris, quod Renaudus de Hyspania, filius Renaudi senioris, laudante matre sua, Gnitero abbati Sancti Lupi Trecensis et fratribus cum eo et sub eo Deo servientibus, me presente, in pace dimisit quicquid clamaverat infra curtem et infra porprisium fossatorum Beati Lupi, apud Ausonam. Concessit etiam similiter quod de cultura terrarum, quas predicti fratres canonici Beati Lupi tenent ad presens et colunt infra territorium de Monte Hingonis, nullam decimam vel ipse vel heres ejus deinceps exiget vel exigi faciet. Si forte vero quilibet heres ipsius in his que prescripta sunt aliquid reclamaverit ipse exinde justam garentiam se laturum per omnia spopondit. Hoc autem totum, quia per me factum est, quo ratum permaneat et inconcussum perduret, ego in manu cepi et utriusque partis assensu scribi feci, scriptumque tam sigillo meo quam subscriptarum personarum subnotatione confirmavi. Testes hujus rei sunt : Thecelinus et Holdebrannus, monachi de Bulleincorth ; Ansculfus de Tylia et Boso frater ejus ; Hugo de Magnicorth, Hato de Lesmont, Garnerus de Blenicorth, Josbertus, filius Bernardi, Guido de Manislo, Nicolaus de Pressiaco, Laurentius de Univilla, milites mei ; Bonardus, sacerdos de Presseio ; Ernaudus, villicus de Molins. — Actum publice apud Ausonam, anno Incarnati Verbi M°C°LXXX° sexto, mense maio.

(*Cartul.* fol. 19 r°. — Archiv. Aube, *origin.*)

78. — 1186, juin. Garnier, seigneur de Trainel, fonde une pitance, pour le jour de son anniversaire, à Saint-Loup.

In nomine Trinitatis. — Ego Garnerus, Dei miseratione dominus Triagnelli, notum fieri volo presentibus et futuris, quod ego pro fructu anime mee predecessorumque meorum tres modios avene, quos ecclesia Beati Lupi Trecensis annuatim pro rebus suis de Riveria Arducei michi debebat, laudante filio meo Garnero, libens et devotus eidem ecclesie Beati Lupi in eleemosinam perpetuo condonavi. Hujus eleemosine testes sunt : Milo, frater meus, abbas Sancti Mariani Antissiodorensis ; Tebertus, capellanus meus ; Girardus, miles de Paisiaco ; frater Robertus et frater Constantius, canonici Beati Lupi ; Petrus clericus meus, Michael celerarius, Simon camerarius ; Virricus, Gilebertus, Matheolus filius Galteri, servientes mei ; Vincentius de Rivo. Hoc autem totum, quo ratum et inconcussum perduret, et ne aut prolixitate temporis aut malignantium perversitate mutari queat, ad memoriam conservandam, scribi precepi, scriptumque sigillo meo confirmavi. Reciproca vero karitate motus Guiterus, abbas predicte ecclesie, mihi concessit quod singulis annis in die anniversarii mei, fratribus ejusdem ecclesie precium unius modii avene in refectorio donabit. — Actum publice Marigniaci, anno Incarnati Verbi M°C°LXXX° sexto, mense junii ; Philippo rege Francorum regnante ; Maria, comitissa cum juniore Henrico, filio suo, in Trecassino principante ; Manasse episcopo cathedre Trecensi presidente.

(*Cartul.* fol. 60 v°. — Archiv. Aube, *origin.*)

79. — 1186. Échange de serves entre les abbayes de Saint-Loup et de Robais.

Ego Lucas, Dei gratia Resbacensis ecclesie minister humilis, et conventus presentibus et futuris notum esse volumus, quod ecclesie Beati Lupi Trecensis in excambium concessimus Lucam, filiam Johannis de Herbitia, que nostra erat, pro Priorissa, filia Evrardi de Luieres, ea, videlicet conditione, quod jura que ecclesie ista debere comprobatur illa reddere tenebitur. Hoc litteris mandatum sigilli nostri munimento confirmamus.

(*Cartul.* fol. 75 r°.)

80. — 1186. La comtesse Marie constate et confirme l'échange qui précède.

Ego Maria, Trecensis comitissa, notum facio presentibus et futuris, quod de assensu et approbatione mea et karissimi filii mei Henrici factum est excambium et commutatio, inter Resbacense monasterium et ecclesiam Sancti Lupi Trecensis, de Luca, filia Johannis de Herbicia, que erat femina Resbacensis monasterii et Priorissa, filia Evrardi de Lueriis, que erat femina Sancti Lupi. Et prefata Priorissa erat femina Resbacensis monasterii, nos autem in ipsa Luca non habebimus nisi quantum habuimus in aliis hominibus Sancti Lupi manentibus apud Luerias, nec in ipsa Priorissa nisi quantum habemus in aliis hominibus Resbacensis monasterii manentibus apud Herbiciam. Hoc itaque, ut ratum teneatur, litteris annotatum sigilli mei impressione firmavi. — Actum anno ab Incarnatione Domini M°C°LXXX° sexto.

(*Cartul.* fol. 75 r°.)

81. — 1186. Manassès de Pougy, évêque de Troyes, constate et confirme les franchises accordées au prieuré-cure de Molins par Renaud de Pougy, son neveu, fils d'Eudes de Pougy.

In nomine Sancte Trinitatis. — Ego Manasses Dei gratia Trecensis episcopus, notum fieri volo presentibus et futuris, quod Rainaudus de Pogeiaco, nepos meus, elemosinam que facta fuerat ecclesie Beati Lupi Trecensis pro anima patris sui, bone recordationis, fratris mei, Odonis, sub mea presentia laudavit: scilicet ut domus et grangia et tota mansio curtis canonicorum, qui manent in villa de Molins, ab omni consuetudine et salvamento libera sit et emancipata. Verum si quid extra curtem predictorum canonicorum residuum fuerit de occhia, ubi hospes aliquis collocetur, dominus de Pogeiaco, secundum quantitatem terre, redditum suum singulis annis exinde habebit juxta consuetudinem ceterarum occhiarum. Sciendum vero quod si quis heredum Mathei de Rameruco forte feodum suum, scilicet corvatas de Molins, redemerit, predicta ecclesia Beati Lupi de redemptione c solidos pro anniversario fratris mei faciendo, ut exinde redditus comparetur, habebit. Hoc autem quo ratum maneat et inconcussum, laudante et rogante nepote meo Rainaudo, scribi feci, scriptumque sigillo meo confirmavi. Testis et cooperator hujus rei fuit Galterus, archidiaconus, nepos meus. Affuerunt et alii testes : Guiterus, abbas Sancti Lupi ; Hernaudus et Constantius, canonici ejusdem ecclesie ; Petrus, capellanus meus ; Galterus, miles Flandrensis ; Gilo de Pogeiaco, Hernaudus, villicus de Molins. Actum publice in domo mea Venne, anno Incarnati Verbi M°C°LXXX°VI°.

(*Cartul.* fol. 89 v°. — Archiv. Aube, *origin.*)

82. — 1186. Partage de serfs entre Saint-Loup et Clarembaud de Chappes.

In nomine Sancte Trinitatis. — Ego Clarembaudus de Capis notum fieri volo presentibus et futuris, quod ego particionem, quam de familia Herberti sutoris de Lusigniaco Guiterus abbas Beati Lupi Trecensis et pater meus bone memorie Clarembaudus fecerunt, laudavi. Et hac ratione Fulcredum, filium predicti Herberti, quem captum tenueram, in pace reddidi et dimisi. Particio autem talis fuit : in parte Beati Lupi fuerunt Garinus et Fulcredus et Ramburgis ; in parte patris mei fuerunt Bonellus et Guido et Hilduinus. Abbati quoque prefato concessi quod de familia predicti Bonelli, ante diem imminentis Purificationis Beate Marie, particionem cum ipso fieri faciam. Quod decanus Trecensis, Haicius, cancellarius comitisse Trecensis, in manu suscepit. Hoc autem quo ratum maneat et inconcussum scribi feci, scriptumque sigillo meo confirmavi. — Actum anno Incarnati Verbi M°C°LXXX° sexto.

(*Cartul.* fol. 47 r°.)

83. — **1186. Saint-Loup achète aux chanoines de Saint-Etienne leur part dans la maison de l'archidiacre Manassès, sise près le Marché, rue Colaverdey ou du Mortier-d'Or.**

In nomine Sancte Trinitatis. — Ego Haicius, Beati Stephani Trecensis decanus, et ego, Galterus prepositus, et totum capitulum nostrum, notum fieri volumus presentibus et futuris, quod quedam domus prope Forum sita, ecclesiis Beati Stephani et Beati Lupi communis erat, quam bone memorie Manasses de Villamauri, Trecensis archidiaconus, pro anniversario suo faciendo predictis ecclesiis in elemosinam legavit. Verum quia prefata domus utrique ecclesie minus utilis esse videbatur in duas partes divisa, Guiterus abbas et capitulum Beati Lupi partem nostram ejusdem domus pro triginta solidis, annuatim nobis reddendis, sibi retinuerunt, et nos eis reciproce concessimus, ut in perpetuum predictam domum cum cellario teneant; duntaxat singulis annis quindecim solidos in nundinis sancti Johannis et quindecim in nundinis sancti Remigii nobis in perpetuum proinde reddant. Hec autem concessio sub tali conditione facta est, quod canonici Beati Stephani non in solutione census, nec in qualibet reparatione supradicte domus, deinceps aliquid impendeant. Sciendum vero quod si domus eadem combusta fuerit, quod absit, quotiens eam comburi contigerit tociens capitulum Beati Stephani centum solidos, in adjutorium reedificationis ipsius, abbati Sancti Lupi vel officialibus ipsius dare tenebitur. Hoc concessimus et ad memoriam conservandam scribi precepimus, scriptumque tam sigillo nostro quam subscriptarum personarum subnotatione firmavimus. Testes hujus rei sunt et cooperatores : Wilencus subdecanus, Herbertus cantor, Guiardus camerarius, Petrus de Ponte, Andreas de Lueriis, Bonellus nepos ejus, Girardus de Maci, Robertus Chaurez, Hugo Karoli, Pontius Abbas, Garnerus Amatoris, Johannes Bergerius, Girardus de Villamauri, Bauduinus de Porta Marne, Petrus Felicis, Petrus de Ferreolo, Gylo Plaix, Amalricus scriba. — Actum publice, anno Incarnati Verbi M°C°LXXX° sexto, Manasse cathedre Trecensi presidente.

(*Cartul.* fol. 71 r°. — Archiv. Aube, *origin.*)

84. — 1186. Accord relatif à la dixième partie des moulins de Pont-Sainte-Marie.

Ego Malbertus, Dei miseratione decanus de Vendopera, notum fieri volo presentibus et futuris, quod dominus papa Urbanus causam, que super decima parte molendinorum de Ponto Sancte Marie inter ecclesiam Beati Lupi Trecensis et Hernaudum, clericum, filium Galteri, vertebatur, decano Barrensi, Petro, et mihi commisit judicio vel compositione terminandam. Super hoc partibus dies assignata est, et utraque pars ad diem convenit, et adversum se invicem prout melius eis visum est litigaverunt. Post hec, auditis utriusque partis allegationibus, et hinc inde testibus productis et diligenter examinatis, cum jam publicatio attestationum sola restaret, quia collega noster predictus decanus tunc aberat, mediantibus et intervenientibus honestis viris, pax inter dissidentes partes, Deo volenti, tali modo reformata est : prescriptus Hernaudus quicquid in predictis molendinis adversus ecclesiam Beati Lupi clamaverat in pace perpetua dimisit, et infracturam eorumdem molendinorum abbati predicto ecclesie, Guitero, sollempniter emendavit. Et quia de pace pax oritur, prefatus abbas querelas, quas adversus Petrum canonicum Sancti Stephani Trecensis, patruum sepe dicti Ernaudi, super quadam vinea de juxta prescriptos molendinos, et super quodam virgulto moverat et habebat, similiter in pace dimisit. Sic se rei veritas habet. Ego vero quod in mea presentia, maxime de causa mihi commissa a domino Papa, factum est, scribi feci, scriptumque sigillo meo testiumque subscriptorum subnotatione, ne relabi possit in dubium, communivi. — Actum anno Incarnati Verbi M°C°LXXX° sexto.

(*Cartul.* fol. 74 v°.)

85. — 1186-1187, 9 mai. Le pape Urbain III permet aux religieux de Saint-Loup, en temps d'interdit général, de célébrer les divins offices dans leur église, à huis clos, à voix basse et sans sonner les cloches.

Urbanus, episcopus, servus servorum Dei, dilectis filiis abbati et capitulo Sancti Lupi Trecensis salutem et Apostolicam benedictionem. Cum nobis sit, licet immeritis, ex divine beneplacito voluntatis omnium ecclesiarum cura commissa, religiosis locis propensiori studio tenemur adesse, et ut in ipsis liberius divinis cultibus jugiter intendatur, attenta nos convenit sollicitudine providere. Audivimus autem quod cum interdum, pro excessibus civium vel aliorum, Trecensis civitas et vicina loca ecclesiastice sentencie supponuntur, ecclesia vestra divinorum suspensione gravatur, et vos propterea domum vestram deserere et in grave scandalum ordinis per incerta cogimini loca interim evagari. Inde est quod auctoritate presentium prohibemus ne quis a domo vestra, pro hujusmodi sententia, recedere vos compellat ; sed liceat vobis interim, clausis januis, exclusis excommunicatis et interdictis, non pulsatis campanis, suppressa voce divina officia celebrare. Nulli ergo hominum liceat... (Cfr. n. 44, p. 73). — Datum Verone, II nonas maii.

(*Cartul.* fol. 16 v°.)

86. — 1187, 27 novembre. Le pape Grégoire VIII confirme Saint-Loup dans la possession des églises de Molins, Lusigny, Longsols, Laines-aux-Bois et Buccy.

Gregorius, episcopus, servus servorum Dei, dilectis filiis abbati et canonicis Sancti Lupi Trecensis, salutem et Apostolicam benedictionem. Justis petentium desideriis dignum est nos facilem prebere consensum, et vota que a rationis tramite non discordant, effectu prosequente complere. Ea propter, dilecti in Domino filii, vestris justis postulationibus grato concurrentes assensu, ecclesias de Molins, Lusigni, Longsouth, Laneis et Bucciaceri vobis Hatonis et Mathei, quondam Trecensium episcoporum, liberalitate concessas, et a bone memorie Eugenio atque Alexandro, predecessoribus nostris, in privilegiis confirmatas, sicut eas juste et sine controversia possidetis, vobis auctoritate Apnstolica confirmamus, et presentis scripti patrocinio communimus. Nulli ergo hominum liceat... (Cfr. n. 44,

p. 73) — Datum Parme, V kalendas decembris, indictione VI.

(*Cartul.* fol. 14 r°. — Archiv. Aube, *origin.*)

87. — **1187. Henri II, comte de Champagne, abandonne à l'abbaye de Saint-Loup le sauvement et les gelines de Baire-Saint-Loup.**

In nomine Sancte Trinitatis. — Ego Henricus, Dei gratia Trecensis comes palatinus, notum fieri volo presentibus et futuris, quod avenam, quam habitatores terre Beati Lupi, que conjacet apud Bairam, pro salvamento michi debebant, pro fructu anime mee et pro remedio animarum avi mei pie memorie Theobaldi et avie mee Mathildis, nec non et ceterorum predecessorum meorum, ob redemptionem temporis, quia dies mali sunt, fratribus in ecclesia Beati Lupi Deo servientibus in perpetuum donavi. Et ut omnis occasio nocendi malivolis exinde tolleretur, consuetudinem gallinarum, quas mei servientes a predictis hominibus accipere et singulis nummis singulas comparare solebant, eidem ecclesie similiter in eleemosinam concessi. Concessi etiam memoratis fratribus, ut possint Trecis albanos recipere, et sicut alios homines suos in eadem villa sine contradictione libere retinere. Hoc igitur ut ratum teneatur, litteris annotatum sigilli mei impressione firmavi, testibus : Ferrico de Vienna, Gilone de Tornecllo, Milone de Pruvino.

— Actum Trecis, anno ab Incarnatione Domini M°C° octogesimo septimo, nota Willelmi.

(*Cartul.* fol. 53 r°.)

88. — **1187. Manassès de Pougy, évêque de Troyes, fait connaître l'accord signé entre son neveu, Renaud de Pougy, et Saint-Loup, relativement au charroi de Molins.**

In nomine Sancte Trinitatis. — Ego Manasses, Dei gratia Trecensis episcopus, notum fieri volo presentibus et futuris, quod nobilis vir Rainaudus de Pogiaco, nepos meus, hominibus de Molins in perpetuum concessit quod ipse boves eorum pro consuetudine sibi debita, que charrobrium vocatur, nec capiet nec capi faciet. Et prescripti homines ei pro se et pro successoribus suis pariter perpetuo concesserunt quod ipsi, singulis annis, pro predicto charrobrio, per singula capita omnium animalium suorum que trahent aratrum, in autumno duodecim nummos ministro ipsius consuete persolvent, usque ad quindenam qui festum sancti Remigii sequetur; si vero usque ad predictum terminum nummi non redditi fuerint licebit jam dicto Rainaudo capere vel animalia vel vadium pro animalibus que redempta non fuerint. Abbas Sancti Lupi Trecensis, Guiterus, et capitulum suum, ad quorum dominationis juridictionem homines de Molins spectant, hoc laudaverunt et concesserunt. Oda, conjux predicti Rainaudi, et filius ipsius, Milo, hoc laudaverunt et concesserunt. Ego vero pro bono pacis, ab utraque parte requisitus et exoratus, utriusque partis concessionem, sicut facta fuerat, ex ordine scribi precepi, scriptumque ut ratum maneat inconcussum, sigillo meo subscriptarumque personarum subnotatione confirmavi. Testes hujus rei sunt : Galterus de Pogiaco, Manasses de Sancto Fidolo, Herbertus de Sancto Quintino, archidiaconi; magister Stephanus, Milo de Sancto Albino, Galcherus de Nogento, canonici Beati Petri ; Petrus, capellanus noster; magister Bernardus, Hugo de Pogiaco, frater meus; Gylo, Galterus Flandrensis, milites. — Actum publice, anno Incarnati Verbi M°C°M°LXX°VII°.

(Cartul. fol. 29 v°. — Archiv. Aube, origin.)

89. — 1188, 11 février. Le pape Clément III confirme à Saint-Loup la possession des églises de Molins, Lusigny, Longsols, Laines-aux-Bois et Bucey.

Clemens, episcopus, servus servorum Dei, dilectis filiis abbati et canonicis Sancti Lupi Trecensis salutem et Apostolicam benedictionem. Justis petentium desideriis dignum est nos facilem prebere consensum, et vota que a religionis tramite non discordant, effectu prosequente complere. Ea propter, dilecti in Domino filii, vestris justis postulationibus grato concurrentes assensu, ecclesias de Molins, Lusigni, Longsout, Lancis et Buciaceri vobis Hatonis et Mathei, quondam Trecensium episcoporum, liberalitate concessas, et a bone memorie Eugenio atque Alexandro, predecessoribus nostris, in privilegiis confirmatas, sicut eas juste et sine controversia possidetis, vobis auctoritate Apostolica confirmamus, et presentis scripti patrocinio communimus. Nulli ergo hominum liceat... (Cfr. n. 44, p. 73) — Datum Laterani, III idus februarii, pontificatus nostri anno primo.

(*Cartul.* fol. 42 r°. — Archiv. Aube, *origin.*)

90. — 1188, juin. Accord relatif aux dimes de Lusigny.

Ego Garnerus, dictus abbas Clarevallensis, et ego Malbertus, decanus Vendopere, notum facimus universis tam presentibus quam futuris, quod cum papa Clemens terminandam nobis querelam quamdam, que super decimis quibusdam vertebatur inter fratres Sancti Lupi Trecensis et Guidonem, militem de Maisnillo, commisisset, prescriptis decimis existentibus de villa Lusinnei, hoc modo terminata est hec questio. Coram nobis idem Guido libere dimisit fratribus prenotatis quidquid ipse in iisdem decimis ante habuerat et etiam tunc temporis querelabat, ita ut predicti fratres eidem Guidoni et posteris suis duos modios blavii, unum frumenti et alterum avene, reddent, annis singulis, in eternum. Hoc laudaverunt Ermanjardis, uxor ejusdem Guidonis et filius suus. — Actum anno Incarnati Verbi M°C°LXXX° VIII°, mense junio.

(*Cartul.* fol. 47 r°.)

91. — 1188, juin. Airard II, comte de Brienne, fait connaître l'accord précédent.

In nomine Sancte Trinitatis. — Ego Airardus, Brenensis comes, omnibus ad quos iste littere pervenerint notum fieri volo, quod Guido, miles de Masnillo, decimam de Lusigniaco quam tercio anno consuete solebat habere, me presente, ecclesie Beati Lupi Trecensis pro duobus modiis ad mensuram Trecensem, uno frumenti laudabilis, altero avene, sibi per singulos annos reddendis, admodiavit, et in perpetuum concessit. Concessum etiam est ab utraque parte quod prescripta admodiatio, tam de frumento laudabili predicto quam de avena, sibi vel heredi ejus apud Lusigniacum, in grangia Beati Lupi, quotannis consuete reddetur, ante festum Omnium Sanctorum, de ipsa decima ipsius ville. Quisquis vero hanc admodiationem recipiet, seu predictus Guido seu heres ejus, ecclesie predicte justam garentiam portabit, si quis eam vexare super hoc attemptaverit. Hoc laudavit Armangardis, conjux sua, de cujus capite res erat. Hanc admodiationem perpetuo tenendam laudavit dominus Odo de Vendopera, a quo predictus Guido prescriptam decimam tenebat in chasamento, salvo feodo

suo in duobus prescriptis modis annone predicte.
Ego vero, ne res in dubium venire vel deperire posset, ab utraque parte rogatus, ordinem rei geste scribi feci, scriptumque sigillo meo subscriptorumque personarum testimonio communitum causa firmitatis ecclesie prefate contradidi. — Actum anno Incarnati Verbi M°C°LXXX°, octavo, mense junio.

(*Cartul.* fol. 47 r°.)

92. — 1188. Gui, archevêque de Sens, fait connaître l'accord passé entre le maître de l'Hôtel-Dieu de Chalette et Thibaut *Sengler*.

Guido, Dei gratia Senonensis archiepiscopus, omnibus ad quos littere iste pervenerint, in Domino salutem. Notum fieri volumus quod cum causa verteretur in audientia nostra inter Theobaldum Sengler et Guiardum magistrum de Chaleta, tandem inde compositio facta est in hunc modum, quod prefatus Theobaldus quitum clamavit in perpetuum magistro et domui de Chaleta quicquid querelabat de hereditate patris sui adversus prefatum magistrum et predictam domum ; soror autem ejus, cum ipsa voluerit, ibidem in conversam recipietur. Lectum suum cum culcitra et linteaminibus afferens, nec amplius offerre cogetur. Preter hoc etiam magister prefate domus dabit jam dicto Theobaldo quadraginta quinque solidos ; quinque tamen jam recepit, quadraginta vero solidos recepturus est.

Quod ut ratum et inconcussum habeatur, presentem paginam sigilli nostri fecimus munimine roborari. — Actum anno Verbi Incarnati M°C°LXXX°VIII°.

(*Cartul.* fol. 22 r°.)

93. — **1188.** Accord entre l'Hôtel-Dieu de Chalette et l'abbaye de Basse-Fontaine au sujet des terres du Buisson et de Sainte-Marie.

Notum sit tam presentibus quam futuris, quod quedam controversia, que inter ecclesiam de Basso Fonte et ecclesiam de Chaleta versabatur, tali fine sopita est. In presentia abbatis Belli Loci, et abbatis de Capella, prioris Radonis villaris, et capellani de Brena, qui ex precepto Trecensis episcopi super hoc judices extiterunt, utriusque capituli laude et assensu, in hunc modum composuerunt : quod quandocunque fratres Bassi Fontis propriis aratris et sumptibus terram de Buisson excoluerint, fratribus de Chaleta duo sextarios annone pro decima persolvent, unum videlicet autumnalis segetis, et alium avene ; si autem acciderit quod prefata terra ab alienis exculta sit, fratres de Chaleta dimidium decime ex illa recipient. Preterea ex utraque parte concessum est et laudatum, quod de quadam terra, que dicitur Sancte Marie, fratres de Chaleta quartam partem decime habebunt, fratres vero Bassi Fontis tres partes. Hec autem ut firma et inconcussa permaneant, abbas de Bello Loco, abbas de Capella, abbas Bassi Fontis, et magister de Chaleta sigillorum suorum impressione subterponere curaverunt. — Actum anno Incarnati Verbi M°C°LXXX° octavo.

(*Cartul.* fol. 74 v°.)

94. — 1188. Clérembaud de Chappes donne par échange à l'abbaye de Saint-Loup les droits qu'il avait sur une serve à Montengon.

Clarembaudus, Dei miseratione dominus de Capis, universis presens scriptum inspecturis, in Domino salutem. Noverit universitas vestra quod ego dimisi et quittam clamavi Martriennam, filiam Balduinis de Monte Hingonis, que femina mea erat et domini Hugonis de Vergeio, ecclesie Beati Lupi Trecensis tenendam et habendam sicut propriam feminam suam in perpetuum; et concessi, quantum ad partem meam pertinet, tali conditione, quod cum ego et dominus Hugo unam feminam ipsius ecclesie requisierimus dandam alicui hominum nostrorum in matrimonio, abbas ipsius ecclesie et conventus nobis contradicere non poterunt, sed in excambium Martrienne predicte, eam nobis sicut propriam feminam nostram concedere et dimittere tenebuntur. — Actum anno Incarnati Verbi M°C°LXXX° octavo.

(*Cartul.* fol. 85 r°.)

95. — 1188, 15 juin. Bulle de Clément III relative à la fondation du prieuré de Marigny. Excommunication de Manassès de Pougy, évêque de Troyes.

Felicissimo patri et domino Clementi, Dei gratia summo Pontifici et universali Pape, Stephanus Beate Genovefe dictus abbas, H. decanus, et P. cantor ecclesie Pariensis obedientes devotioni, et obsequii plenitudinem. Noverit Paternitas vestra nos mandatum vestrum sub hac forma recepisse :
« Clemens, episcopus, servus servorum Dei, dilec-
» tis filiis abbati Sancte Genovefe, decano, et can-
» tori Pariensibus, salutem et Apostolicam bene-
» dictionem. Ad notitiam vestram volumus per-
» venire quod venerabili fratri nostro Trecensi
» episcopo ab Apostolica Sede mandatum fuit se-
» mel, iterumque preceptum, ut in parochiali ec-
» clesia de Marigniaco, salva omni justitia sua,
» canonicos assumeret regulares, qui in ea, juxta
» pium desiderium fundatorum, religionis ordi-
» nem instituerint et sub regularibus disciplinis
» Omnipotenti Deo deservirent. Predictus autem
» episcopus, nec amore religionis induci nec Apos-
» tolicis jussionibus potuit emolliri, ut a duritia
» quam in mandatis Apostolicis solitus est habere
» ad benignitatem se converteret charitatis, qua
» pie petitioni et voto laudabili postulantis con-
» sensus benevolentiam indulgeret. Unde discre-

» tioni vestre per Apostolica scripta mandamus,
» quattinus eum admonere propensius et inducere
» laboretis ut, secundum quod totiens in mandatis
» accepit, de ecclesia Sancti Lupi Trecensis canoni-
» cos regulares assumat, et eos in predicta ecclesia,
» salvis justitiis omnibus diocesane rationis, insti-
» tuat; per quos et religionis ordo dilatetur et
» crescat, et tam jussionibus Apostolicis quam
» fundatoris desiderio satisfaciat. Quod si infra tri-
» ginta dies post ammonitionem vestram facere
» sponte noluerit, vos eum ad hoc exsequendum
» auctoritate Nostra, sine appellationis obstaculo,
» per censuram ecclesiasticam compellatis. Quod si
» omnes his exequendis nequiveritis interesse duo
» vestrum ea nichilominus exequantur. — Datum
» Laterani, XVII kalendarum julii pontificatus nos-
» tri anno I. »

Nos igitur Sanctitatis vestre mandatum effectui mancipare volentes, prefatum episcopum tum commonitionibus, tum precibus, tum etiam mandato districtiori ad hoc inducere laboravimus, ut divine religionis augmenti obtentu, et Sedis Apostolice reverentia, et precum nostrarum, et commonitionum intuitu, mandatum vestrum ad effectum perduceret. Cum autem licet multoties commonitus et rogatus, nec precibus, nec commonitionibus, nec etiam ad ultimum mandato nostro, qui vice vestra in hac parte fungebamur, noluit obtemperare, communicato sapientum et discretorum virorum consilio, ipsum ab omni officio episcopali, tanquam contumacem et mandati a Sede Apostolica destinati contemptorem, suspendimus ; metropolitano nostro et suo archiepiscopo Senonensi et decano et capitulo ecclesie Trecensis significantes, et auctoritate Vestra mandantes, quattinus ipsum pro suspenso haberent. Abbati autem prefati loci, auctoritate Sedis Romane mandavimus, quattinus in prefatam ecclesiam canonicos suos, auctoritate vestra et nostra fretus, induceret, non obstante occasione vel contradictione ipsius episcopi, et ipsos canonicos de eadem ecclesia, salva tamen omni justitia episcopali, investivimus. Processum autem istius negotii auribus Sanctitatis vestre significandum duximus, supplicantes et rogantes, quattinus investituram nostram, auctoritate vestra factam, ratam habentes approbetis et confirmetis, per censuram enim ecclesiasticam compelli, nihil aliud intelligimus quam excommunicationis aut suspensionis sententiam.

(*Cartul.* fol. 76 r°.)

96. — **1189, 27 octobre.** Le pape Clément III casse un indult qu'il avait accordé à l'évêque de Troyes, et confirme la fondation du prieuré de Marigny.

Clemens, episcopus, servus servorum Dei, dilectis filiis abbati et canonicis Sancti Lupi Trecensis, salutem et Apostolicam benedictionem. Desideriis filiorum nostrorum, que religioni concordare noscuntur, et annuere volumus et ea quantum Dominus dederit promovere. Illis vero specialius tenemus Apostolico favore concurrere, que ad Dei cultum et religionis augmentum non est dubium pertinere, sane cum dilectis filiis abbati Sancte Genovefe, H. decano, et P. cantori Parisiensi dederimus in mandatis, ut in ecclesia parrochiali Marigniaci canonicos regulares de ecclesia Sancti Lupi Trecensis assumptos, juxta pium et commendabile desiderium nobilis viri G. de Triagnello, instituere procurarent; postmodum mandati nostri immemores, venerabili fratri nostro Trecensi episcopo minus provide dicimus concessisse, ut sine ipsius assensu in ecclesia Marigniaci, quam diximus, nova non institueretur religio. Verum quia nostre voluntatis non est, nec esse de religione debet, ne vineam Domini Sabbaoth crescentem succidere videamur, qui tenemur ex debito assumpti officii novam plantationem nutrimento, cum cura qua convenit, propagare, concessionem prefato episcopo, sicut assignatum est, factam, majoris utilitatis causa, amore etiam ampliande religionis tracti et ordinis beati Augustini, in irritum super hoc Apostolica auctoritate reducimus. Predictam ecclesiam Marrigniaci parrochialem, ne jam dictus nobilis vir, sui desiderii intentione frustretur, vel etiam nobilis vir ... comes Trecensis, et dilecta in Christo filia ... comitissa, mater sua, in suis peticionibus, quas pro facto assignato tam devote quam humiliter directis rogaverint litteris, postponantur, vobis et per vos ecclesie vestre habendam et de cetero possidendam,

Apostolica auctoritate concedimus, et de consilio fratrum nostrorum presentis scripti pagina confirmamus, salva nimirum canonica justicia supradicti Trecensis episcopi, et censu archidiacono inde debito annuatim ; et ne idem episcopus et archidiaconus vos vel ipsam ecclesiam de cetero indebita impetitione, vel molestatione, occasione facte institutiotionis aggravare vel infestare attemptaverint, auctoritate nobis concessa districtius inhibemus. Nulli ergo omnino hominum liceat... (Cfr. n. 44, p. 73) — Datum Laterani, VI kalendas novembris, pontificatus nostri anno secundo.

(*Cartul.* fol. 13 v°. — Archiv. Aube, *origin.*)

97. — 1189, 20 octobre. Privilége du pape Clément III. Les religieux de Saint-Loup ne pourront être excommuniés, et leur église interdite, sans une raison grave.

Clemens, episcopus, servus servorum Dei, dilectis filiis abbati et fratribus Sancti Lupi, salutem et Apostolicam benedictionem. Ad pacem ecclesiis et personis ecclesiasticis conservandam et ut indebitis molestiis seu gravaminibus a nemine valeant onerari, juxta petentium voluntatem consentaneam rationi, libenter intendimus et favorem Apostolicum impertimur. Eapropter, vestris justis postulationibus annuentes, auctoritate Apostolica prohibemus ne quisquam episcopus, vel prelatus alius, absque manifesta et rationabili causa, personas vestras excommunicationi aut vestram ecclesiam subjiciat interdicto. Nulli ergo hominum liceat... (Cfr. n. 44, p. 73) — Datum Laterani, V kalendas novembris, pontificatus nostri anno II.

(*Cartul.* fol. 15 v°.)

98. — 1189. Le pape Clément III confirme Saint-Loup dans la possession de tous ses biens, droits et priviléges.

Clemens, episcopus, servus servorum Dei, dilectis filiis Guitero abbati Sancti Lupi Trecensis ejusque fratribus tam presentibus quam futuris regularem professis, in perpetuum. Quum sine vero cultu religionis non caritatis unitas possit subsistere, nec Deo gratum exhiberi servicium, expedit Apostolice Sedis auctoritati religiosas personas diligere et earum loca pia protectione munire. Ea propter, dilecti filii in Domino, justis vestris postulationibus clementer annuimus et ad exemplar felicis recordationis Eugenii pape, predecessoris nostri, ecclesiam Beati Lupi, in qua divino estis obsequio mancipati, sub Beati Petri et nostra protectione suscipimus, et presentis scripti privilegio communimus, statuentes ut quascumque possessiones, quecumque bona eadem ecclesia in presentiarum juste et canonice possidet, aut in futurum concessione pontificum, largitione regum, vel principum, oblatione fidelium, seu aliis justis modis, prestante Domino, poterit adipisci, firma vobis vestrisque successoribus et illibata permaneant. In quibus hec propriis duximus experimenda vocabulis : ecclesias de Molins, de Ausona, de Lonsoldo, de Lusigniaco, sicut ab Hatone, Trecensi episcopo, canonice vobis concesse sunt, et scripto suo firmate ; jus vestrum in ecclesia de Bevronellu et medietatem decime, et nemus, et terre medietatem ad predictam ecclesiam pertinentis ; potestatem de Molins et decimam ; curtem de Ausona cum pertinentiis suis et minutam decimam et censum de atrio ; potestatem de Rulliaco ; curtem de Bretoneria ; medietatem decime de oschiis Rulliaci ; molendinos de Torrente Infirmorum ; potestatem de Lusigniaco et decimam duobus annis continuis ; potestatem de Villapartis ; curtem et Fontem Sancti Winebaudi et terram adjacentem de censu Sancte Columbe ; decimam de Sancto Lupo de Riveria Arducei et oblationem ecclesie in natali sancti Lupi ; nonas de Capella ; Trecis, de dono comitis, libertatem trium famulorum et domorum et familiarum canonicorum ; et dimissionem quarumdam consuetudinum quas accipere solebat in Rulliaco, sicut in scripto ejus continetur ; in decima et atrio Sancte Maure quinque solidos et annonam equis eorum qui vadunt ad stationem ; in nundinis sancti Remigii binos denarios de singulis logiis vendentium merces, exceptis illis que sunt famulorum comitis Trecis commorantium ; frumentum de dono Fromundi Vulturis ; vineas de dono Johannis et Radulphi sacerdotum ; censum de dono Fulconis ;

quidquid habetis in villis : Corchlavera, Curterengiis, Allebalderiis, Villa Harduini, Chamaio, Montesuzani, Capellis, Boeio, Seleriis ; ochiam de Ascenseria ; usuarium nemorum comitis Brennensis et de Doschia ad omnes necessitates vestras ; quinque solidos in Walmerivilla, in territorio Remensi. Sane laborum vestrorum quos propriis manibus vel sumptibus colitis, sive de nutrimentis animalium vestrorum, nullus a vobis decimas exigere vel extorquere presumat. Cum autem generale interdictum terre fuerit, liceat vobis, clausis januis, exclusis interdictis et excommunicatis, suppressa voce, divina officia celebrare. Prohibemus insuper ne quisquam episcopus vel prelatus alius, absque manifesta et rationabili causa, personas vestras excommunicationi, aut vestram ecclesiam presumat subjicere interdicto. Sepulturam preterea loci ipsius liberam esse decernimus, ut eorum extreme voluntati atque devotioni qui se illis sepeliri deliberaverint, nisi forte excommunicati vel interdicti sint, nullus obsistat ; salva tamen justitia illarum ecclesiarum a quibus mortuorum corpora assumuntur. Decernimus ergo... (Cfr. n. 6, p. 20). — Actum anno gratie M°C°LXXX° nono.

(*Cartul.* fol. 8 v°.)

99. — 1189. Transaction entre l'abbaye de Saint-Loup et le chapitre de Saint-Pierre, au sujet de plusieurs différends.

In nomine Sancte et Individue Trinitatis. — Ego Guiterus, Dei patientia Beati Lupi Trecensis abbas et totum capitulum, notum fieri volumus presentibus et futuris quod querele, que inter ecclesias Beati Petri et Beati Lupi diutius agitate fuerant, pari consensu utriusque capituli, tali modo terminate sunt et sopite : Sanctus Lupus in territorio Creniaci decimam non habebit, salva sibi decima annone, si vinee desarte vel reverse fuerint ad campum. In quacumque villa homines Sancti Petri hominibus Sancti Lupi per matrimonium conjuncti fuerint, pueri nati de matrimonio tali inter predictas ecclesias ex equo dividentur. Excipitur ab hac particione sola villa que Aureumvillare vocatur, de qua sciendum quod si vir vel femina Sancti Lupi in ea matrimonium contraxerit tota proles, de tali matrimonio intra villam nata, Sancto Petro remanebit. Homo Sancti Lupi veniens in eamdem villam, quandiu vivet, jus suum, scilicet chevagium, Sancto Lupo reddere tenebitur ; et si recedere voluerit, libere recedat, et pueri extra villam nati partientur. Si ense vulneratus occisus fuerit, sanguis vel allevium Sancto Lupo reddetur. Quinque servientes Sancti Lupi, major, cellerarius, granetarius, duo matricularii ipsi, et uxores eorum, jus parrochiale Beato Petro reddere non tenebuntur neque sacerdotibus ipsius, neque pueri eorum, donec fuerint conjugati vel recesserint a patribus suis. Vinee quas modo tenet Sanctus Lupus ad Pontem Sancte Marie, que fuerunt Petri Asini, et in Praeria prope molendinum Sancti Quintini, a decimatoribus Sancti Petri non decimabuntur, vel si quas deinceps adquisierit infra terminos sue decimationis, de illis decimas habebit. In quatuor festis annalibus, scilicet in Natale Domini, in Pascha, in Penthecoste, in festo beati Petri, quando processio Beati Lupi secundum consuetudinem ad ecclesiam Beati Petri venerit, ibi deinceps, usquedum dicatur *Ite missa est*, remanebit. Percantata vero missa, camerarius Beati Petri cellario Beati Lupi, singulis supradictorum festorum, quinque solidos pro benedictione donabit. Hoc autem totum, quo ratum sit et inconcussum maneat, consulto et laudante capitulo nostro, scribi fecimus, scriptumque sigillo Beati Petri confirmari. Testes hujus rei sunt : Guillelmus cantor, Nicolaus thesaurarius, Rainaudus, Drogo, Odo. — Actum publice, anno Incarnati Verbi M°C°LXXX° nono.

(*Cartul.* fol. 69 v°. — Archiv. Aube, *origin.*)

100. — 1189. Même charte au nom du doyen et du chapitre de Saint-Pierre.

In nomine Sancte et Individue Trinitatis. — Ego Haicius, Dei patientia Trecensis ecclesie Beati Petri decanus et totum capitulum, notum fieri volumus... (cfr. supra). Testes hujus rei sunt : Drogo, Herbertus, archidiaconi ; Johannes de Abbatia, magister Rainaudus, Guillelmus camerarius, Girardus Parvus, Milo de Sancto Albino, Milo de Barro, Girardus de Barro, Drogo de Planceio et alii multi.

(*Cartul.* fol. 69 r°. — Archiv. Aube, *origin.*)

101. — 1189. Jean, seigneur d'Arcis, notifie le partage des enfants de Gombaud entre lui et Saint-Loup.

In nomine Sancte Trinitatis. — Ego Johannes, dominus de Arceis, notum facio presentibus et futuris quod pueri Gumbodi, qui partiendi erant inter me et ecclesiam Beati Lupi, communi assensu partiti sunt : ita tamen quod a voluntate eorum declinare nolens, Manassem et Bertrannum, sicut eis placuit, in partem eorum concessi ; reliquos vero quos apud me habebam michi detinui. — Actum anno Incarnati Verbi M°C°LXXX° nono.

(*Cartul.* fol. 48 r°.)

102. — 1189. Hugues de Vergy abandonne à Saint-Loup, à titre d'échange, les droits qu'il a sur une serve à Montangon.

Hugo, Dei miseratione dominus de Vergiaco, universis presens scriptum inspecturis, in domino salutem. Noverit universitas vestra quod ego dimisi et quittam clamavi Martriennam, filiam Balduini de Monte Hingonis, que femina mea erat et domini Clarembaudi de Capis, ecclesie Beati Lupi Trecensis tenendam et habendam sicut propriam feminam suam in perpetuum; et concessi, quantum ad meam partem pertinet, tali conditione, quod cum ego et dominus Clarembaudus unam feminam ipsius ecclesie requisierimus dandam alicui hominum nostrorum in matrimonio, abbas ipsius ecclesie nobis contradicere non poterit, vel conventus, sed in excambium Martrienne predicte, eam nobis, sicut propriam feminam nostram, concedere et dimittere tenebuntur. — Actum est hoc anno Incarnati Verbi M°C°LXXX° nono.

(*Cartul.* fol. 85-86.)

103. — 1189. Airard II, comte de Brienne, reprend le four de Sacey qu'il avait donné à Saint-Loup pour 20 sous de rente et fournit cette rente sur ses revenus de Piney, Sacey et Rouilly.

In nomine Sancte Trinitatis. — Ego Airardus, Dei paciencia Brenensis comes, notum facio presentibus et futuris, quod ego Jerosolimam profecturus, audita querimonia dilectorum meorum Guiteri, abbatis Sancti Lupi Trecensis, et fratrum ipsius, qui conquerebantur quod furnus Saciaci, quem pro excambio nemoris Beuronelle, sub pretio viginti solidorum eis donaveram, sine magna difficultate viginti solidos valere non posset, eundem furnum in manu mea recepi, predictisque canonicis, pro furno recepto, viginti solidos alios in perpetuum apud Pisniacum et Saciacum, pro jamdicto excambio assignaveram sigilloque meo firmaveram; unam quoque falcatam prati pro dampno, quod stagnum de Beuronella fecerat eis de prato suo, eisdem canonicis restauravi. Quod, ut ratum et inconcussum permaneat, scribi feci, sigilloque meo confirmavi. Testes hujus rei sunt : Ernaudus et Guiterus, canonici Sancti Lupi, Ansculfus de Tilia, Laurentius de Univilla, Radulfus prepositus Pisniaci, Galterus, major de Bevrona. — Actum anno Incarnati Verbi M°C°LXXX° nono.

(*Cartul.* fol. 47-48. — Archiv. Aube, *origin.*)

104. — 1190. Accord entre Saint-Loup et les chanoines de Notre-Dame de Saint-Etienne au sujet des Moulins-sous-le-Mur, près de la Porte-l'Evêque.

In nomine Sancto Trinitatis. — Ego, Haicius, decanus et capitulum Beati Stephani Trecensis, notum fieri volumus presentibus et futuris, quod querele, que inter canonicos Beate Marie de intra ecclesiam Beati Stephani Trecensis et ecclesiam Beati Lupi vertebantur, pro redditu molendinorum de Sub Muro prope Portam Episcopi, quem prefata ecclesia Beati Lupi in eisdem molendinis habebat, et ab ipsis canonicis repetebat, tali modo pacificate sunt et sopite : Guiterus, abbas Sancti Lupi, prefatis canonicis, laudante capitulo suo, quicquid redditus in predictis molendinis de preterito tempore reclamaverant in pace remisit; prefati vero canonici Beate Marie quartam partem predictorum molendinorum, nobis assentientibus et laudantibus, in omnibus commodis ecclesie prefate Beati Lupi deinceps in perpetuum concesserunt, ut in omnibus necessariis expensarum quartam partem ponat, et in omnibus commodis quartam partem recipiat, et a molneris sive custodibus molendinorum fidelitatem pro parte sua licenter exigat et accipiat, vel de communi consilio utriusque ecclesie molneri sive custodes inibi ponantur, et his qui redditus annuos in prefatis molendinis habent pensiones sue de communi reddantur. Sciendum vero est quod hec sunt pensiones : custodibus thesauri Beati Stephani octo sextarii frumenti annuatim debentur, et capitulo Beati Stephani quatuor pro anniversario domini Aalbri, et fossori quatuor sextarii, et episcopo unum sextarium, et custodibus excluse de Sancoio tres emine pro ipsa resarcienda. Hoc autem totum, quo ratum maneat et inconcussum, scribi fecimus, et sigillo capituli nostri confirmari. — Actum anno Incarnati Verbi M°C°LXXX° decimo.

(*Cartul.* fol. 74 v°.)

105. — 1190 (v. st.), 5 janvier. Jugement contre Manassès de Pougy, évêque de Troyes, en faveur de Saint-Loup.

Ego Guido, Dei gratia Senonensis archiepiscopus, et ego Petrus, Sancti Johannis Senonensis dictus abbas, omnibus ad quos littere iste pervenerint, in Domino salutem. Notum fieri volumus quod querele, quas dilecti nostri abbas et canonici Sancti Lupi Trecensis habebant adversus episcopum Trecensem, nobis et venerabili abbati Vallislucentis W. ut eas terminaremus, a domino Papa delegate fuerunt, ita tamen quod si omnes diffinitioni cause non possemus adesse, ego Guido, Senonensis archiepiscopus et alter ex collegis, pro absentia tercii, negocium nichilominus exequeremur, appellatione remota, et predictum episcopum per ecclesiasticam censuram ad juris exequutionem compelleremus. Nos vero auctoritate Apostolica diem agendi partibus assignavimus ; ad diem assignatum abbas predictus in propria persona cum quibusdam de fratribus suis ante nos venit, episcopus sufficientem pro se cum litteris de ratihabitione misit. Abbas et sui ab episcopo requisierunt vinum cujusdam vinee, quam quidam sacerdos Acelinus eis in eleemosinam dederat, quam ipse violenter per homines armatos vindemiari fecerat ; requisierunt etiam vinum duarum vinearum, quas Jocelinus, sacerdos de Torviler, eis in elemosinam legaverat, quas similiter episcopus per vim vendemiari fecit, et XVI bisenas apum de dono ejusdem sacerdotis, quas episcopus per vim fecit asportari. Requisierunt preter hec quamdam partem decime, tam vini quam annone, quam indigene nonas vocant, in territorio de Capella Sancti Luce, cum fructibus inde perceptis, quam abstulit ipsis episcopus, ab eo tempore quo fuit episcopus ; requisierunt etiam dampnum quod ipsis factum est per communiam Trecensem usque ad CL libras, eo quod episcopus concessit abbati, quando coegit eum jurare, quod ipse sententiam latam contra communiam servaret, quia sententia posita non solveretur sine assensu et concilio abbatis, quam pactionem ipse episcopus non tenuit. Responsales episcopi, auditis litteris domini Pape, et his que requirebantur ab ipso episcopo, semel et secundo inducias deliberandi querentes impetraverunt. Postea venientes ad diem sibi datum, cum abbas et sui sua et sibi ablata repeterent, ipsi noluerunt respondere neque juri stare. Ea propter data est a nobis sententia excommunicationis in episcopum, tanquam in contumacem, secundo et tertio commonitum per religiosas personas ut resipisceret, et contemptum domini Pape et nostrum emendaret. Postea vero resipiscens, et consiliis episcopi Meldensis acquiescens, concessit et firmiter promisit quod ipse juri staret, et responderet coram nobis de omnibus querelis quas predictus abbas requirebat ab ipso, secundum tenorem litterarum domini Pape, et hoc ipsum juraverunt in animam ipsius episcopi abbas Sancti Martini, Galterus archidiaconus, magister Odo, Milo de Sancto Albino, canonici Sancti Petri. Interim vero, priusquam resipisceret episcopus, et quia mandato domini Pape parere nolebat, predictus abbas compulsus est ad dominum Papam recurrere, conquesturus quod episcopus nobis et ipsi Pape inobediens, nec respondere vellet ei, nec dampna resarcire, in qua via multarum dispendium incurrit expensarum. Post satisfactionem episcopi, predictus abbas et ipsius episcopi responsales ante nos venerunt ad diem sibi prefixum, abbas querelas suas que prenotate sunt, innovavit, adjungens quod omnes expensas quas Rome fecerat propter episcopi defectum, quia juri stare noluit et justiciam subterfugit, sibi volebat restaurari, et sepedictas querelas adjudicari, et super his judicium requisivit. Nos autem qui multum detuleramus episcopo, a vigilia Pasche usque ad Adventum Domini negocio protelato, mandato Apostolico cogente, testes adjudicavimus abbati, de consilio prudentium virorum, per quos probare posset quod intendebat, de nonis, de vineis per vim vindemiatis ab episcopo, de dampno facto per communiam, et de pactione episcopi, et de aliis. Ad diem datum testes venerunt, sicut decebat, recepti sunt et auditi, attestationes eorum scripto sunt; altera die presentibus partibus attestationes publicate sunt, presente responsali episcopi, qui petivit eas transcribi, ut eas posset episcopo monstrare, quattinus assignato die liceret ei loqui contra testes et in testimonia. Positus est alius dies, convenerunt ante nos abbas et responsales episcopi cum litteris de rato. Lectis litteris domini Pape, recitatis attestationibus, diximus responsali episcopi, ut si quid vellet dicere contra testes abbatis vel contra testimonia, liceret ei dicere. Ipse vero, requisito consilio ab aliis, nihil dixit contra testes et eorum dicta. Nos autem, communicato consilio prudentium virorum, abbate requirente, secundum anteacta judicium, quia manifestum erat episcopum a justicia defecisse, et quia respondere noluit in sentenciam excommunicationis incidisse, adjudicavimus ei restitutionem expensarum quas Rome fecerat, et probavit juramento se expendisse scilicet XXX libras, et reclamaverat, scilicet nonas cum fructibus inde perceptis, duobus modiis annone, et vinum quod accepit episcopus de vineis duorum sacerdotum predictorum, et de nonis usque ad centum modios; de dampno quod factum est abbati per communiam distulimus judicare, sperantes et cupientes pacem inter discordes reformari. Quod autem a nobis factum est, ut ratum maneat et firmum, presenti scripto fecimus annotari, et sigillis nostris muniri. — Datum Senonibus, vigilia Epiphanie, anno Incarnati Verbi millesimo centesimo nonagesimo.

(*Cartul.* fol. 21 r°.)

106. — **1191.** Echange de serfs entre Saint-Loup et le chapitre de Saint-Etienne.

Ego Nicholaus, Dei patientia Beati Stephani Trecensis thesaurarius, notum facio presentibus et futuris, quod Dietus, homo Beati Stephani Trecensis, et pertinens ad thesaurum, pari assensu domini Guiteri, abbatis Sancti Lupi Trecensis et meo, quamdam feminam predicti Sancti Lupi, filiam scilicet Humberti de Lueriis duxit in uxorem, tali conditione inter me et predictum abbatem interposita, quod pro predicta femina competens excambium Sancto Lupo restituetur, si quis hominum suorum aliquam de feminis pertinentibus ad thesaurum Beati Stephani requisierit hanc accipiet uxorem. Interim vero donec excambium factum sit, prescripta femina Sancto Lupo singulis annis V solidos pro tallia persolvet, et si forte mortua fuerit, excambio nondum facto, pueri de dicto matrimonio nati inter ecclesiam Beati Lupi et me, vel successorem meum, equa lance dividentur. Hoc autem, quo ratum maneat et inconcussum, scribi feci, scriptumque sigillo meo confirmatum, ne questio suboriatur exinde, pro bono pacis prefato abbati contradidi. — Actum anno Verbi Incarnati M°C°XC° primo.

(*Cartul.* fol. 87 v°.)

107. — **1191. Barthelemi-Haïce de Plancy, évêque de Troyes, confirme la fondation du prieuré de Marigny ; et unit l'église de Chaast au prieuré de Bucey.**

Haycius, Dei gratia Trecensis episcopus, omnibus ad quos littere iste pervenerint, in Domino salutem. Scientes quod qui potestati resistit, Dei ordinationi resistit, et quia nos oportet obedientiam cum reverentia successoribus nostris exhibere, quod dominus Papa bone memorie Clemens de ecclesia Mariniaci fecit et confirmavit, approbamus, ne Summo Pontifici, quod absit, in aliquo contraire videamur. Concedimus igitur et statuimus et hanc concessionem et institutionem confirmamus divine potestatis intuitu et amore religionis ampliande tracti, illustris comitisse Trecensium Marie, filie regis Francorum, cujus voluntati in omnibus obedire sumus parati, et nobilis viri Garneri dilecti nostri de Triagnello precibus inclinati, quatinus in ecclesia parochiali Marigniaci deinceps ordo beati Augustini regulariter conservetur et omnipotenti Deo sub regularibus disciplinis a canonicis Sancti Lupi Trecensis assumptis serviatur ; et ipsa ecclesia ecclesie Beati Lupi per omnia subdita sit tibi, frater Guitere, abbas, et successoribus tuis obediat et respondeat, ita quod liceat tibi in eadem ecclesia corrigere que corrigenda sunt, et personas ibidem ad servicium ejusdem ecclesie assignatas ad libitum tuum mutare et alias substituere, preter illam que curam parochialem de manu Trecensis episcopi suscepit. Statuimus enim quod unus ex canonicis Beati Lupi ab abbate suo nobis, sive nostris successoribus, presentatus, de manu episcopali curam supradicte ecclesie Mariniaci suscipiat et teneat, et nobis seu successoribus nostris super his que spectant ad jus episcopale respondeat et obediat, quem sine conscientia episcopi Trecensis, abbati et capitulo Beati Lupi non licebit mutare et sine assensu ejusdem episcopi alium subrogare, salvo per omnia jure et justicia Trecensis episcopi. Predictis autem addendum est quod nos, considerantes paupertatem canonicorum Sancti Jacobi de Buccio, et dilectorum nostrorum Manasse, canonici Beati Petri Trecensis, et domini Garneri, fratris sui, precibus annuentes, ecclesiam de Charz que nulli sacerdoti per se sufficere poterat, ad sustentamentum predictorum canonicorum, cum omnibus suis pertinentiis, ecclesie predicti Beati Lupi in perpetuum possidendam donavimus, ut capella Sancti Jacobi de Buccio et ecclesia de Charz unus sit prioratus et una parochia et ad unius spectet curam sacerdotis, salvo per omnia jure et justicia Trecensis episcopi. Quod, ut ratum in perpetuo maneat et inconcussum et majorem firmitatem obtineat, scripto mandare, scriptumque impressione sigilli nostri munire decrevimus. — Actum Trecis, anno Incarnati Verbi M°C°XC° primo.

(*Cartul.* fol. 30 r°. — Archiv. Aube, *origin*. — Le double de cette charte commence : *Bartholomeus...*)

108. — 1192, 5 mai. Le pape Célestin III confirme la fondation du prieuré de Marigny.

Celestinus, episcopus, servus servorum Dei, dilectis filiis abbati et capitulo Sancti Lupi Trecensis, salutem et Apostolicam benedictionem. Cum in ecclesiis Dei, consideratione provida, statuuntur que ipsis ecclesiis ad laudem et honorem Altissimi plurimum expedire noscuntur et earumdem ecclesiarum commoda et incrementa respiciunt, imminet nobis de suscepti officii ministerio, ne temeritate quorumlibet violentur, rata et firma tenere, et auctoritate Sedis Apostolice speciali munimine roborare. Inde est quod cum felicis memorie Clemens, predecessor noster, ad suggestionem nostram, cum in minoribus gradibus ageremus, instituerit et confirmaverit, ut de collegio vestro aliqui ex canonicis regularibus ad ecclesiam Marigniaci assumerentur et ibi consisterent et Dei serviciis inhererent, nos institutionem ipsam, salvo jure episcopi, ratam habentes, ad exemplar ipsius, auctoritate presentium confirmamus et presentis scripti patrocinio communimus. Nulli ergo hominum liceat... (Cfr. n. 44, p. 73). — Datum Laterani, III nonas maii, pontificatus nostri anno secundo.

(*Cartul.* fol. 14 r°.)

109. — 1192. Garnier, seigneur de Trainel, augmente les revenus du prieuré de Marigny.

In nomine Sancte et Individue Trinitatis. — Ego Garnerus, Dei miseratione dominus Triagnelli, notum fieri volo presentibus et futuris, quod ego pro fructu anime meo predecessorumque meorum, multo labore per dominum Papam quesivi, et tandem per gratiam Dei cooperantis impetravi, quattinus in parrochiali ecclesia Marigniaci canonici regulares assumpti de ecclesia Beati Lupi Trecensis instituerentur, qui Deo diligentius sub regulari disciplina deserviant, et apud ipsum pro meis peccatis et antecessorum et successorum meorum devotius intercedant et suis orationibus gratiam et gloriam sempiternam nobis adquirant. Ad ipsorum quoque sustentationem, laudante dilecto filio meo Garnero, de redditibus meis ipsis assignavi centum solidos in theloneo meo de foro Marigniaci, singulis annis recipiendos ab illo qui theloneum meum conservabit; et totam partem meam minagii cujuscumque annone quo me contingebat; et totum theloneum panis, quod stallagium nuncupatur, salva in omnibus justicia mea, si quid emerserit emendandum; vineasque, quas ego comparaveram ab hominibus de Occeio, ipsis similiter ni eleemosinam concessi; preter hec etiam domum judei, qui Gorgia Anseris cognominabatur, ab ipso judeo

comparavi, quam predictis canonicis, cum tota terra
que pertingit usque ad monasterium, liberam et ab
omni censu meo et justicia in perpetuum donavi ;
concessi quoque eisdem canonicis ut annonam
suam, victui suo sueque familie necessariam, sine
moltura et sine mercede molere in molendinis
meis, ubi sibi melius et utilius fore videbunt. Donavi etiam eisdem quicquid possidebam in decima
de Esternaio, scilicet quartam partem tocius decime, pretermissa quarta parte ejusdem decime,
quam Girardus, miles de Sezannia, solet accipere,
quam ego a Girardo, filio Girardi Croslebois de Pruvino comparavi, cum de feodo meo eam teneret.
Hoc autem, quo ratum maneat et inconcussum, ne
ve diuturnitate temporis in dubium per oblivionem
relabatur, scribi precepi, scriptumque causa firmitatis et memorie conservande, sigillo meo testiumque subscriptorum subnotatione confirmavi. — Actum anno Incarnati Verbi M°C°XC° secundo.

(*Cartul.* fol. 50 r°.)

110. — 1192. Echange de serfs entre Saint-Loup et Saint-Etienne de Troyes.

Ego Vileucus, ecclesie Beati Stephani Dei miseratione subdecanus, notum facio presentibus et futuris, quod capitulum nostrum et ego communi consilio filiam Arnulphi de Rulliaco, Mariam, cuidam
homini Sancti Lupi nupturam ecclesie Beati Lupi

in perpetuum donavimus; et predicte ecclesie abbas Gulterus, consulto capitulo suo, filiam Arnulphi, filii Garneri, Mariam, nobis in excambium sive commutationem perpetuam redonavit. Quod, ut ratum sit et inconcussum permaneat, scribi fecimus; scriptumque communi sigillo communi capituli nostri confirmari. — Actum anno Incarnati Verbi M°C°XC° secundo.

(*Cartul.* fol. 74 v°.)

111. — 1192. Echange de serfs entre Saint-Loup et Saint-Etienne de Troyes.

Ego Vilencus, ecclesie Beati Stephani subdecanus, et totum capitulum nostrum, notum facimus presentibus et futuris, quod nos conjugem filii Ruphi de Baira dedimus in excambium ecclesie Beati Lupi pro Holvide, filia Jacobi de Baira. Quod etiam per litteras sigillo nostro signatas, ne questio subinde moveri possit apud posteros, firmavimus. — Actum anno Incarnati Verbi M°C°XC° secundo.

(*Cartul.* fol. 74 v°.)

112. — 1193. Saint-Loup et Saint-Etienne de Troyes signent un accord relatif aux mariages des serfs appartenant aux deux communautés.

Horbertus, decanus, Gallerus, prepositus, Vilencus, subdecanus, totumque Beati Stephani capitulum, omnibus ad quos littere iste pervenerint, in Domino salutem. Ea dignum duximus tradere litteris, que nolumus incurrere incommodum oblivionis, noverint igitur universi presentes pariter et futuri, quod ad evitandum litem et controversiam inter nos et ecclesiam Beati Lupi Trecensis, assensu utriusque ecclesie, pro bono pacis statuimus : quod si homines nostri feminas Beati Lupi ex una parte, vel homines Beati Lupi ex alia parte, nostras duxerint in uxores, ex assensu ipsarum ecclesiarum stabile et firmum inter eas habeatur matrimonium, hoc modo, quod utraque ecclesia filios et filias corum, inter quos statutum fuerit matrimonium, sine contradictione ex equo partietur. Hoc, ut ratum et firmum permaneat, sigilli nostri roboravimus munimento. — Actum anno Dominice Incarnationis M°C°LXXX° decimo tercio.

(*Cartul.* fol. 72 r°.)

113. — 1193. Saint-Loup donne à tenir, sa vie durant, à Gui, seigneur de Dampierre, la maison provenant de Reine, fille de Gauthier le Grènetier.

Guido, Dei miseratione dominus de Domno Petro, omnibus ad quos littere iste pervenerint, salutem. Noverit universitas vestra quod Guiterus, abbas Sancti Lupi Trecensis, assensu capituli sui, domum que fuit Regine, filie Galteri granetarii, et puerorum ejus, cum pertinentiis suis et terram adjacentem sibi, mihi commodavit et concessit, ut eam teneam quiete et sine censu, quandiu vixero et in habitu seculari permansero. Ego vero, collati beneficii non immemor, ne viderem ingratus, ecclesie Beati Lupi, pro fructu anime mee, retribui pariter et concessi quattinus post decessum meum, quicquid ego in prescripta possessione vel circa acquisiero, quiete possideat et sine reclamatione et calumpnia cujuscunque, titulo eleemosine, in perpetuum teneat. Predictus vero abbas et conventus fratrum suorum, pro emendatione domus et amplificatione, reciproca caritate michi concesserunt quod ipsi, post decessum meum, singulis annis, anniversarium meum facient et in kalendario suo dies obitus mei scribetur ad perpetuam rememorationem. Testes hujus rei sunt : dominus Garnerus de Triagnello, Galterus, decanus sacerdotum ; Josbertus, prepositus Trecensis ; Robertus Chauceon, Gilbertus, vitricus ejus; Johannes de Villa Harduini, miles ; Petrus Fremoldi, Galterus Christiani. Hoc autem, quo ratum maneat et inconcussum perseveraret, scribi precepi, scriptumque sigillo meo confirmavi. — Actum publice, anno ab Incarnatione Domini M°C°XC° tertio.

(*Cartul.* fol. 54 r°. — Archiv. Aube, *origin*.)

114. — **1194. Bail à vie au profit de Gui de Dampierre de la maison de feue Reine, rue Saint-Loup.**

Ego Maria, Trecensis comitissa, notum facio presentibus et futuris in presentia mea fuisse recognitum et concessum, quod Guiterus, abbas Sancti Lupi Trecensis, de assensu capituli sui, domum que fuit Regine, filie Galteri, granetarii, et puerorum ipsius Regine, et terram ad eamdem domum pertinentem, Guidoni de Dampetra tenendam sine censu et quiete concessit, quamdiu ipse vixerit, et in habitu permanserit seculari ; et post ejusdem Guidonis decessum, domus illa ad ecclesiam Sancti Lupi revertetur. Ipse autem Guido, collati non ingratus beneficii, pro remedio anime sue, quidquid in predicta possessione superedificaverit, predicte ecclesie contulit in eleemosinam, et post decessum suum sine alicujus reclamatione, sine omni calumpnia concessit perpetuo possidendam. Canonici vero illius ecclesie anniversarium ejus, in hujus recompensationem eleemosine, singulis annis celebrabunt. Si autem super hac eleemosina dictam ecclesiam vexare vel molestare aliquis presumeret, ego eandem ipsi garentirem eleemosinam, quandiu terram karissimi filii mei comitis Henrici tenerem. Quod ut ratum teneatur; sigillo meo confirmavi. — Actum anno Incarnati Verbi M° nonagesimo quarto. Data per manum Galteri cancellarii.

(*Cartul.* fol. 55 v°.)

115. — 1194. Garnier de Trainel, évêque de Troyes, confirme la fondation du prieuré de Marigny.

Garnerus, Dei gratia Trecensis episcopus, omnibus ad quos littere iste pervenerint, in Domino salutem. Scientes quod qui potestati resistit, Dei ordinationi resistit, et quia nos oportet obedientiam cum reverentia superioribus nostris exhibere, quod dominus Papa bone memorie Clemens de ecclesia Marigniaci fecit et confirmavit, et predecessor noster Bartholomeus confirmando approbavit, approbamus et confirmamus divine pietatis intuitu et amore religionis ampliando tracti, illustris comitisse Trecensium Marie, filie regis Francorum, cujus voluntati in omnibus obedire sumus parati, et nobilis viri Garneri dilecti nostri de Triagnello precibus inclinati, quatinus in ecclesia parochiali Mariniaci deinceps ordo beati Augustini regulariter conservetur et omnipotenti Deo sub regularibus disciplinis a canonicis Sancti Lupi Trecensis assumptis serviatur, et ipsa ecclesia ecclesie Beati Lupi per omnia subdita sit tibi, frater Guitere, abbas, et successoribus tuis obediat et respondeat, ita quod liceat tibi in eadem ecclesia corrigere que corrigenda sunt, et personas ibidem ad servicium ejusdem ecclesie assignatas ad libitum tuum mutare et alias substituere. Statuimus etiam quod unus ex canonicis Beati Lupi ab abbate suo nobis, sive successoribus nostris, presentatus, de manu episcopali curam sepedicte ecclesie Marigniaci suscipiat et nobis, seu successoribus nostris, super his que spectant ad jus episcopale respondeat. Quod scripto mandare, scriptumque sigilli nostri impressione munire decrevimus. — Actum Trecis, anno Incarnati Verbi M°C°XC° quarto.

(*Cartul.* fol. 31 v°. — Archiv. Aube, *origin.*)

116. — 1195. Garnier de Trainel, évêque de Troyes, remet à Saint-Loup la pension annuelle que lui devait l'église de Marigny.

Garnerus, Dei gratia Trecensis episcopus, universis ad quos presentes littere pervenerint, in Domino salutem. Universitati vestre notum fieri volumus, quod cum ecclesia de Marigniaco in sex libris et in XVIII sextaria bladi annue pensionis onere gravaretur, quia opus pietatis est Ecclesiam Dei, que omnimoda libertate gaudere deberet, ab omni jugo servitutis eximere, divine miserationis intuitu considerato et precum instantia dilecti in Christo filii nostri nobilis viri Garneri de Triagnello, quem plurimum diligimus, dictam ecclesiam a pretextata pensione penitus absolvimus et in perpetuum liberavimus. Predictus vero Garnerus, nec immemor premissi beneficii, regale quoddam, quod habebat in terra sua, Trecensi episcopo decedente, redemptionem videlicet hominum nostrorum, ob remedium anime sue et domini G., bone recordationis patris sui, de cujus successione hanc consuetudinem jure hereditario possidebat, nobis, nostrisque successoribus, Agnete uxore sua laudante, in perpetuum remisit ; et homines nostros, ubicumque in terra sua sint vel fuerint, ab illa penitus exactione et consuetudine absolvit. Ut autem predicta ecclesia de Marigniaco concessa sibi gaudeat libertate, presentem paginam sigilli nostri auctoritate fecimus roborari. Testes : Garinus de Marcio et Petrus de Boeio, milites. — Actum Trecis, anno Incarnati Verbi M°C°XC° quinto.

(*Cartul.* fol. 32 r°. — Archiv. Aube, *origin.*)

117. — 1196, octobre. Garnier, évêque de Troyes, donne à Saint-Loup l'église de Luyères avec Fontaines, sa succursale.

Garnerus, Dei gratia Trecensis episcopus, omnibus presentes litteras inspecturis, salutem in vero Salutari. Cum ecclesia Beati Lupi Trecensis de donis predecessorum nostrorum, bonorum suorum maximam partem fuerit assecuta, bonis eorum vestigiis inherentes, in ea alicujus beneficii titulum dignum duximus collocare, tum gratia religionis ab ipsius incolis juxta Dei timorem ibidem et traditiones canonicas observate, tum respectu dilecti filii Droconis, abbatis ejusdem loci, qui nobis ceteris familiarius assistebat, qui etiam tempore nostro ipsius ecclesie regimen, et de manu nostra sue benedictionis munus est assecutus. Habentes igitur premissas pre oculis rationes, immo dilectorum filiorum Johannis, decani, Odonis de Meiry, Willermi, camerarii, et quorumdam aliorum de ecclesia nostra piis precibus invitati, predicte ecclesie Sancti Lupi parrochialem ecclesiam de Lueriis cum ecclesia de Fontibus et omnibus pertinentiis suis, de assensu et favore dilecti fratris nostri Anselmi, archidiaconi Trecensis, dedimus et concessimus in perpetuum possidendam, te frater Droco, abbas, de predicta ecclesia et per te ipsam ecclesiam Beati Lupi, solempnitate qua decuit, investientes, ita quod unum de tuis canonicis presbyterum nobis presentabis, qui de manu nostra et successorum nostrorum curam recipiet animarum, salvo jure episcopali. Ne autem hec pia nostra concessio malignitate aliqua in posterum turbaretur, eam presentis scripti patrocinio et sigilli nostri impressione fecimus roborari. — Actum Trecis, anno Incarnati Verbi M°C°XC° sexto, mense octobri.

(*Cartul.* fol. 32 r°. — Archiv. Aube, *origin.*)

118. — 1196, décembre. Marie, comtesse de Troyes, constate plusieurs donations faites à l'abbaye de Saint-Loup par Geofroi, clerc, d'Esternay, dit l'Allemand.

Ego Maria, comitissa Trecensis, ad universitatem subscripta legentium vel audientium volo pervenire, quod Godefridus, clericus, de Esternay, cognomento Alemannus, in presentia mea ecclesie Beati Lupi Trecensis, titulo eleemosine libere et absolute, donavit domum suam lapideam, que sita est juxta plateam defuncti Odonis David, cum omnibus appenditiis suis et omni superlectili et etiam omnia vasa sua, tam vinatia quam alia, videlicet cunas et dolia, et quicquid in eadem domo vel in cellario continetur; preterea et horreum suum, quod situm est retro domum Odonis de Moret, et plateam quam emit circa domum suam, scilicet a domo dicti Odonis de Moret usque ad domum de Bulancort; dedit etiam dicte ecclesie sex arpenta vinee, que sita sunt in Monte Goonis in duobus locis, ex una parte juxta vineas Petri et Johannis Lornicorum, ex alia parte juxta vineas Guiardi de Apulia; similiter et quinque arpenta prati, que sita sunt juxta prata Fossiaci, apud Sanctam Mauram, que habet in vadio pro septem libris; et unum arpentum apud Paennai, quod etiam habet in vadio pro quadraginta solidis, si vero ea redimi contigerit, redemptio erit ecclesie. Addidit etiam in donis quadraginta fere jugera terre sita circa Montem Goonis, et quatuor boves ad carrucam, et quadraginta oves cum omni emolimento predictorum. Illis autem omnibus investivit Droconem abbatem et per ipsum ecclesiam Beati Lupi, ut pro sua voluntate predicta deinceps disponantur, ita quod de cetero prefatus Godefridus nichil in predictis reclamare poterit, nec aliquis ex parte ipsius. Quod, quia pie factum est et canonice, ne mutari valeat

in posterum, scripto mandavi precepi, scriptumque
sigillo meo confirmavi. — Actum anno Incarnati
Verbi M°C°XC° sexto, mense decembri.

(*Cartul.* fol. 44 v°. — Archiv. Aube, *origin.*)

119. — **1197, 31 janvier.** Célestin III, confirme Saint-
Loup dans la possession de l'église de Luyères et de Fontaines, sa succursale.

Celestinus, episcopus, servus servorum Dei, dilectis filiis Drogoni abbati et conventui Sancti Lupi
Trecensis, salutem et Apostolicam benedictionem.
Cum a nobis petitur quod justum est et honestum,
tam vigor equitatis quam ordo exigit religionis ut
id per sollicitudinem officii nostri ad debitum perducatur effectum. Ea propter, dilecti in Domino
filii, vestris justis postulationibus inclinati, ecclesias de Lueriis et de Fontibus, quas venerabilis
frater noster Garnerus, Trecensis episcopus, canonice vobis concessit, sicut eas juste ac pacifice possidetis et in autentico ipsius episcopi noscitur con-
tineri, vobis et per vos ecclesie vestre autoritate
Apostolica confirmamus; statuentes ut nullus ecclesias vestras interdicto subjicere aut in personas
vestras excommunicationis vel suspensionis sententiam, absque ordine judiciario, audeat promul-
gare. Decernimus ergo ut nulli hominum liceat...
(Cfr. n. 44, p. 73). — Datum Laterani, II kalendas februarii, pontificatus nostri anno sexto.

(*Cartul.* fol. 13 r°.)

120. — **1197. Statut relatif aux mariages entre les serfs de Saint-Loup et de Saint-Etienne.**

Herbertus, decanus, Galterus, prepositus, totumque Beati Stephani Trecensis capitulum, omnibus ad quos littere iste pervenerint, in Domino salutem. Ea dignum duximus tradere litteris, que nolumus incurrere incommodum oblivionis. Noverint igitur universi presentes pariter et futuri, quod ad evitandam litem et controversiam inter nos et ecclesiam Beati Lupi Trecensis, assensu utriusque ecclesie, pro bono pacis statuimus quod si homines nostri feminas Beati Lupi ex una parte, vel homines Beati Lupi ex alia parte, nostras ducere voluerint in uxores, neutrum capitulum contradicere poterit, sed eorum nullo requisito consilio vel assensu stabile et firmum inter eos habebitur matrimonium, hoc modo quod utraque ecclesia filios et filias eorum inter quos statutum fuerit matrimonium sine contradictione ex equo partietur. Hoc autem, ut ratum et firmum maneat, sigilli nostri roboravimus munimento. — Actum anno Dominice Incarnationis M°C°LXXX° decimo septimo.

(*Cartul.* fol. 72 r°.)

121. — 1197. Garnier, évêque de Troyes, notifie l'accord signé entre le prieur de Chalette et les chevaliers Simon et Hugues et leur sœur.

Garnerus, Dei gratia Trecensis episcopus, universis presens scriptum inspecturis, in Domino salutem. Noverit universitas vestra quod cum inter priorem de Chaleta et Symonem et Hugonem milites et sororem eorum questio verteretur super quibusdam terris et aquis coram nobis, in hunc modum compositio intercessit : quod dictus prior tres carrucatas terre, quas in villa de Chaleta reclamabat, quittavit omnino. Memorati vero milites donaverunt ei et ecclesie de Chaleta in elemosinam terram ad unam carrucam, quantum arare poterat, et quamdam aquam versus Betegnecorth. Preterea quamdam terram, quam ipse prior et ecclesia de Chaleta tenebat pignori obligatam, quittaverunt ecclesie predicte et in elemosinam donaverunt, ita quod nec isti nec heredes eorum aliquid habebunt in ea ulterius reclamandum. Ad hec omnia concesserunt iidem milites, et eidem ecclesie nomine eleemosine donaverunt, ut si inter familiam ipsius prioris contentio vel jurgia aliqua moverentur de ipsis justitiam aliquam non exigerent ; in aliis autem hominibus si aliqua oriretur contentio aut bellum predicta concessio nullum militibus generaret prejudicium ; si autem latro captus fuerit infra clausuram nove domus de Chaleta predictis militibus vel ministris eorum reddetur extra portam. Viam etiam animalibus eorum ad adaquandum vel pascendum liberam concesserunt. Compositionem vero istam coram presentia nostra prefati milites et uxores et heredes eorum eam laudaverunt et approbaverunt. Quod nos, ad preces utriusque partis, scripto mandavimus et sigilli nostri charactere communiendum decrevimus. — Actum anno Incarnati Verbi M°C°LXXXX°VII°.

(*Cartul.* fol. 32 v°.)

122. — 1199. Garnier, évêque de Troyes, met l'Hôtel-Dieu de Chalette sous l'obédience de Saint-Loup, puis renonce à cette réforme à cause de l'opposition du chapitre de la cathédrale.

Garnerus, Dei gratia Trecensis episcopus, omnibus presentes litteras inspecturis, in Domino salutem. A presentium memoria ad notitiam transmittimus posterorum, quod cum domus de Chaleta tot et tantis esset debitis onerata, ut sine magno consilio et sumptibus plurimis minime possit a creditoribus expediri, et fratribus et sororibus ejusdem loci non paucis necessaria providere, voluntas nostra fuit ut predicta domus abbati Sancti Lupi et ecclesie sue, salvo jure nostro, hoc modo conferretur ut hospitalitatis antique ibidem caritas et ordo predicte abbatie servaretur et ipse abbas predictam domum ab omnibus debitis liberaret ; post

" modum vero cum hoc nostre voluntatis propositum
" capitulo nostro Trecensis ecclesie non placeret, ad
" instantias precum capituli nostri ab hoc proposito
" desistentes, eidem etiam capitulo ad urgentem ip-
" sius petitionem benigne concessimus, quod nos de
" cetero statum domus de Chaleta, qui tunc erat,
" quantum ad ordinem et hospitalitatem, sine com-
" muni assensu et conscientia sepedicti capituli mi-
" nime muttaremus. Quod, ut ratum maneat et illi-
" batum perseveraret, sigilli nostri munimine duxi-
" mus roborandum. — Actum anno Incarnati Verbi
" M°C°LXXXXIX°.

(*Cartul.* fol. 33 r°.)

123. — 1199. Herbert, doyen de Saint-Etienne, et son
chapitre donnent à Droux, abbé de Saint-Loup, et à son
couvent tout ce que Geoffroi d'Esternay tenait de Saint-
Etienne au finage d'Eschenilly,

Herbertus, decanus, et totum capitulum Beati
Stephani Trecensis, omnibus qui presentes litteras
viderint, in Domino salutem. Noverit universitas
vestra quod nos communi assensu dimisimus et
concessimus dilecto in Christo, Drochoni, abbati
Sancti Lupi Trecensis, et ipsi ecclesie, quicquid Godefridus de Esternai, factus canonicus ejusdem ecclesie, tenuit a nobis in toto finagio de Eschinili,
videlicet medietatem horrei quod tenuerat quondam defunctus Stephanus Girulphi, et omnium rerum que ipsi horreo appendunt; insuper et quic-

quid idem Girulphus acquisivit et dedit nobis, tam in censu quam vineis, et aliis rebus omnibus, pacifice in perpetuum possidendum. Sciendum vero quod ipsa ecclesia Beati Lupi, singulis annis, quadraginta solidos pro anniversario ejusdem Stephani Girulphi in crastinum Assumptionis Beate Marie perpetuo nobis reddere tenebitur. Ut autem hoc firmum et stabile permaneret, presens scriptum, sigillo capituli nostri munitum, ipsi ecclesie Beati Lupi tradidimus, et ab eis sub hac forma scriptum consimile recepimus sigillatum. — Actum anno Domini M°C°XC° nono.

(*Cartul.* fol. 72 v°.)

124. — 1199. Gertrude, abbesse de Notre-Dame-aux-Nonnains, et son couvent s'accordent avec Humbert de Luyères, au sujet de l'héritage de Gombaud de Laubressel.

In nomine Sancte Trinitatis. — Ego Gertrudis, Dei miseratione Beate Marie Trecensis humilis abbatissa et totum capitulum nostrum notum facimus presentibus et futuris, quod querela, quam Humbertus de Lueriis et Gibergia, conjux ejus, et filii diutius habuerant adversus nos, tali modo terminata est : predictus Humbertus et Gibergia, conjux ejus, et filii quicquid ex hereditate Gonbaudi de Arbrisello et uxoris ejus reclamaverant nobis in pace dimiserunt et pacem tenendam fiduciaverunt. Nos vero, ne videremur ingrate collato beneficio, participato consilio prudentium virorum, Andree, canonico Sancti Stephani, filio predicti Humberti, tres modios vini laudabilis et quinque quartones siliginis et quinque frumenti et duos sextarios et dimidium avene de granario nostro singulis annis recipiendos, ad festum sancti Remigii, quamdiu vixerit in habitu seculari, concessimus, sub tali conditione, quod hec omnia, post ipsius decessum, ad nos, salva pace, revertentur. Quod, ut ratum sit et inconcussum permaneat, scribi fecimus scriptumque sigillo nostro firmari. — Actum anno Incarnati Verbi M°C°XC° nono.

(*Cartul.* fol. 75 r°.)

125. — 1168. Mathieu, évêque de Troyes, constate que le prieuré de l'Abbaye-sous-Plancy a vendu à Saint-Loup, moyennant 300 sous, tout ce qu'il possédait à Molins ; il confirme cette vente (1).

Ego Matheus, Dei gratia Trecensis episcopus, universis notum facio presentibus et futuris, quod dilectus noster Theobaldus, Molismensis abbas, et prior et monachorum ipsius multi, sub presentia nostra, quidquid prioratus de Planciaco qui vulgo Abbatia dicitur, in decima seu in censu de Lonsodo possederat, ecclesie Beati Lupi Trecensis, acceptis ab eadem ecclesia trecentis solidis, laudante et cooperante Johanne, priore prefati loci, deinceps haben-

(1) Cette pièce et la suivante se placent par leur date entre les n°· 41 et 42.

dum jure perpetuo concesserunt. Et si quis in his propria reclamaverit, justam sufficientemque garantiam compromiserunt. Rogaverunt etiam nos ut quod ipsi fecerant approbaremus et appositione sigilli nostri rem gestam confirmaremus. Accepimus etiam post hec super hoc verbo legatum capituli Molismensis id ipsum, quod suus abbas expostulaverat, ex parte capituli laudantem atque deprecantem. Rogatu igitur utriusque partis rem scripture mandavimus, et impressione sigilli nostri communivimus. Hujus rei testes sunt : Manasses, Guerricus, Bernardus, Girardus, archidiaconi nostri ; Jacob, abbas Sancti Martini ; Nicholaus, prior Sancti Johannis ; Stephanus Girulphi, Rainaudus de Pruvino, sacerdotes et canonici Beati Petri ; Haicius, subdecanus Beati Stephani ; Johannes, capellanus de Rumilliaco. Actum publice, anno Incarnati Verbi M°C°LX°VIII°, Ludovico regnante, Henrico in Trecassino principante.

(*Cartul.* fol. 28 v°. — Archiv. Aube, *origin.*)

126. — 1168. Mathieu, évêque de Troyes, notifie les donations faites à Saint-Loup par les chanoines Manassès de Bucey et Bonnot Lebeau.

In nomine Sancte Trinitatis. — Ego Mattheus, Dei gratia Trecensis episcopus, notum facio presentibus et futuris, quod Manasses de Buci, canonicus noster, curie nostre se presentavit et compositionem quamdam factam inter ipsum et ecclesiam Beati Lupi, presente filio nostro ejusdem Sancti Lupi abbate Guitero, coram omnibus qui aderant recognovit. Allegavit igitur predictus Manasses quod admodiationem prebende sue sub definito censu, sub quo et ceteri concanonici ipsius admodiaverant, laudaverat et laudabat; et quidquid apud Torviler possidebat, seu post mortem patrui sui Herberti possessurum sperabat, ecclesie predicte, quando Gilo frater suus in ea canonicatus est, pro Dei amore concesserat et exinde garantiam promittebat. Addidit etiam quod pratum, quod in fundo Beati Lupi juxta Pontem Ulrici propriis sumptibus extirpavit, et vineam de Inter Aquas, quam a Galtero Alemanno et privigno ejus comparavit, eidem ecclesie in elemosinam dederat; utriusque tamen tam prati quam vinee fructus quoad viveret in manu sua retinebat. Committimus etiam posteritati futurorum, et subscripti nostri carta confirmamus quod Bonellus sacerdos, cognomento Pulcher, Beati Stephani canonicus, ad nos venit et se domum, que domini Rainaldi capellani Sancti Remigii fuit, ab ecclesia Beati Lupi tenere et predictam domum ad eamdem ecclesiam post decessum suum reverti debere cognovit; ita tamen quod ad rememorandum cujus esset, singulis annis in festo sancti Remigii, III solidos Beato Lupo persolveret. Hec audivimus, hec intelliximus, hec causa firmitatis, utraruinque partium precibus assentientes, conscribi scriptumque signari precepimus. Hujus rei testes sunt : Manasses de Villamauri, Guirricus, magister Bernardus, magister Gerardus, archidiaconi ; Stephanus Girulphi, Rainaldus de Privino, sacerdotes, canonici Beati Petri ; Petrus de Ponte, sacerdos ; Galterus Gilleberti diaconus, Herbertus de Villamauri, canonici Sancti Stephani ; Mattheus, prepositus noster. — Actum publice, anno ab Incarnatione Domini Jesu Christi M°C°LX°VIII°, Ludovico regnante, Henrico in Trecassino principante.

(*Cartul.* fol. 28 r°. — Archiv. Aube, *origin.*)

127. — Sans date, du commencement du xiii° siècle. Association de prières entre les communautés de Saint-Loup et Saint-Memmie de Châlons.

Talis est societas fratrum ecclesie Beati Lupi Trecensis et Beati Memmii Cathalaunensis : quod cum frater quispiam Beati Memmii obierit, nunciato ejus obitu, officium sollempne et missam generalem in conventu faciemus, quemadmodum de fratribus nostris facere solemus. Die vero crastina post festum beati Gregorii, pro universis qui jam migraverunt ejusdem ecclesie, officium sollempne et missam generalem in conventu faciemus. Preterea si ex indulgentia abbatis sui ad nos quislibet fratrum illorum venerit, nobiscum erit in ecclesia, in capitulo, in refectorio et in dormitorio, et in vestiario, et in electione abbatis, si presens est. Dies autem deposicionis abbatum annuatim recoletur, et in libro capituli conscribetur.

(*Cartul.* fol. 66 r°.)

128. — 1200, 14 mai. Innocent III confirme Saint-Loup dans la possession de l'Hôtel-Dieu de Chalotte.

Innocentius, episcopus, servus servorum Dei, dilectis filiis abbati et conventui Sancti Lupi Trecensis, salutem et Apostolicam benedictionem. Cum a nobis petitur quod justum est et honestum, tam vigor equitatis quam ordo exigit rationis, ut id per sollicitudinem officii nostri ad debitum perducatur effectum. Ea propter, in Domino dilecti filii, vestris justis postulationibus grato concurrentes assensu, domum de Chaleta cum pertinentiis suis, quam venerabilis frater noster G., Trecensis episcopus, vobis concessit, sicut eam juste ac canonice possidetis, auctoritate vobis Apostolica, et presentis scripti patrocinio communimus. Decernimus ergo ut nulli hominum liceat .. (Cfr. n. 44, p. 73) — Datum Laterani, II idus maii, pontificatus nostri anno III°.

(*Cartul* fol. 14 v°.)

129. — 1201, avril. Gauthier III, comte de Brienne, remet à Saint-Loup, moyennant cent livres de Provins, les droits de garde, de gîte et de justice qu'il avait à Molins.

Galterus, permissione divina comes Brenensis, omnibus ad quos presentes littere pervenerint, salutem in Domino. Cum Redemptoris omnium consilio pariter indigeam et auxilio, qui dicit : *Sine me nichil potestis facere*, per correctionem et emendationem excessum meorum vindictam ejus desidero prevenire, cum scriptum sit : quod cum delicta sua sua quis agnoscit, pius et misericors Dominus eadem ignoscit. Sane cum villa de Molins, que est ecclesie Beati Lupi Trecensis, sub custodia predecessorum meorum et mea fuerit, et geistium meum in eadem, et justiciam in finibus ejusdem ville, extra sepes haberem, et forsitan quasdam alias consuetudines ; attendens quod injuste predecessores mei multas injurias et plurima dampna, occasione jam dicte custodie, abbati et canonicis Beati Lupi, et hominibus ville de Molins, multociens irrogaverunt, et ego tempore meo multa gravamina violenter, quod confiteri non erubesco, predictis canonicis et hominibus suis, necessitate mea compulsus, intuli ; sub tali conditione quod abbas et canonici Beati Lupi predecessores meos et me ipsum a predictis excessibus, quantum ad eos attinet, absolverent et anniversarium patris, et matris mee, et meum, pariter facerent, quicquid habebam in predicta villa, et habuerunt predecessores mei, in eleemosinam super altare ecclesie Beati Lupi optuli, pro anima mea et animabus predecessorum meorum, et in perpetuum jam dictis abbati et canonicis Beati Lupi donavi, de assensu et voluntate fratris mei Johannis ; et quittavi penitus, videlicet custodiam ville, quam habebam, et geistium in ea singulis annis, et justiciam in toto finagio extra sepes : et

si quid aliud in eadem villa habebam, quod alio nomine vel modo possit intelligi vel exprimi, totum penitus ois perpetuo dimisi, ita quod nec ego, nec heredes mei, de cetero poterunt aliquid in eadem villa reclamare, cum omnibus, que ad nos pertinent vel pertinuerunt, jam dicti canonici et homines penitus sint absoluti et perpetuo liberati, salva tamen. hereditate hominum meorum. Quod, si quas terras habuerint in finagio de Molins ea sibi retinebunt, salvis consuetudinibus que de terris debentur, de quibus etiam justiciales erunt predictorum, scilicet abbatis et canonicorum. Ipsi vero abbas et canonici, ne beneficii sibi collati viderentur ingrati, centum libras Pruviniensis monete michi de bonis ecclesie caritative dederunt. Quod ne mutari posset in posterum donum quod pie feci et ob remedium proprie anime, sigillo meo confirmari et subscriptarum personarum testimonio roboravi. Testes : Lambertus, abbas Sancti Martini ; Johannes, decanus Sancti Petri ; Herbertus, decanus Sancti Petri ; Herbertus, decanus Sancti Stephani ; Galterus, cancellarius et archidiaconus Sancti Petri.
— Actum Trecis, anno Incarnationis Dominice M°CC° primo, mense aprili.

(*Cartul*. fol. 48 v°. — Archiv. Aube, *origin*.)

130. — **1201, avril.** Jean, frère de Gauthier, comte de Brienne, approuve l'acte qui précède.

Johannes, Galteri comitis Brenensis germanus, omnibus ad quos presentes littere pervenerint, salutem in Domino. Noverit universitas vestra, quod karissimus dominus et frater meus Galterus, comes Brenensis, prudenter sane ad memoriam revocans quod tam antecessores sui comites Brenenses, quam ipse, domibus ecclesie Beati Lupi Trecensis, et hominibus in potestate Brenensi constitutis, multa gravamina injuste aliquando necessitatibus suis impulsi, intulerant, volensque iccirco per emendationem excessuum suorum districti Judicis prevenire vindictam, dedit, concessit et quittavit in eleemosinam perpetuam ecclesie Beati Lupi quecumque habebat, vel habuerant predecessores ejus, in villa de Molins, que est ipsius ecclesie, et in cunctis finibus ejusdem ville, sive in custodia, sive in geistio, vel in justicia, aut in quocumque alio modo, quiete ac libere perpetuo possidenda, ita ut nec sibi, nec successoribus suis, super aliquo, de cetero, ab ipsa ecclesia, vel ipsius hominibus, respondeatur. Et ego similiter laudavi, concessi et penitus cum eo quittavi. Secundum vero quod ipse abbas et capitulum Beati Lupi, pensata eleemosine tanta devotione, concesserunt jam dicto comiti, fratri meo, quod remissis omni bus offensis, quas ipsis, et hominibus eorum, tam antecessores sui, quam ipse, fecerant, anniversarium patris, ac matris sue, et suum, facient annuatim. Insuper et ipsi de bonis ecclesie sue centum libras Pruvinienses caritative dederunt. Ego igitur, ad perpetuam hujus pii operis firmitatem, quod ad salutem animarum patrum meorum, et ipsius comitis, domini et fratris mei, prodesse non dubito, sigillum meum presentibus litteris, que de mea concessione et quittatione testantur, liberalissime apponendum decrevi. — Actum Trecis, anno Incarnationis Domini M°CC° primo, mense aprili.

(*Cartul.* fol. 49 r°.)

131. — 1204, avril. Garnier, évêque de Troyes, constate la donation du comte Gauthier rapportée plus haut (n° 129).

Garnerus, Dei gratia Trecensis episcopus, omnibus ad quos littere presentes pervenerint, salutem in Domino. Noverit universitas vestra quod Galterus, comes Brenensis, ante nos constitus, cognovit quod ipse, habito respectu super eo quod tam antecessores sui comites Brenenses, quam ipse, domibus ecclesie Beati Lupi Trecensis, et hominibus in potestatem Brenensium constitutis, multa gravamina violenter intulerat, volensque iccirco, per emendationem excessuum suorum vindictam Domini prevenire, dedit, concessit et quittavit in eleemosinam perpetuam ecclesie Beati Lupi Trecensis

quodcumque habebat, vel habuerant antecessores
ejus, in villa de Molins, que est ipsius ecclesie, et
in cunctis finibus ejusdem ville, sive in custodia,
sive in gestio, vel in justicia, aut in quocumque
alio modo, quiete ac libere possidenda, ita ut nec
sibi, nec successoribus suis, super alique, de cetero, ab ipsa ecclesia vel ab ejus hominibus respondeatur. Porro ipse abbas et capitulum Beati
Lupi pensata eleemosine tanta devotione, concesserunt jam dicto comiti quod remissis omnibus offensis, quas in ipsis et in eorum hominibus, tam predecessores sui, quam ipse, fecerant, anniversarium
suum, patris sui et matris sue, facient annuatim.
Insuper et eidem comiti de eleemosinis suis C libras Pruvinienses caritative dederunt. Nos igitur ut
ea, que coram nobis recognita sunt, debitam obti-
neant firmitatem, ad petitionem supradicti comitis,
sigillum nostrum presentium testimonio litterarum dignum duximus apponendum. — Actum est
anno Incarnationis Dominice M°CC°I°, mense
aprili.

(*Cartul.* fol. 83 r°.)

132. — 1201, avril. Thibaut III, comte de Champagne,
constate la donation du comte Gauthier rapportée plus
haut (n. 129).

Ego Theobaldus, Trecensis comes palatinus, notum facio tam presentibus quam futuris, quod Galterus, comes Brenensis, constitutus in mea pre-

sentia recognovit quod ipse, habito respectu super
eo quod tam antecessores sui, comites Brenenses,
quam ipse, domibus ecclesie Beati Lupi, et hominibus ipsius in potestate Brenensi constitutis, multa
gravamina et dampna intulerant, volensque iccirco,
per emendationem excessuum suorum districti
judicis prevenire vindictam, dedit, concessit et
quittavit in eleemosinam perpetuam ecclesie Beati
Lupi Trecensis quecumque habebat, vel habuerant
antecessores sui, in villa de Molins, que est ipsius
ecclesie, sive in custodia, sive in geistio, aut in
justitia, vel in quocumque alio modo, quiete ac libere perpetuo possidenda, ita quod ecclesia Beati
Lupi, et homines ipsius predicte ville, neque prefato comiti, neque heredibus aut successoribus
suis, quicumque fuerint, super aliquo, de cetero,
teneantur responsuri, tanquam ab omni subjectione de premissis in perpetuum liberati, salva tamen hereditate hominum ipsius comitis, qui, si
quas terras habuerint in finagio de Molins, eas sibi
retinebunt, salvis consuetudinibus, que de terris
debentur, de quibus etiam justiciales erunt predictorum, scilicet abbatis et canonicorum. Porro ipse
abbas et capitulum Beati Lupi Trecensis, pensata
eleemosino tanta devotione, concesserunt eidem comiti quod remissis omnibus offensis, quas ipsis et
hominibus eorum tam predecessores sui, quam
ipse, fecerant, anniversarium patris ac matris sue,
ac suum, facient annuatim. Insuper et eidem comiti,
de eleemosinis suis centum libras Pruvinienses cari-

tative dederunt. Ego igitur, ut ea, que michi recognita sunt, rata et inconcussa permaneant, ad preces supradicti comitis, et ut predicta ecclesia quieta in posterum ac libera possessione fruatur, presentem cartam in testimonium volui fieri, et sigilli mei munimine roborari. — Actum anno Incarnati Verbi millesimo ducentesimo primo.

(*Cartul.* fol. 43 r°. — Archiv. Aube, *origin.*)

133. — 1201, avril. Echange de deux serfs, l'un de Pougy l'autre de Verricourt, entre Renaud, seigneur de Pougy, et Saint-Loup. Sous le sceau de Garnier, évêque de Troyes.

Garnerus, Dei gratia Trecensis episcopus, omnibus ad quos littere presentes pervenerint, salutem in Domino. Notum facio quod dominus Renaudus de Pogiaco, laudante uxore sua, Oda, sub nostra presentia recognovit quod ipse, de voluntate predicte uxoris, dedit et concessit Drochoni abbati et ecclesie Beati Lupi Trecensis Girardum hominem suum, filium Johannis et Hersendis de Pogiaco, in excambium pro Symone de Varricort, qui homo erat predicte ecclesie, ita ut idem Girardus in perpetuum proprius esset homo Sancti Lupi, neque ipse neque heredes ejus aliquid possent in eo de cetero reclamare. Huic itaque recognitioni atque concessioni interfuerunt : dominus Milo, archidiaconus, Odo, presbyter de Aquis, capellanus meus ; et multi alii ; et ego, ad postulationem predicti domini et abbatis Sancti Lupi, sigillum nostrum presentium testimonio litterarum dignum duximus apponendum. — Actum anno gratie M°CC°I° mense aprili.

(*Cartul.* fol. 36 r°.)

134. — 20 février 1202. Le pape Innocent III confirme Saint-Loup dans toutes ses possessions et priviléges.

Innocentius, episcopus, servus servorum Dei, dilectis filiis Drochoni, abbati Sancti Lupi Trecensis ejusque fratribus tam presentibus quam futuris regularem vitam professis, in perpetuum. Fervor religionis quem tenetis vestreque flagrans honestatis opinio nos inducit justis peticionibus vestris clementer annuere, et eas ad effectum utilem, volente Domino, promovere. Ea propter, dilecti in Domino filii, vestris postulationibus clementer annuimus, et prefatam ecclesiam Sancti Lupi, in qua divino mancipati estis obsequio, sub beati Petri et nostra protectione suscipimus, et presentis scripti privilegio communimus. In primis siquidem statuentes, ut ordo canonicus, qui secundum Deum et beati Augustini regulam in eadem ecclesia institutus esse dinoscitur, perpetuis ibidem temporibus inviolabiliter observetur. Preterea quascumque possessiones, quecumque bona eadem ecclesia impresentiarum juste et canonice possidet, aut in futurum concessione pontificum, largitione regum vel principum, oblatione fidelium, seu aliis justis modis, prestante Domino, poterit adipisci, firma vobis vestrisque successoribus et illibata permaneant. In quibus hec propriis duximus exprimenda vocabulis : locum ipsum in quo ecclesia prefata sita est, cum omnibus pertinenciis suis ; molendina de Ponte Beate Marie ; et quicquid habetis ex dono illustris recordationis Karoli Calvi, regis Francorum, in eadem villa, tam in hominibus quam in terris ; vineam post Sanctum Martinum de Areis, que vocatur Clausum ; vineam que Haste dicitur, sitam ab opposita parte ; vineam Thesauri ; vineam, que Laboras nominatur ; villam de Lusigniaco cum parrochia et furno, molendinis, terris, pratis et aliis possessionibus ; villam de Molins cum ecclesia, decimis, terragiis et aliis consuetudinibus, cum justicia, procuratione et custodia, que dilectus filius, nobilis vir Walterus, comes Brennensis, ecclesie vestre in perpetuam eleemosinam contulit, sicut in ejus et fratris sui et venerabilis fratris nostri Garnerii episcopi et bone memorie T., comitis Trecensis, autenticis continetur ; parrochiam de Lueriis cum capella de Fontibus, vobis a dicto episcopo, intuitu caritatis, collatam ; terragium et consuetudines quas habetis tam in hominibus quam in terris in eadem villa ; libertatem etiam majoris ejusdem ville, ab illustris memorie Henrico, Trecensi comite, ecclesie vestre concessam, sicut in ejusdem autenticis continetur ; redditus quos habetis apud Selerias, Arbrosellum, Corterangium, Tenelerias, Rutliacum et Bairam, tam in hominibus quam in terris, et ceteris consuetudinibus ; ecclesiam de Buceio cum capella de Charz, ecclesiam de Laneis, quas pie memorie M., Trecensis episcopus, ecclesie vestre in eleemosinam assignavit ; altare Sancti Winebaldi ; terragia et decimas quas habetis in Riveria de Arducon cum consuetudinibus, censibus et chevagiis hominum vestrorum de eadem Riveria ; terragia de Onciaco et Marigniaco ; ecclesiam de Marigniaco, sicut limitata est ab antiquo cum eleemosinis, quas ibidem Garnerus, quondam dominus Trianguli, ecclesie vestre pia largitione concessit, sicut in ipsius autenticis continetur ; possessiones vobis apud Marigniacum a Fratribus Jerosolimitanis Hospitalibus concessas ; ecclesias de Lonsoldo et Ausona cum decimis et aliis pertinentiis earum ; libertatem domus vestre de Ausona, et omnium que ad vos in eadem villa pertinent a G., quondam comite Brennensi, ecclesie vestre caritative concessam ; grangiam de Bretoneria cum omnibus pertinentiis suis, tam in aquis quam terris, pratis et nemore, libertatem majoris et submajoris et duorum matriculariorum, granetarii et cellerarii, quos habetis in civitate Trecensi ; prebendam Sancti Stephani Trecensis ; viginti solidos quos habetis in ecclesia Trecensi, in quattuor festis annualibus ; domos et vineas, quas Godefridus de Esternai ecclesie vestre in perpetuam eleemosinam assignavit ; terragium de Chamaio cum libertate majoris et sue possessionis ; aquam a Clarino de Chauderiaco vobis in eleemosinam assignatam ;

ea que habetis per commutatationem ab R., domino
de Pogiaco, tam apud Trecas quam apud Molins,
in hominibus sive terris. Liceat sane vobis clericos
vel laicos, liberos et absolutos, e seculo fugientes,
ad conversionem recipere, et eos absque contradictione aliqua retinere. Prohibemus insuper ut nulli
fratrum vestrorum, post factam in eodem loco pro-
fessionem, fas sit, sine abbatis sui licentia, de eodem loco discedere, discedentem vero absque com-
munium litterarum vestrarum cautione nullus audeat retinere. Cum autem generale interdictum
terre fuerit, liceat vobis, clausis januis, exclusis excommunicatis et interdictis, non pulsatis campanis,
suppressa voce, divina officia celebrare. Prohibemus autem ne episcopus vel alius prelatus, absque
manifesta et rationabili causa, personas vestras excommunicationi aut ecclesias vestras presumat subjicere interdicto. Sane qui ecclesie Beati Martini
Trecensis fuerit preferendus aliunde nullatenus
eligatur nisi de ecclesia Beati Lupi Trecensis, aut
etiam Sancti Martini, sicut est hactenus observatum
et a predecessoribus nostris indultum, dummodo
in alterutra earum ad abbatie regimen quis ido-
doneus valeat reperiri ; que si, quod absit, a sui
status integritate et religionis vigore deciderit, per
disciplinam et ordinem ecclesie Beati Lupi ad honestatem et religionem pristinam reparetur. Ut autem religionis integritas in ecclesia Beati Lupi futuris temporibus conservetur, liberam damus abbati et suis successoribus facultatem, juxta ordinem

professionis accepte ipsius ecclesie, canonicos corrigendi, et eos, sive in capita, sive in membris ecclesie memorate consistant, secundum quod suorum exegerit qualitas meritorum, appellationis obstaculo interposito in elusionem ecclesiastice discipline nequaquam obstante, regulariter judicandi. Libertates preterea et immunitates antiquas et rationabiles consuetudines ecclesie vestre concessas et hactenus observatas, nec non privilegia et indulgentias a predecessoribus nostris Romanis pontificibus vobis indultas, ratas habemus et eas perpetuis temporibus illibatas permanere sanccimus. Sepulturam preterea ipsius loci liberam esse decernimus, ut eorum devotioni et extreme voluntatis qui se illic sepeliri deliberaverint, nisi forte excommunicati vel interdicti sint, nullus obsistat, salva tamen justitia illarum ecclesiarum a quibus mortuorum corpora assumuntur. Decernimus ergo ut nulli omnino hominum... (Cfr. n. 6, p. 20). — Datum Laterani, per manum Blasii, Turritani electi, X kalendas martii, indictione VI, Incarnationis Dominice, anno M°CC°II°, pontificatus vero domini Innocentii pape III, anno V.

(*Cartul.* fol. 11 v°. — Archiv. Aube, *vieille copie.*)

135. — **1202, avril (Pâques le 14).** Geoffroi, autrefois maréchal de Champagne, donne à Saint-Loup, à titre d'échange, une serve habitant Fontaines-Luyères.

Ego Gaufridus, marescallus quondam Campanie, notum fieri volo tam presentibus quam futuris, quod ego in perpetuum concessi et quittavi ecclesie Beati Lupi Trecensis Mariam filiam Bovonis, hominis mei, de Fontibus, in excambium, pro uxore ipsius Bovonis, Richa, que fuerat femina ecclesie supradicte. Quod ut ratum maneret et firmum, presens meum scriptum sigilli mei munimine roborari precepi. — Actum anno gratie M°CC° secundo, mense aprili.

(*Cartul.* fol. 70 v°.)

136. — **1202, juillet.** Frère Oger, précepteur des Hospitaliers de Jérusalem en France, pendant le chapitre général tenu à *Cérans,* donne au prieuré de Marigny tout ce que les Hospitaliers possèdent dans ce village.

Frater Ogerus Hospitalis Jerosolimitani preceptor in Gallia et frater J., preceptor ejusdem domus infra, omnibus ad quos presentes littere pervenerint, in Domino salutem. Noverit universitas vestra quod nos, communi assensu tocius capituli nostri congregati sollempniter apud Cerans, ad peticionem et preces dilecti ac venerabilis patris nostri Garneri,

Trecensis episcopi, dedimus et concessimus et quittavimus ecclesie Beati Lupi Trecensis et prioratui de Marigniaco in perpetuum possidendum et habendum quidquid habebimus apud Marigniacum, in omnibus bonis, scilicet in domibus, vineis, terris, redditibus mobilibus et in omnibus rebus aliis, quocumque modo haberentur a nobis. Et ut hoc firmum maneret, neque nos seu successores nostri possemus super his prenominatam ecclesiam vel predictum prioratum vexare in posterum, presentem paginam, sigillorum nostrorum munimine roboratam, eis tradidimus, et de fratribus nostris, qui presentes hec audierunt et viderunt, nomina subscribi fecimus in testimonium. Qui sunt : frater Christoforus, frater Furco, frater Odo Seguerii, frater P. Pillotus, frater B., frater J. de Bria, frater J. de Lothorum, frater P. Carnotensis. — Anno Incarnati Verbi M°CC°II°, mense julio.

(*Cartul.* fol. 63 r°.)

137. — 1209, juillet. Hervée, évêque de Troyes, constate un accord conclu entre Saint-Loup et Clairin de Chaudrey.

Herveus, Dei gratia Trecensis episcopus, omnibus ad quos littere iste pervenerint, in Domino salutem. Noverit universitas vestra quod Clarinus de Chaudercio et uxor ejus, in nostra presentia constituti, ecclesiam Beati Lupi Trecensis de omnibus debitis et querelis, quas habebant adversus eam, tam pro domo de Chaleta quam pro ipsa ecclesia et membris ejus, et de omnibus redditibus et mobilibus, que tenebant ab eadem ecclesia, penitus quittaverunt ; et hoc laudavit et concessit Renerius, filius eorum. Sciendum vero quod cum abbas teneret hereditatem predicti Clarini et uxoris sue in manu sua, pro debito sex viginti librarum, quas pro ipsis solveret judeis de Domnipetra, concessit eis eam tenendam quandiu viverent, ita quod tertia pars hereditatis ejusdem post decessum eorum, nomine eleemosine, et totum residuum pro supradicto debito, ad predictam ecclesiam in integrum reverteretur. In cujus rei testimonium presentes litteras sigilli nostri munimine fecimus roborari. — Actum anno Incarnationis Dominice M°CC°II° mense julio.

(*Cartul.* fol. 34 r°.)

138. — 1202 (v. st.), février. Blanche, comtesse de Champagne, constate que l'abbaye de Saint-Loup, en échange d'une rente de cent sous, a donné à Girard de Bar, chanoine de Saint-Etienne, l'usufruit de la grange de Villepart et de *Corjusaines*. Après la mort de Girard, l'abbaye célébrera à perpétuité son anniversaire.

(Manque au *Cartul.* — Archiv. Aube, *origin.*)

139. — **1203, 4 février.** Innocent III confirme Saint-Loup dans la possession de plusieurs biens et droits nouvellement acquis.

Innocentius, episcopus, servus servorum Dei, dilectis filiis abbati et conventui Sancti Lupi Trecensis, salutem et Apostolicam benedictionem. Solet annuere Sedes Apostolica piis votis, et honestis petentium precibus favorem benivolum impertiri. Ea propter, dilecti in Domino filii, vestris justis precibus inclinati, ea que nobiles viri G. de Triagnello et G., filius ejus, vobis et prioratui Marigniaci, qui vestri juris existit, in eleemosinam contulerint, videlicet, centum solidos censuales in theloneo fori sui de Marigniaci; totam partem minagii, que contingebat eisdem; totum stallagium panis; ac vineas, quas ab hominibus de Occiaco, et domum, cum tota terra usque ad monasterium, que a Gorgia Anseris, judeo, emptionis titulo acquisierunt; terram, in qua sita sunt horrea, ab omni exactione liberam; et decimam quam habebant apud Sternaium; justiciam de Molins, procurationem et custodiam, quas vobis dilectus filius nobilis vir G., comes Brennensis, in eleemosinam assignavit; et permutationem hominum factam cum nobili viro R. de Pogiaco, sicut ea omnia juste ac pacifice possidetis, et in instrumentis confectionis exinde plenius continetur. vobis et per vos ecclesie vestre auctoritate Apostolica confirmamus, et presentis scripti patrocinio communimus. Nulli ergo omnino hominum liceat,.. (Cfr. n. 44, p. 73). — Datum Laterani, II nonas februarii, pontificatus nostri anno quinto.

(*Cartul.* fol. 13 v°. — Archiv. Aube, *origin.*)

140. — 1206, avril. Blanche, comtesse de Troyes, fait connaître l'accord passé entre Saint-Loup et Jean, orfèvre, moyennant dix livres versées par l'abbaye.

Ego Blancha, Trecensis comitissa palatina, notum omnibus esse volo, quod de omnibus querelis tam de mobilibus quam de terris, que inter ecclesiam Beati Lupi Trecensis, ex una parte, et magistrum Johannem aurifabrum et uxorem suam et familiam, ex altera, vertebantur, coram me, inter eos compositio facta est, ita videlicet, quod predictus magister Johannes cum omni familia sua in perpetuam quittavit eleemosinam dicte ecclesie quidquid ab eadem ecclesia requirebat, et abbas ipsius ecclesie, intuitu illius eleemosine, donavit prefato magistro et dicte familie sue decem libras Pruvinienses. Et ne illud in posterum oblivioni tradatur, cartam feci presentem notari, sigilloque meo muniri. — Actum anno Incarnati Verbi M°CC° sexto, mense julio.

(*Cartul.* fol. 45 v°.)

141. — 1206, avril. Jean, comte de Brienne, concède à
Saint-Loup l'Hôtel-Dieu de Chalette ; il se réserve le droit
de garde sur cette maison et les granges des Ormets (Balignicourt), Brevonnelle et Montullet.

Johannes, comes Brenensis, omnibus ad quos
presentes littere pervenerint, in Domino salutem.
Noverit universitas vestra, quod cum domus de
Chaleta, multis oppressa debitis, ad tantam devenisset inopiam et defectum, quod ejusdem domus
tam fratres quam sorores in variis locis dispersi
fuissent, nec ibidem Deo serviretur, nec regularis
ordo sicut antiquitus observaretur, predicte domus
miserie compatiens et desolationi, ne periret omnino, divine pietatis intuitu, ipsam domum cum
omnibus pertinentiis suis Drochoni, abbati, et per
ipsum ecclesie Beati Lupi Trecensis concessi tenendam in perpetuum et pacifice possidendam ; consi-
deravi siquidem quod alio modo non possit eidem
domui subveniri melius. Sciendum autem me predictam concessionem fecisse de consilio bonorum
virorum, ea tamen conditione, quod usque ad decem annos decima pars omnium proventuum ad
eamdem domum pertinentium dabitur pauperibus
domus Dei, ibidem antiquitus constitute, expletis
vero decem annis, sexta pars eorumdem proventuum prefate domui Dei et pauperibus in perpetuum
dabitur et assignabitur. Concessi nichilominus ut
domus Dei de Brena memorate ecclesie Beati Lupi

Trecensis penitus et perpetuo sit subjecta, sicut tempore predecessorum meorum subdita fuit, domui de Chaleta. Hec autem a me facta sunt et concessa, salva custodia mea, quam habeo in eadem domo de Chaleta et in grangiis ejus, videlicet de Ormoy, de Bevronella et de Montullet et in predicta domo de Brena. Ut autem hec firma et inconcussa permaneant in futurum presentem paginam sigilli mei munimine roborari decrevi. — Actum Trecis anno Incarnationis Dominice millesimo ducentesimo sexto, mense aprili.

(*Cartul.* fol. 49 v°.)

142. — 1206, avril. Blanche, comtesse de Troyes, fait connaître la cession de l'Hôtel-Dieu de Chalette par Jean, comte de Brienne, à l'abbaye de Saint-Loup.

Ego Blancha, comitissa Trecensis palatina, notum facio presentibus et futuris et testificor, quod dilectus et fidelis meus Johannes, comes Brene, pauperis domus de Chaleta desolationi volens misericorditer subvenire, cum meliorem subveniendi viam nullatenus invenisset, eamdem domum cum pertinentiis suis omnibus ecclesie Beati Lupi Trecensis concessit in perpetuum et pacifice possidendam, tali conditione, quod usque ad decem annos decima pars omnium proventuum ad eamdem domum pertinentium dabitur pauperibus domus Dei, ibidem antiquitus constitute, expletis vero decem annis, sexta pars eorumdem proventuum prefate domui Dei et pauperibus in perpetuum remanebit. Voluit etiam idem comes, quod domus Dei de Brena ecclesie Beati Lupi Trecensis penitus et perpetuo sit subjecta, sicut tempore predecessorum comitis subdita fuerat, domui de Chaleta. Hec autem omnia concessit, salva custodia sua quam habebat et habet in domo de Chaleta et in grangiis ejus, videlicet de Ormoi, de Bevronella et de Montullet et in domo Dei de Brena. Ego si quidem, ad petitionem comitis, in hujus concessionis testimonium, presentem cartam fieri volui et sigilli mei munimine roborari. — Actum anno Domini M°CC° sexto, mense aprili.

(*Cartul.* fol. 45 v°.)

143. — 1206, avril. Le chapitre de Saint-Pierre de Troyes accorde l'Hôtel-Dieu de Chalette à Saint-Loup.

Milo, decanus, et totum capitulum ecclesie Beati Petri Trecensis, omnibus ad quos presentes littere pervenerint, in Domino salutem. Noverit universitas vestra, quod cum domus de Chaleta, multis oppressa debitis, ad tantam devenisset inopiam et defectum, quod ejusdem domus tam fratres quam sorores in variis locis dispersi fuissent, nec ibidem Deo serviretur, nec regularis ordo sicut antiquitus observaretur, predicte domus miserie compatientes et desolationi, considerantesque quod alio modo

non posset eidem domui melius subveniri, ipsam
cum omnibus pertinentiis suis dilecto nostro Drochoni, abbati, et per ipsum ecclesie Beati Lupi Trecensis, salvo jure episcopali et nostro, concessimus
tenendam in perpetuum et pacifice possidendam,
ita quod usque ad decem annos decima pars omnium proventuum et reddituum ad eamdem domum pertinentium dabitur pauperibus domus Dei,
ibidem antiquitus constitute, expletis vero decem
annis, sexta pars eorumdem proventuum prefate
domui et pauperibus in perpetuum dabitur et assignabitur. Concessimus etiam ut domus Dei de
Brena ecclesie Beati Lupi Trecensis penitus et perpetuo sit subjecta, sicut tempore predecessorum
nostrorum subdita fuit, domui de Chaleta. Quod ut
ratum et inconcussum permaneat presentem paginam sigilli nostri munimine duximus roborandam.
— Actum anno Incarnati Verbi M°CC° sexto, mense
aprili.

(*Cartul.* fol. 69 v°.)

144. — 1206, avril. Dreux, abbé, et le chapitre de Saint-
Loup font connaître que le chapitre de Saint-Pierre leur a
concédé l'Hôtel-Dieu de Chalette.

Frater Droco, Beati Lupi Trecensis dictus abbas,
et totus ejusdem loci conventus omnibus ad quos
presentes littere pervenerint, in Domino salutem.
Noverit universitas vestra, quod venerabiles patres

et domini nostri Milo decanus, et capitulum ecclesie Sancti Petri Trecensis considerantes quod domus de Chaleta, multis oppressa debitis, ad tantam devenisset inopiam et defectum, quod ejusdem domus tam fratres quam sorores in variis locis dispersi fuissent, nec ibidem Deo serviretur, nec regularis ordo sicut antiquitus observaretur, predicte domus miseriis compatientes et desolationi, cum eidem domui non posset altero modo melius subveniri, ipsam cum omnibus pertinentiis suis nobis et ecclesie nostre, salvo jure episcopali et suo, concesserunt tenendam in perpetuum et pacifice possidendam, ita quod usque ad decem annos decima pars omnium proventuum et reddituum ad eamdem domum pertinentium dabitur pauperibus domus Dei, ibidem antiquitus constitute, expletis vero X annis, sexta pars eorumdem proventuum prefate domui et pauperibus in perpetuum dabitur et assignabitur. Concessit etiam ut domus dei de Brena nobis et ecclesie nostre penitus et perpetuo sit subjecta, sicut tempore predecessore suorum subdita fuit, domui de Chaleta. Quod ut ratum et inconcussum permaneat, presentem paginam sigilli nostri munimine duximus roborandum. — Actum anno Incarnati Verbi M°CC°VI°, mense aprili.

(*Cartul.* fol. 69 v°. — Archiv. Aube, *origin.*)

145. — 1206, avril. Guillaume, archidiacre de Troyes, ratifie la concession de l'Hôtel-Dieu de Chalette faite à Saint-Loup par le chapitre de Saint-Pierre.

Wuillermus, archidiaconus Trecensis, omnibus qui presentes litteras viderint, in Domino salutem. Noverit universitas vestra quod nos ratum et gratum habemus quicquid capitulum Beati Petri Trecensis concessit ecclesie Beati Lupi Trecensis in perpetuum super domum de Chaleta et omnibus pertinentiis suis, salvo jure archidiaconatus nostri. Hoc autem, ut inconcussum permaneat in futurum, presentem paginam sigilli nostri munimine roboratam eidem ecclesie tradidimus. — Actum anno gratie M°CC° sexto, mense aprili.

(*Cartul.* fol. 75 r°.)

146. — 1206, avril. Odette, dame de Pougy, veuve de Renaud de Pougy, concède Girard et ses héritiers à Saint-Loup, moyennant 20 sous de rente annuelle.

Ego Oda, domina Pogiaci, notum facio presentibus et futuris, quod ego, laude et assensu liberorum meorum Milonis militis, Manasse et Guidonis et Ermanjardis, pro salute karissimi viri mei Renaudi, quondam domini Pogiaci, et mea, liberorumque meorum, Girardum, filium Johannis de

Pogiaco, qui fuit homo domini mei et meus, cum heredibus ejusdem Girardi, ecclesie Beati Lupi Trecensis in perpetuam eleemosinam donavi et quittavi, ita quod nec ego, nec heredes mei, in eodem Girardo vel in heredibus suis quicquam de cetero poterimus reclamare. Hoc autem supradicti filii mei Milo, miles, et Manasses, tam pro me quam pro ceteris liberis meis, fide interposita, in presentia domine mee illustris comitisse Trecensis firmiter et sine reclamatione aliqua perpetuo se tenere promiserunt. Abbas vero et capitulum Sancti Lupi Trecensis, pro eleemosina et quittatione ista, michi et heredibus meis concesserunt XX solidos annui redditus, in ecclesia sua reddendos michi vel certo nuncio meo, qui eos ex parte mea petet, in festo sancti Remigii vel usque ad tercium diem postea ; qui denarii, si usque ad prefatum diem tercium non redderentur, postquam essent sicut dictum est per certum nuncium requisiti, ex tunc abbas et capitulum predictos XX solidos cum emenda V solidorum redderent, nec de emenda amplius quam V solidi a me vel heredibus meis possent levari. Quod ut ratum et firmum sit, presentes litteras sigilli mei munimine roboratas abbati et ecclesie Beati Lupi Trecensis tradidi. — Actum anno Incarnati Verbi M°CC° sexto, mense aprili.

(*Cartul.* fol. 86 r°.)

147. — 1206, avril. Blanche, comtesse de Troyes, constate qu'Odette, dame de Pougy, a cédé Girard, son serf, à Saint-Loup, moyennant vingt sous de rente annuelle.

Ego Blancha, comitissa Trecensis palatina, notum facio presentibus et futuris, quod dilecta et fidelis mea Oda, domina Pogiaci, in mea presentia constituta, cognovit de laude et assensu liberorum suorum Milonis, Manasserii, Guidonis et Ermengardis, pro salute anime domini et viri sui Renaudi de Pogiaco, dedisse in perpetuam eleemosinam et quitasse ecclesie Beati Lupi Trecensis Girardum, filium Johannis de Pogiaco cum omnibus heredibus ejusdem Girardi, ita quod nec prefata Oda nec heredes ipsius in eodem Girardo vel in heredibus suis quicquam potuerunt de cetero reclamare. Hec autem Milo supradictus coram me et Manasserius laudaverunt, idemque Milo tam pro se quam pro ceteris liberis matris sue exinde fidem propriam dedit et manu cepit quod istud perpetuo sine aliqua reclamatione tenerent. Ipsa etiam Oda, super omnia que a me tenet, erga abbatem et ecclesiam Beati Lupi plegiam me et responsalem constituit de premissis pactionibus in perpetuum conservandis; abbas vero et capitulum Sancti Lupi Trecensis, sicut in carta eorum exinde confecta continetur, pro eleemosina et quittatione ipsa, prefate domine et heredibus suis concesserunt XX solidos annui red-

ditus in ecclesia sua reddendos eidem domino vel
heredibus suis aut certo nuntio ipsorum, qui eos
ex parte eorumdem peterot, in festo sancti Remigii vel usque ad tercium diem postea ; qui denarii,
si ad prefatum diem non redderentur, postquam
essent sicut dictum est per certum nuncium requisiti, ex tunc abbas et capitulum predictos XX solidos cum emenda V solidorum redderent, nec de
emenda amplius quam V solidorum posset levari.
— Actum Trecis, teste me, anno gratie M°CC° sexto,
mense aprili.

(*Cartul.* fol. 86-87.)

148. — **1206. Erard de Brienne met sous la dépendance de l'Hôtel-Dieu de Chalotte la maison de Vauvassau.**

Ego Erardus de Brena notum facio presentibus
et futuris, quod ego concedo ecclesie Beati Lupi
Trecensis domum Vadivassali, que subdita est domui de Chaleta, libere et pacifice in perpetuum possidendam, salva custodia, quam antecessores mei
et ego habuimus et habemus in predicta domo Vadivassali. Ut autem hoc ratum et inconcussum
permaneat, presentes litteras, sigilli mei munimine
roboratas, memorate ecclesie Beati Lupi tradidi. —
Actum anno gratie M°CC° sexto.

(*Cartul.* fol. 52 r°.)

149. — 1206, février. Quittance de 90 livres donnée par Huet, seigneur de Chacenay, pour le bois du Dervet, sis à Lusigny.

Universis presentes litteras inspecturis, N., miseratione divina Trecensis ecclesie minister humilis, N., monasterii Arremarensis et G., Rippatorensis, abbates, in Domino salutem. Noverint universi quod in nostra presentia constitutus Huetus, dominus de Chacenay, recognovit et confessus est coram nobis se recepisse a viro religioso G., abbate Sancti Lupi Trecensis, nogentas libras Pruvinienses, in quibus tenebantur eidem Hueto dictus abbas et conventus Sancti Lupi pro venditione quam fecerat eisdem abbati et conventui de parte quam habebat in superfacto nemoris de Lusignei, quod vocatur Dervet, et de eisdem nogentis libris se tenet ad plenum pagatum et in perpetuum abbatem et conventum ac eorum ecclesiam Sancti Lupi quitat et absolvit. In cujus rei testimonium, ad petitionem dicti Hueti, domini de Chacenay, presentibus litteris sigilla nostra apposuimus. — Actum anno Domini M°CC° sexto, mense februarii.

(*Cartul.* fol. 76 r°. — Archiv. Aube, *origin.*)

150. — **1207.** L'abbaye de Larrivour accorde à Saint-Loup droit d'usage, *ad duas quadrigas*, dans le bois de Dosches, tant qu'il ne sera pas essarté.

R., dictus abbas Ripatorii, omnibus hoc visuris, salutem in vero Salutari. Noverit universitas vestra quod cum inter ecclesiam nostram, ex una parte, et abbatem et capitulum Sancti Lupi Trecensis, ex altera, controversia verteretur super nemore Doschie, tandem compositio inter nos facta est in hunc modum, videlicet, quod ecclesia Sancti Lupi habebit in nemore Doschie, quantum ad ecclesiam nostram attinet et attinebit, plenum usuarium ad duas quadrigas, quandiu ipsum nemus durabit. Super reclamatione autem quam faciebant in nemore Doschie pro grangiis suis de Lusigniaco et de Bretoneria compromissum fuit ab utraque parte in virum venerabilem L., Sancti Martini Trecensis abbatem et in personam nostram, et quod nos, mediante pace vel inquisitione legitime facta, disposuerimus, abbas et capitulum Sancti Lupi et ecclesia nostra debent firmiter observare; et per hanc compositionem omnes querele, que erant inter nos super dicto nemore Doschie, penitus erunt sopite. Sciendum vero quod alie grangie Beati Lupi, post compositionem, in prefato nemore poterunt reclamare. Itaque fratres nostri, tam per ipsos quam per alios homines, nemus memoratum Doschie, occasione prescripta usuarii, nichilominus poterunt essartare. — Actum anno Incarnati Verbi M°CC° septimo.

(*Cartul.* fol. 88 r°.)

151. — 1208. Hervée, évêque de Troyes, fait connaître que Viard, curé de Rumilly, donne à Saint-Loup sa maison rue Saint-Aventin, et le mobilier de la maison qu'il habite au Cloître-Saint-Étienne, etc. Hervée approuve cette donation.

Herveus, permissione divina Trecensis ecclesie minister humilis, omnibus qui presentes litteras viderint, salutem in Domino. Noverit universitas vestra quod dilectus in Christo filius Guiardus, presbiter de Rumiliaco, domum suam que sita est in vico Sancti Aventini, et omnia mobilia que continentur in ea domo, in qua nunc manet, in claustro Beati Stephani, tam in pluma quam in aliis rebus, nec non vineam suam de Inter Aquas cum omnibus pratis suis, et libros suos omnes, excepto uno missali, pro fructu anime sue ecclesie Beati Lupi in perpetuam eleemosinam assignavit, et de his omnibus supradictis in presentia nostra se devestiens, Manassem, abbatem Beati Lupi, et per ipsum ecclesiam investivit. Nos autem, ad preces ipsius Guiardi atque abbatis et capituli Beati Lupi, eamdem eleemosinam approbavimus et presentibus litteris, sigilli nostri charactere roboratis, ad perpetuam munivimus firmitatem. — Actum anno Incarnati Verbi M°CC°VIII°.

(*Cartul.* fol. 33 v°.)

152. — 1289, avril. Accord entre Saint-Loup et Robert de la Noue, curé d'Esternay (Marne). L'abbaye fournira chaque année au curé cinq setiers de froment et cinq setiers d'avoine pris sur les dîmes d'Esternay.

Magister Nicholaus, Trecensis ecclesie archidiaconus, et Garnerus, dominus Triagnelli, omnibus qui presentes litteras viderint, in Domino salutem. Noverit universitas vestra quod cum causa verteretur inter ecclesiam Beati Lupi Trecensis, ex una parte, et Robertum de Noa, curatum ecclesie de Esternaio, ex altera, super parte cujusdam decime, ex dono bone memorie Garneri, nobilis viri de Triaghello, ad ecclesiam Beati Lupi Trecensis pertinentis, et super novalibus; idemque Robertus adversus predictam ecclesiam litteras a domino predicto ad judices Parisienses impetrasset; tandem utraque pars in nos compromisit, tali modo, quod quicquid de bono pacis diceremus ab utraque parte ratum haberetur et firmum, et exinde in manu nostra firmam securitatem dederunt. Nos igitur, in hoc convenientes, diximus quod totam predictam partem decime, et quicquid de novalibus in posterum proveniet, quantum ad illam partem pertinet, ecclesia Beati Lupi Trecensis pacifice possidebit, ita quod singulis annis dicte ecclesie de Esternaio X sextarios bladi, videlicet V frumenti et V avene, ad mensuram loci, persolvet. Quod ut ratum et inconcussum permaneat presentem paginam exinde confectam, de assensu partium, sigillorum nostrorum munimine fecimus roborari. — Actum anno gratie M°CC° nono, mense aprili.

(*Cartul.* fol. 52 v°.)

153. — 1209, juillet. Règlements coutumiers relatifs à l'exercice de la justice sur la rivière de l'Arduçon.

Ego Garnerus de Triagnello notum facio presentibus et futuris, quod cum inter me et ecclesiam Beati Lupi Trecensis contentio verteretur super quibusdam usibus et justiciis de Riveria de Arduccon, ne res de cetero in dubitationem veniret, et ne ego vel heres meus in posterum dictam ecclesiam in aliquo contra jus gravaremus, dictos usus et justicias tali modo voluimus declarari. Statutum est igitur quod si homines Beati Lupi Trecensis duellum firmaverint, statim vadia venient in manu mea, unde ego habebo quinque solidos tantum, ita quod quotienscumque convenerint pro eodem duello, ego nichil inde amplius quam dictos quinque solidos, et servientes nostri jus suum, videlicet sexdecim denarios tantum, usque dum in campum missi fuerint ; vel si amplius factum fuerit, ego et ecclesia Beati Lupi cum hominibus suis ad antiquam

consuetudinem ad invicem nos habebimus. Statutum
est etiam quod nullus ballivorum meorum de cetero capiet vel capi faciet homines Beati Lupi vel
vadia eorum pro aliquo forisfacto, nisi facto prius
clamore ad abbatem vel ad ejus mandatum, exceptis pro forisfacto furti, homicidii vel multre, et nisi
presentialiter inventi fuerint in forisfacto quod dicitur meslee. Ego etiam a prefatis hominibus de illis
excessibus unde plena emenda fieri debebit habebo
duos solidos et nichil amplius ; in quibus emendis
servientes mei nichil penitus habebunt. Quod ut
ratum permaneat et inconcussum presentes litteras
precepi sigilli mei munimine roborari. — Actum
anno Incarnationis Dominice M°CC° nono, mense
julio.

(*Cartul.* fol. 80 v°. — Archiv. Aube, *vieille copie*.)

154. — **1209, août.** Thibaut, chevalier, qui avait été juif,
et son fils, moyennant dix livres de Provins, donnent
quittance générale de tout ce que leur devait l'abbaye de
Saint-Loup.

Trecensis archidiaconus omnibus presentes litteras inspecturis, in Domino salutem. Noverit universitas vestra quod Theobaudus, miles, quondam
judeus, et Galterus, filius ejus, quittaverunt ecclesiam Beati Lupi Trecensis in presentia mea de querela illa quam habebant adversus eamdem ecclesiam, occasione quarumdam litterarum in quibus

continebatur, quod Drocho, bone memorie, quondam abbas Beati Lupi, debebat eisdem quamdam summam pecunie, in supradictis litteris expressam ; Manasses vero abbas et capitulum, pro bono pacis, eidem militi decem libras Pruvinienses concesserunt reddendas ad octavas sancti Remigii. Hec autem, ad utriusque postulationem, scribi fecimus et sigilli nostri munimine roborari. — Actum anno gratie M°CC° nono, mense augusto.

(*Cartul.* fol. 81 r°.)

155. — 1209. Simon *de Leigniaco* donne à Saint-Loup de Troyes l'abbaye de Saint-Sauveur de Saphadin et moitié des dimes de la terre qu'il tenait dans le diocèse de Corona en Achaie.

Noverint universi presentem cartam inspecturi, quod ego Symon de Leigniaco, pro remedio anime mee et antecessorum meorum, Deo et ecclesie Sancti Lupi Trecensis abbatiam Safadini, in honore Sancti Salvatoris fundatam, cum omnibus tenimentis suis, in perpetuum libere et quiete possidendam cum mediate decimarum terre mee, quam tunc tenebam, largior et assigno. Ut autem hoc donum firmum et ratum permaneat, presentem cartam sigilli mei munimine roboravi. Actum est apud Calamatam, anno Domini M°CC° nono, videntibus et laudantibus domino Odone, venerabili electo Corone ; Nicholao presbytero, Haymone, canonico

Corone ; magistro Galtero, canonico Corone ; et multis aliis. — Actum anno Incarnati Verbi M°CC° nono.

(*Cartul.* fol. 55 r°.)

156. — 1209, 13 septembre. Geofroi de Villehardouin, sénéchal de Romanie, confirme la donation de l'abbaye de Saint-Sauveur de Saphadin à Saint-Loup.

Quoniam labente temporum curriculo memoria diluitur humana, usu accidit nonnullos pro suis possessionibus inique litis sustinere molestiam. Ea propter, adversus hujusmodi periculum procurans remedium, ego Gaufridus de Villa Harduini, Romanie seneschallus, notum facio abbatiam Saphadini, in honore Sancti Salvatoris fundatam, ecclesie Beati Lupi Trecensis prius a domino Symone de Legni, postea a domino Girardo de Germignum, eidem ecclesie in perpetuam eleemosinam cum omnibus pertinentiis suis datam et concessam, et etiam cum duabus carrucatis terre, quas ego predicte ecclesie pro salute anime mee dederam, ita tamen quod sepedicta ecclesia unum capellanum continue in supradicta abbatia habere teneatur, que omnia concessi et laudavi ; ne autem in posterum a jamdicto beneficio privari valeat sigilli mei impressione roboravi ; adjungens et concedens predicte ecclesie Sancti Salvatoris medietatem omnium decimarum tocius terre domini Girardi de Germignum. Audientibus et videntibus nobilibus viris domino Gileberto, Amiclarum episcopo; domino O., Coroni episcopo ; R. de Brier, G. de Trimolai, et pluribus aliis. — Actum anno Incarnati Verbi M°CC° nono, idus septembris.

(*Cartul.* fol. 55 r°.)

157. — 1209, à Corinthe. Anthelme, archevêque de Patras, confirme la donation de l'abbaye de Saint-Sauveur de Saphadin à Saint-Loup.

Noverint omnes qui presentem cartam viderint, quod ego Antelmus, Dei gratia Patracensis archiepiscopus, donum quod dominus Symon de Leigniaco fecit ecclesie Beati Lupi Trecensis de abbatia Saphadini, in honore Sancti Salvatoris fundata, laudo et confirmo. Preterea medietatem decimarum tocius terre jam dicti Symonis, que ad episcopatum Coronensem pertinent, supradictis ecclesie Sancti Lupi Trecensis et abbatie Saphadini in perpetuum possidendam, de consensu et voluntate canonicorum Coronensium, largior et concedo; et presentem cartam dignum duxi sigilli mei munimine roborandam. — Actum est hoc hujus carte confirmationis apud Corintum, anno Dominice Incarnationis M°CC° nono.

(*Cartul.* fol. 56 v°.)

158. — 1209. Lettre de Guerri, prieur de Saint-Sauveur de Saphadin, à Manassès, abbé de Saint-Loup. Guerri met Saint-Sauveur sous la dépendance de Saint-Loup et demande un religieux de cette communauté.

Reverendo in Christo patri ac domino Manassi, Sancti Lupi Trecensis abbati serenissimo, et ejusdem ecclesie honesto capitulo, Guerricus, ejusdem ecclesie canonicus, prior Sancti Salvatoris in Achaia, salutem et tam prumptum quam devotum debite reverentie et subjectionis famulatum. Eam, non nostrorum exigentia meritorum, sed vestre benevolentie constantia, spem et fidem a vobis diu conceptam me gerere recognoscam ut status mei qualitatem vobis significem de vestro nacta opportunitate multotiens inquisitus. Noverit itaque vestra discretio me per Dei gratiam in Achaia cum domino Gofrido de Villa Harduini et cum domino Odone Coronie episcopo et cum domino Gerardo de Germinum grata corporis, et utinam anime, sospitate vigere ; scilicet de incolumitate vestra discere desiderans, utpote quos amplector in visceribus karitatis, promptus scilicet et paratus ea efficere, que vobis et vestris ad commodum et honorem debeant, auctore Domino, provenire. Sciatis itaque quod ego quam plurima beneficia ad vitam meam inveni, sed omnia recusavi ; nunc autem habeo quamdam abbatiam in episcopatu domini Odonis, nepotis domini Gofridi de Villa Harduini, et in terra domini Gerardi de Germinum. Venerabilem exoro paternitatem, de qua quamplurimum confido, quattinus intuitu Dei unum de canonicis vestris ad nos mittere dignemini. Promitto etiam vobis quod, Deo annuente, semper per biennium, unum examitum, valens XX libris Pruviniensibus, vobis mittemus. — *Cum hac postilla* : Ego O., Dei gratia Coronensis episcopus, et ego G. de Germinum, vos et vestrum capitulum, in quantum possumus, exoramus quattinus, intuitu Dei et Beate Virginis, domini Guerrici, concanonici vestri, preces audiatis, scientes quod nos ecclesie Sancti Lupi Trecensis abbatiam dicti Guerrici in perpetuum dedimus et concessimus et per privilegia nostra confirmavimus.

(*Cartul.* fol. 36 v°.)

159. — 1209 (v. st.), février. Manassès, abbé de Saint-Loup, et la communauté donnent à Guillaume, clerc, sa vie durant, une maison sise *in Vico Episcopi.*

Magister Henricus, curie Trecensis officialis, omnibus presentes litteras inspecturis, in Domino salutem. Noverit universitas vestra quod frater Manasses, abbas Beati Lupi Trecensis et totus ejusdem ecclesie conventus, communi assensu et unanimi voluntate, dederunt et concesserunt Willormo, clerico, quamdam domum suam, que contigue sita est juxta domum Willermi de Bevrona, in Vico Episcopi, quandiu vixerit pacifice possidendam. Ita tamen quod quandocumque ipsum a presenti vita decedere contigerit, vel ad religionem alicujus monasterii transire voluerit, sepedicta domus cum omni melioratione sua ad eos libere et sine contradictione aliqua postea revertetur. In cujus rei testimonium, presentes litteras sigillo curie Trecensis fecimus roborari. — Actum anno Domini M°CC° nono, mense februario.

(*Cartul.* fol. 82 v°.)

160. — 1210, au plus tard. Chane, épouse du maréchal Geofroi de Villehardouin, et son fils Geofroi échangent une femme avec Saint-Loup.

Ego C., marescallissa Campanie et Gaufridus, filius ejus, notum facimus tam presentibus quam futuris, quod nos concedimus Manassi abbati Sancti Lupi et sigillo meo materno confirmamus... pro filia domini Radulphi de Villa Harduini, filiam Guillermi, qui filiam predicti Radulphi maritali copulatione vult conjungi.

(*Cartul.* fol. 73 r°.)

161. — 1210, juillet. Saint-Loup accorde à Ansoric d'Arcis et à Henri de Saint-Maurice, chanoines de Saint-Étienne, un pré qui, après la mort de ces chanoines, reviendra à l'abbaye.

Iterus, Beati Stephani Trecensis decanus, totumque ejusdem ecclesie capitulum, universis presentes litteras inspecturis, in Domino salutem. Noverit universitas vestra quod Manasses, abbas Beati Lupi Trecensis, totusque ejusdem loci conventus, concesserunt unanimiter dilectis et concanonicis nostris Anserico de Arceis et H. de Sancto Mauricio medietatem quam habent in toto prato quod fuit quondam Winebaudi, toto tempore vite sue pacifice possidendam, cum altera medietas ad nos pertinet, hoc modo, quod singuli eorum annuatim in festo beati Lupi eidem ecclesie reddent quinque solidos de recognitione, ita tamen, quod si alter eorum decederet, vel ad religionem migraret, aut in episcopum assumeretur, ejus pars, de quo id fieret, ad ecclesiam Beati Lupi libera reverteretur. Nos autem promisimus firmiter et concessimus quod post decessum alterius, vel amborum, in predicta medietate ejusdem prati nihil poterimus reclamare. In cujus rei testimonium presentes litteras sigilli nostri munimine fecimus roborari. — Actum anno gratie M°CC°X°, mense julio.

(*Cartul.* fol. 80 v°.)

162. — Saint-Loup concède à Jean et à Haton, son frère, chanoines de Saint-Pierre, une place à bâtir, près la maison de Boulancourt, que tenaient les deux frères.

Ego Henricus, Trecensis canonicus, curie Trecensis officialis, omnibus presentes litteras inspecturis, in Domino salutem. Notum facimus quod in presentia nostra constituti Johannes et Hato fratres, canonici Trecenses, confessi sunt quod tenent plateam, que est juxta domum suam de Boleincort, ex donatione Manasse, abbatis, et conventus Sancti Lupi Trecensis, per amicabilem compositionem, que intervenit inter ipsos et prefatum Johannem, qui eos propter hoc de omnibus querelis hactenus inter ipsos motis quitavit. Condictum autem fuit inter ipsos, quod si quid predicti fratres edificaverint in eadem platea, post eorum decessum, ad ecclesiam Beati Lupi sine contradictione revertetur ; ita tamen quod quicquid annuatim haberi poterit pro edificio locando, singulis annis dabitur canonicis ejusdem ecclesie annuatim in anniversariis eorumdem fratrum, post obitum eorum, in eadem ecclesia sollempniter singulis annis faciendis. Quos, per predictam compositionem, in fratres et clericos et ecclesie sue amicos receperunt et tam beneficii quam consilii sui participes effecerunt et in negotiis suis coadjutores. Quod ut ratum sit, presentes litteras sigilli mei munimine roboravi. — Actum anno Domini M°CC°X°.

(*Cartul.* fol. 80 v°.)

163. — 1211, avril. Henri, archidiacre de Troyes, reconnaît que l'abbaye de Saint-Loup lui a donné la jouissance viagère de la grange de *Chamai*, finage de Rouilly-Saint-Loup.

Ego Henricus, Trecensis ecclesie archidiaconus, notum facio presentibus et futuris, quod dilecti mei Philippus, abbas Beati Lupi, et ejusdem loci conventus, donaverunt michi grangiam suam de Chamaio cum omnibus pertinentiis suis, quamdiu vixero, libere et integre possidendam, ita quod in eadem grangia nec gistium, nec procurationem aliquam, nec aliquam quamcumque exactionem, quamdiu vixero, reclamare poterunt. Ego autem, respectu concessionis eorum, donavi eis sexaginta libras Pruvinienses et vineam meam, que vulgo dicitur Gornaium, Trecis sitam, de qua ipsos investivi ; sed tamen eam tenebo tota vita mea, sed post decessum meum eorum erit ; et de ipsa dabo eis in recognitionem annuatim duos solidos consuales. Ceterum si aliquis, vel occasione debiti vel alias, in eadem grangia pro eis aliquid reclamaret, ipsi michi de hoc quittationem et pacem plenissimam facere tenerentur. Quicquid autem ego acquisiero vel emero in finagio de Chamaio, tam in mobilibus quam in immobilibus, post decessum meum, vel seculi mutationem, totum ad ecclesiam Beati Lupi libere revertetur, non enim potero alibi donum facere vel legatum. Quod ut ratum sit, presentes litteras feci sigilli mei munimine roborari. — Actum anno gratie M°CC° undecimo, mense aprili.

(*Cartul.* fol. 77 r°.)

164. — 1211, avril. Hervée, évêque de Troyes, notifie la concession de la grange de *Chamai*, contenue dans la charte qui précède.

Herveus, Dei gratia Trecensis episcopus, notum facimus presentibus et futuris, quod Philippus, abbas, et conventus Beati Lupi Trecensis, donaverunt dilecto et fideli nostro Henrico, Trecensis ecclesie archidiacono, grangiam suam de Chamaio cum omnibus pertinentiis suis libere et integre possidendam, ita quod in eadem grangia vel geistium, vel procurationem aliquam, nec aliquam quamcumque exactionem poterunt, quandiu vixerit, reclamare. Ipse autem, respectu hujus concessionis, donavit eis XL libras Pruvinienses et vineam suam, que vulgo dicitur Gornaium, Trecis sitam, jure hereditario possidendam; quam tamen idem Henricus quandiu vixerit possidebit; sed de ea in recognitione persolvet eis singulis annis II solidos censuales. Ceterum si aliquis, vel occasione debiti, vel alias, in eadem grangia pro istis aliquid reclamaret, ipsi super hoc ei quittationem et pacem plenissimam facere tenerentur. Quidquid autem dictus H. in finagio de Chamaio emerit vel acquisierit, tam in mobilibus quam in immobilibus, post decessum ejus, vel seculi mutationem, totum ad prefatam ecclesiam libere revertetur, nec modo poterit alibi legatum vel donum facere. Quod ut ratum sit, presentes litteras fecimus, in testimonium hujus rei, sigilli nostri munimine roborari. — Actum anno gratie M°CC°XI°, mense aprili.

(*Cartul.* fol. 34 et 77 v°.)

165. — 1211, septembre. Philippe, abbé, et le couvent de Saint-Loup, abandonnent à la comtesse Blanche la mouvance *de Rihe Villa* (Riel-les-Eaux, Côte-d'Or) qui était tenue par Eudes, seigneur de Grancey beau-frère d'Erard de Chacenay, « ut deinceps Odo prefatum feodum de predicta comitissa et ipsius heredibus teneret ».

(Manque au *Cartul.* — *Archives de l'empire*, t. I, n. 971.)

166. — 1211, octobre. Geofroi de Lantauges, chevalier, accorde un droit de pâture aux hommes de Saint-Loup habitant Fontaines.

Nicholaus, decanus, H., officialis Treconsis, omnibus presentes litteras inspecturis, salutem in Domino. Noverit universitas vestra quod Gaufridus de Lantagio, miles, in nostra presentia constitutus, recognovit quod ipse vexaret homines Beati Lupi de Fontanis super pasturis de Plaisseio, quas eisdem hominibus negabat. Cum cognovisset jus dictorum hominum esse in eisdem pasturis, nolens ipsos injuste vexare, recognovit eis jus eorum et quittavit, concedens ut libere et pacifice in predictis pasturis suum habeant usuarium. In cujus rei testimonium, ad instanciam ipsius Gaufridi, presens scriptum sigillorum nostrorum munimine fecerimus roborari. — Actum anno gratie M°CC° undecimo, mense octobri.

(*Cartul.* fol. 75 r°.)

167. — 1211. Blanche, comtesse de Champagne, déclare que, sur sa demande, Philippe, abbé de Saint-Loup, a permis de transformer en prés vingt arpents de pâtures au-dessous de Rouilly-Saint-Loup.

Ego Blancha, comitissa Trecensis palatina, notum facio tam presentibus quam futuris, quod Philippus, abbas Sancti Lupi Trecensis, ad preces meas, donavit XX arpenta pasturarum suarum subtus Ruilliacum ad prata facienda, videlicet Hugoni de Sancto Mauricio X, magistro Alermo IIII, Andree cementario VI, salvo censu suo. Ita quod ego concessi ei quod nullus de cetero per me de eisdem pasturis aliquid haberet, neque super hoc abbatem amplius rogarem. — Actum anno gratie M°CC°XI°.

(*Cartul.* fol. 45 v°. — Archiv. Aube, *origin.*)

168. — 1214, avril. Hugues Poilevilain donne quittance générale de tout ce que lui devait Saint-Loup et déclare que toutes les obligations signées jusqu'à ce jour à son profit par l'abbaye sont maintenant sans effet et de nulle valeur.

Decanus et officialis Trecensis universis presentem paginam inspecturis, salutem in Domino. Noverit universitas vestra quod Hugo Poilevilein, in nostra presentia constitutus, recognovit quod ecclesia Beati Lupi Trecensis, tam in capite quam in membris, quitta erat erga ipsum de omni debito tam bladi quam denariorum, et quod nullas litteras habebat de muttuo de prefata ecclesia, dicens quod si alique littere postmodum apparerent nullius haberent roboris firmitatem. In cujus rei testimonium presentes litteras sigilli nostri munimine roboravimus. — Actum anno gratie M°CC°XIV°, mense aprili.

(Cartul. fol. 60 v°.)

169. — 1214 (v. st.), février. Jean, seigneur de Villehardouin, reconnaît que lui et ses successeurs sont tenus de livrer à Saint-Loup, tous les ans, dans leur grange de Villehardouin, un setier de froment et une mine d'avoine, mesure de Troyes.

Ego dominus Johannes de Villa Harduini, notum facio universis, quod ego et heredes mei tenemur jure perpetuo annuatim reddere infra festum Omnium Sanctorum, apud grangiam nostram de Villa Harduini, ecclesie Beati Lupi Trecensis, unum sextarium frumenti et unam minam avene ad mensuram Trecensem. Quod ut ratum sit, presentes litteras dicte ecclesie tradidi sigilli mei munimine roboratas. — Actum anno gratie M°CC°X° quarto, mense februario.

(Cartul. fol. 54 r°.)

170. — 1214 (v. st.), mars. Simon de Souvigny, chanoine de Saint-Pierre, donne à Saint-Loup dix livres de Provins. En reconnaissance, l'abbaye s'engage à célébrer tous les ans son anniversaire.

Ego Philippus, Beati Lupi Trecensis minister humilis, tociusque ejusdem loci conventus, omnibus ad quorum notitiam presens scriptum devenerit, salutem et perpetuam in Domino caritatem. Noverit universitas vestra quod cum noster in Christo dilectus Symon de Soviniaco, canonicus Trecensis, divino pietatis ductus affectu, pro fructu anime sue, decem libras Pruvinienses in eleemosinam prestitisset; nos, pensata fidelitate et devotione, quam erga nos et ecclesiam nostram habebat, nec immemores beneficiorum suorum, immo ea pre oculis habentes, de communi assensu fratrum nostrorum, eidem Symoni sollempniter promisimus, et fideliter concessimus, quod post obitum illius, singulis annis, anniversarium suum celebraremus, assignatis eadem die ad pitanciam fratrum duobus sextariis bladi, uno videlicet frumenti et altero ordei, in molendinis nostris de Bretoneria, singulis annis percipiendis. Ne vero aliquis assignationem istius redditus, avaricie vicio vel cupiditate actus, in posterum impediret, ego Philippus, abbas, habito cum fratribus nostris consilio diligenti, excommunicavi omnes illos per quos floret quominus prefati redditus ad pitanciam fratrum nostrorum singulis annis devenirent absque aliqua diminutione. Quod ut ratum et inconcussum permaneat, presentes litteras sigilli nostri munimine fecimus roborari. — Actum anno gratie M°CC°X°IIII°, mense marcio.

(*Cartul.* fol. 67 r°.)

171. — 1215. Gui la Grive, frère de Geofroi de Villehardouin, et Villaine, sa femme, donnent à Saint-Loup une serve habitant Villehardouin.

Omnibus presentes litteras inspecturis, magister S., Trecensis curie officialis, in Domino salutem. Noverit universitas vestra quod dominus Guido la Grive et Villana, uxor ejus, in nostra presentia constituti, dederunt in eleemosinam perpetuam ecclesie Beati Lupi Trecensis Heluiz mulierem, uxorem Thome, filii Radulphi Divitis de Villa Hardoini. In cujus rei memoriam presentes litteras ad peticionem utriusque partis sigillavimus. — Actum anno Domini M°CC° decimo quinto.

(*Cartul.* fol. 75 r°.)

172. — 1215, 21 août. Le pape Innocent III défend aux prieurs-curés dépendant de Saint-Loup, sous peine de nullité de leurs actes, de faire des emprunts sans le consentement de l'abbé et de la majorité du chapitre.

Innocentius, episcopus, servus servorum Dei, dilectis filiis abbati et conventui Sancti Lupi Trecensis, salutem et Apostolicam benedictionem. Offi-

cii nostri debitum exigit ut ecclesiarum, quarum
nostra est sollicitudo continua, utilitatibus providentes, hiis que illas impediunt, quin potius ecclesiis ipsis enormem sepe inferunt lesionem, provide
occurramus et adhibeamus antidotum salutare.
Cum igitur, sicut nostris est auribus intimatum,
nonnulli priorum ecclesiarum ad vestram ecclesiam pertinentium, prioratus sibi commissos incon-
sulte oneraverint gravi onere debitorum, et adduxe-
rint eos quasi ad exinanitionem extremam, ac ex
hoc ecclesia vestra non modicum incurrerit detrimentum, solvere debita compulsa membrorum :
nos hujusmodi volentes insolentiis obviare, auctoritate presentium inhibemus ne aliquis prior, sive
canonicus, vel conversus, sub professione vestre
domus astrictus, sine abbatis et majoris partis capituli vestri licentia, pecuniam muttuo a quoquam
accipiat ultra pretium capituli vestri providentia
constitutum, nisi propter utilitatem ecclesio mani-
festam. Quod si forte facere presumpserit, non teneatur conventus pro hiis aliquatenus respondere.
Nulli ergo omnino hominum liceat... (Cfr. n. 44.
p. 73). — Datum Anagnie, XII° kalendas septembris, pontificatus nostri anno XVIII°.

(*Cartul.* fol. 17 r°. — Archiv. Aube, *origin.*)

173. — 1215, 21 août. Le pape Innocent III nomme des délégués pour faire observer la défense précédente (n° 172), et ajoute la peine des censures contre les infracteurs.

Innocentius, episcopus, servus servorum Dei, venerabili fratri episcopo, et dilectis filiis decano et archidiacono Trecensibus, salutem et Apostolicam benedictionem. Officii nostri debitum... (Cfr. n. 172 *usque ad* aliquatenus respondere.) Quocirca discretioni vestre per Apostolica scripta mandamus quattinus illos, qui contra inhibitionem nostram venire presumpserint, per censuram ecclesiasticam, appellatione postposita, compescatis ; nec permittatis dictum conventum a quoquam, propter debita de cetero sic contracta, temere molestari, molestatores, si qui fuerint, censura simili, sublato appellationis obstaculo, compescendo. Quod si non omnes hiis exequendis potueritis interesse, tu, ea, frater episcope, cum eorum altero nichilominus exequaris. Tu denique, frater episcope, super te ipso et credito tibi grege taliter vigilare procures extirpando vicia et plantando virtutes, ut in novissimo districti examinis die, coram tremendo judice, qui reddet unicuique secundum opera sua, dignam possis reddere rationem. — Datum Anagnie, XII° kalendas septembris, pontificatus nostri anno XVIII°.

(*Cartul.* fol. 17 r°. — Archiv. Aube, *vieille copie.*)

174. — 1215, mars. Saint-Loup donne à Bernier, chanoine de Notre-Dame de la cathédrale, la jouissance viagère d'une place à bâtir.

Ego Nicolaus, decanus Trecensis, notum facio omnibus presentes litteras inspecturis, quod dilectus meus in Christo Bernerus, canonicus altaris Beate Marie Trecensis ecclesie, in presentia nostra recognovit quod ipse plateam, que protenditur a latere domus sue, que fuit defuncti Roberti de Bonosacco, usque ad viam, ab ecclesia Beati Lupi Trecensis tenet ad vitam suam, ita quod post decessum ejusdem Berneri, predicta platea cum omni vestitura sua ad jus predicte ecclesie Beati Lupi libere et sine contradictione aliqua revertetur. In cujus rei testimonium presentes litteras sigilli mei munimine roboravi. — Actum anno gratie M°CC°XV°, mense martio.

(*Cartul.* fol. 76 r°.)

175. — 1216. Simon de Souvigny fonde à Saint-Loup son anniversaire avec pitance (cfr. n. 170).

Philippus, abbas, et conventus Beati Lupi Trecensis, omnibus ad quos littere iste pervenerint, in salutis Auctore salutem. Noveritis quod nos, considerata devocione, quam dilectus dominus Symon de Soviniaco, Trecensis canonicus, ad ecclesiam nostram habet, ad interventum ipsius et pietatis intuitu, ei concessimus quod quamdiu vixerit, pro salute anime sue, unam missam de Spiritu Sancto in pleno conventu, ei tercia feria post dominicam qua cantatur *Quasi modo geniti* celebrabimus annuatim, et post ejus obitum anniversarium suum annis singulis celebrabimus in pleno conventu, ea die qua fuerit de presenti luce vocatus. Ipse autem memorati beneficii non ingratus, nobis decem libras numerate pecunie tradidit, pro quo nos assignavimus ei tres sextarios multure in emptione quam ego, abbas, feceram in molendinis de Bretoneria, qui videlicet sextarii in refectione nostra annuatim ponentur, quando dicta missa de Sancto Spiritu, vel ejus anniversarium contigerit sicut diximus celebrari, eidem Symoni bona fide et in verbo caritatis firmiter promittentes quod memoratum bladum in nullos usus alios quam quos prediximus expendetur. — Actum anno Domini M°CC°VI°X°.

(*Cartul.* fol. 65 r°.)

176. — 1216, mai. Guiard, archidiacre de Troyes, reconnaît que Saint-Loup lui a concédé à vie une maison près de l'abbaye ; il doit y faire pour 40 livres de réparations.

Magister Guiardus, archidiaconus Trecensis ecclesie, omnibus presentes litteras inspecturis, in Domino salutem. Quia vir venerabilis Philippus, abbas Sancti Lupi Trecensis, totusque ejusdem monasterii conventus, dederunt et concesserunt michi domum suam, que est ante portam ejusdem monasterii cum platea, que juxta est, et omnibus appenditiis ejusdem domus, ad vitam meam possidendam; ego teneor ponere in refectione ejusdem domus quadraginta libras Pruvinienses per unum annum, et debent poni dicte quadraginta libre in reparatione et refectione dicte domus per testimonium duorum canonicorum Beati Lupi. — Actum anno Domini M°CC° decimo sexto, mense maio.

(*Cartul.* fol. 76 r°.)

177. — 1216, mai. Guiard déclare qu'après sa mort la maison susdite (n. 176) reviendra à l'abbaye avec toutes ses améliorations.

Ego Guiardus, Trecensis ecclesie archidiaconus, notum facio presentibus et futuris, quod domus, quam abbas et conventus Beati Lupi Trecensis dederunt michi cum platea et appendiciis ejusdem domus, que sita est ante portam predicte ecclesie, revertetur libere ad predictam ecclesiam post obitum meum, vel seculi mutationem, cum omni melioratione et superedificatione tam predicte domus quam platee prenominate. — Actum anno Domini M°CC° decimo sexto, mense maio.

(*Cartul.* fol. 76 r°.)

178. — 1216, mai. Bochard, maire d'Isles (Aumont), s'engage à réparer les fossés de la Bretonière, qu'il avait détruits, et à payer à Saint-Loup des dommages-intérêts.

Herveus, divina permissione Trecensis ecclesie minister humilis, omnibus presentes litteras inspecturis, in Domino salutem. Noverit universitas vestra quod cum dilectus filius noster Philippus, abbas Sancti Lupi Trecensis, pro se et conventu suo traxisset in causam coram nobis Bochardum, majorem de Insulis, super hoc scilicet, quod idem Bochardus quedam fossata, que dictus abbas fecerat citra viam et ultra viam Vereriarum, circa quasdam terras de novo cultas, que pasture et prata fuerant, ante domum suam, que dicitur Bretoneria, sitas, diruerat. Dictus major, jus ecclesie recognoscens in presentia nostra, dictorum dirutionem emendavit fossatorum, et de reparatione eorumdem et emenda coram nobis plegium eidem assignavit abbati. In cujus rei testimonium presentes litteras sigillo nostro fecimus roborari. Actum anno Domini M°CC°XVI°, mense maio.

(*Cartul.* fol. 34 r°.)

179. — 1216, 29 mai. Gervais, patriarche de Constantinople, confirme Guerri dans la possession de l'abbaye de Saint-Sauveur de Saphadin.

Gervasius, permissione divina sancte Constantinopolitane ecclesie patriarcha, dilecto filio Guerrico, prioris Sancti Salvatoris Mothonensis diocesis, salutem et patriarchalem benedictionem. Cum a nobis petitur quod justum est et honestum, tam vigor equitatis quam ordo postulat rationis ut id per solicitudinem officii nostri ad debitum perducatur effectum. Ea propter, dilecte in Domino fili, devotionem, quam erga nos et ecclesiam Constantinopolitanam habere dignosceris, attendentes, concessionem et donationem tibi et ecclesie Sancti Lupi Trecensis, per venerabilem fratrem Odonem, episcopum Coronensem, super ecclesia Sancti Salvatoris, que dicitur abbatia Saphadini, cum medietate omnium decimarum totius terre domini Symonis de Leigni, quam terram nunc tenet dominus Roes de Leigni, factam, eam, sicut juste et provide facta fuit, authoritate presentium tibi confirmamus et presentis scripti patrocinio munimus. Nulli ergo omnium hominum liceat hanc paginam nostre confirmationis infringere, vel ei ausu temerario contraire. Si quis autem attemptare presumpserit, indignationem omnipotentis Dei et beatorum Johannis et Andree apostolorum ejus, se noverit incursurum. — Datum Corinthi, anno Domini M°CC°XVI°, IV kalendas junii, patriarchatus nostri I.

(*Cartul.* fol. 56 r°.)

180. — Emeline et Marie, de Marigny, renoncent, moyennant vingt sous de Provins, à leurs droits sur un jardin que tenait le prieur de Marigny.

Guiardus, Trecensis ecclesie archidiaconus et officialis, omnibus presentes litteras inspecturis, in Domino salutem. Noverit universitas vestra quod Emelina et Maria de Marigniaco, sorores, recognoverunt coram nobis quod ipse contulerunt in eleemosinam ecclesie Beati Lupi Trecensis quicquid juris habebant in orto, sito apud Marigniacum, inter plancas et ortum canonicorum ejusdem ville, videlicet partem quam habebant in eodem orto, jure hereditario, et jus quod habebant in parte fratris sui ; et propter dictum beneficium viginti solidos Pruvinienses de manu prioris prefate ville receperunt. Investierunt autem dictum priorem et per ipsum ecclesiam Beati Lupi de supradictis in presentia nostra. In cujus rei testimonium, ad peticionem utriusque partis, presentes litteras scribi fecimus et sigilli Trecensis curie munimine roborari. — Actum anno gratie M°CC° decimo sexto, mense junio.

(*Cartul.* fol. 75 v°.)

181. — 1216, juillet. Hervée, évêque de Troyes, constate que Guiard, son archidiacre, tient à bail viager une maison de Saint-Loup (cfr n. 176-177).

Herveus, divina permissione Trecensis ecclesie minister humilis, omnibus presentes litteras inspecturis, salutem in vero Salutari. Noverit universitas vestra quod dilectus socius et fidelis noster magister Guiardus, archidiaconus Trecensis ecclesie, in nostra presentia recognovit, quod Philippus, abbas Beati Lupi Trecensis, et conventus ejusdem monasterii, dederant et concesserant ei domum suam, que est ante portam Beati Lupi Trecensis cum platea, que juxta est, et omnibus appendiciis ejusdem domus, ad vitam ipsius archidiaconi possidendam : ita quod, post ipsius decessum, predicta domus cum omni melioratione ad monasterium ipsorum libere revertetur. Nos autem, donationem et concessionem istam gratam et ratam habentes, ipsam, ad peticionem dicti archidiaconi, sigilli nostri munimine confirmavimus. — Actum anno Domini M°CC°X° sexto, mense julio.

(*Cartul.* fol. 78 r°.)

182. — 1216, juillet. Bandit, juif de Dijon, donne quittance de 60 sous de Dijon, prêtés à intérêts à Philippe, abbé de Saint-Loup, en revenant du concile général de Latran.

Notum sit omnibus presentibus et futuris, quod cum abbas Sancti Lupi Trecensis rediret a generali concilio, noviter celebrato, per Dyvionem, ipse mutuatus est per manum prioris Sancti Stephani Dyvionensis sexaginta solidos Dyvionensis monete a Bandito, judeo, filio Benionis, judei, de Dyvione, et eidem judeo litteras suas tradidit sigillo suo sigillatas; post aliquot vero spatium temporis, dictus abbas dicto judeo prenominatos sexaginta solidos cum usuris reddidit, et ab eo litteras suas petivit, qui respondit se illas amisisse, et tamen ipse quittavit abbatem predictum et priorem Sancti Stephani Dyvionensis de dicta pecunia, tam de capitali quam de lucbro, et se habuit pro pagato; et sciendum est quod si littere dicti abbatis, propter hoc debitum judeo tradite, invente de cetero fuerint, nullius valoris possent esse. Judeus vero predictus super rotulum suum juravit quod ipse litteras illas perdiderat nec poterat invenire. In hujus vero rei testimonium, ego Petrus, abbas Sancti Stephani Dyvionensis, et ego J., decanus christianitatis, et ego decanus Oscarensis, ad peticionem dicti judei, presentes litteras sigillorum nostrorum munimine roboratas tradere voluimus. — Actum anno gratie M°CC°X° sexto, mense julio.

(*Cartul.* fol. 80 v°.)

183. — 1216, août. Accord entre Gui de Chappes et Saint-Loup au sujet des lods et ventes de la terre *Au Brullez*.

Ego G. de Capis, notum facio omnibus presentes litteras inspecturis, quod ego habeo ratum et firmum dictum Andree, prioris Sancti Lupi Trecensis, et Hugonis de Franaio, militis, quod ipsi protulerunt super laudibus et venditionibus terre que dicitur *au brullez*, pro qua abbas et conventus Beati Lupi Trecensis debent michi duos solidos annuatim. Dictum autem eorum tale fuit : quod laudes et venditiones terre supradicte ego et abbas et conventus supradicti amodo ex equo parciemur. Quod ut ratum et inconcussum permaneat, presentes litteras sigilli mei munimine feci roborari. — Actum anno Verbi Incarnati M°CC°X° sexto, mense augusto.

(*Cartul.* fol. 82 v°.)

184. — 1216, septembre. Blanche, comtesse de Champagne, reconnaît qu'elle doit donner un de ses hommes à Saint-Loup en échange de Radulphin, son valet, qui lui avait été donné par l'abbaye.

Ego Blancha, comitissa Trecensis palatina, notum facio universis presentes litteras inspecturis, quod in excambium Radulphini, vasleti mei, hominis Beati Lupi, de Trecis, quem mihi donaverunt abbas et capitulum Sancti Lupi, teneor reddere ipsi abbati et capitulo unum de hominibus meis ad valentiam prefati Radulphini, quandocumque inde fuero requisita. In cujus rei memoriam supradictis abbati et conventui presentes litteras tradidi sigilli mei munimine roboratas. Actum anno gratie M°CC°XVI°, mense septembris.

(*Cartul.* fol. 82 r°.)

185. — 1216, octobre. Blanche, comtesse de Champagne, constate que Garsias, son clerc, chanoine de Saint-Etienne, a obtenu de Saint-Loup l'usufruit de la grange de Villepart.

Ego Blancha, comitissa Trecensis palatina, notum facio omnibus presentibus et futuris presentes litteras inspecturis, quod Philippus, abbas Beati Lupi Trecensis, et ejusdem loci conventus, in presentia nostra constituti, pensata utilitate ecclesie sue, considerantes etiam servicia que Garsias, clericus meus, canonicus Sancti Stephani Trecensis, ipsis et eorum ecclesie liberaliter exhibuerat et devote, communi assensu et voluntate concesserunt et dederunt eidem Garsie, quoad vixerit, grangiam suam de Villepart cum omnibus pertinentiis suis in omnibus modis et commodis et cum omnibus his que defunctus Girardus de Barro tenuit ibidem, quamdiu idem Garsias vixerit, quiete et pacifice possidenda. Quecumque autem immobilia idem Garsias acquisierit in villa de Villeparte, aut in censiva sua pertinente ad grangiam de Villepart, vel in territorio, cum omni melioratione immobilium, que ibidem post ipsius obitum reperta fuerint, usque ad quindecim libras habebunt, de quibus redditum emere tenebuntur pro anniversario suo annuatim in eorum ecclesia celebrando; in residuo autem nichil poterunt reclamare. Sciendum est etiam, quod Garsias sub juramento firmavit se, pro posse suo, jura grangie cum pactionibus predictis bona fide servaturum, et quod super dictam Grangiam nichil mutuo poterit accipere. Predicti autem abbas et conventus eidem Garsie in verbo veritatis et in fide et religione sua concesserunt, quod eum nullo tempore super predicta grangia et pertinentiis, contra conventiones predictas, presument in posterum aut per ipsos aut per alium molestare; et tenentur eidem predictam grangiam cum pertinentiis, pro posse suo, bona fide, contra omnes homines garentire. In cujus rei testimonium feci presentes litteras sigilli mei munimine roborari. — Actum anno gratie M°CC° sexto decimo, mense octobri.

(*Cartul.* fol. 77 r°. — Archiv. Aube, *origin.*)

186. — 1216. G., seigneur de Blaincourt, reconnait qu'il doit au curé de la paroisse une rente annuelle de 2 setiers de froment et de 2 setiers d'avoine.

Ego frater G., dictus abbas Bassifontis, omnibus presens scriptum inspecturis notifico, quod dominus G. de Blaincuria et domina A., uxor ejus, in nostra presentia constituti, recognoverunt se tenere de presbiterio sive de presbitero de Blanancort terram quandam, que dicitur Hesarz Droet, ad admodiationem pro duobus sextariis bladi ad mensuram Brene : in autumno duos sextarios frumenti, in tremesio duos sextarios avene. Et si forte terra remanserit inculta, per defectum eorum, non propter hoc minus reddent dictam admodiationem presbitero predicto. Quod ut ratum et inconcussum permaneat... — Actum anno Domini M°CC°XVI°.

(*Cartul.* fol. 65 v°.)

187. — Sans date, vers 1217. Hélissende, dame de Chappes, affranchit une serve d'Isabelle, sa fille.

Ego H., domina de Capis, notum facio omnibus presentem paginam inspecturis, quod ego intuitu pietatis et ob remedium anime mee manumitto Sibillam, filiam Tierrici Magni de Ermeneis, feminam Isabel, filie mee, et eam liberam et absolutam concedo Beato Lupo Trecensi. Quod ut ratum...

(*Cartul.* fol. 77 r°.)

188. — 1217, juin. Gile, dame de Vergy, et Hélissende, dame de Chappes, cèdent à Saint-Loup, à titre d'échange, une de leurs serves communes.

Ego Gila, domina de Vergiaco, et Helisendis, domina de Capis, notum facimus omnibus presentes litteras inspecturis, quod nos concessimus abbati et capitulo Beati Lupi Trecensis, quandocumque tempus et locus advenerint, unam de communibus feminabus nostris, quam homo illorum petet in matrimonium, excepto Drochone de Lueriis, in excambium filie Radulphi de Lusigniaco, preterquam de filiabus Balduini de Montengone. Quod ut ratum... — Actum anno Domini M°CC°XVII°, mense junio.

(*Cartul.* fol. 77 r°.)

189. — 1217, juin. Saint-Loup accorde à Herbert Belot, chanoine de Saint-Etienne, la jouissance viagère de deux arpents de pré, sis à Lozeret.

Ego B., decanus, totumque ecclesie Beati Stephani Trecensis capitulum, notum facimus omnibus presentibus et futuris presentes litteras inspecturis, quod venerabiles viri Philippus, abbas Beati Lupi Trecensis, et ejusdem loci conventus, unanimi voluntate pariter et assensu communi, dederunt et concesserunt dilecto et concanico nostro Herberto Beloth duo arpenta prati sita in Osereto quamdiu vixerit libere et quiete possidenda, ita quod arpenta post ipsius decessum ad ecclesiam ipsorum sine contradictione et difficultate aliqua revertentur. In cujus rei testimonium... — Actum anno Domini M°CC°XVII°, mense junio.

(*Cartul.* fol. 84 r°.)

190. — **1217, juin.** Blanche, comtesse de Champagne, cède une serve à Saint-Loup qui lui donnera en échange une autre serve de même valeur.

Ego Blancha, comitissa Trecensis palatina, notum facio omnibus presentibus et futuris presentes litteras inspecturis, quod Mariam, filiam Maunorri, feminam meam, abbati et conventui Beati Lupi Trecensis dedi in excambium, tali modo, quod quandocumque opportunitas se dederit, et abbas et conventus a me vel a meis inde requisiti fuerint, dabunt mihi pro predicto excambio unam de feminis suis ad valentiam istius, vel duas si una non sufficeret ad equivalentiam predicte Marie. Quod ut ratum et inconcussum habeatur, supradictis abbati videlicet et conventui presentes litteras tradidi sigilli mei munimine roboratas. — Actum anno Domini M°CC°X°VII°, mense junio.

(*Cartul.* fol. 46 r°.)

191. — **1217, décembre.** Erard de Brienne donne à Saint-Loup des lettres de sauvegarde à valoir tant que durera la guerre entre lui et Blanche, comtesse de Champagne.

Ego Erardus de Brena notum facio universis, quod ego assecuravi bona fide, de me et de omnibus coadjutoribus meis, abbatem et canonicos Sancti Lupi Trecensis, cum familiis suis, et rebus pariter

universis, quamdiu guerra, que est inter me et
Blancham, dictam comitissam Campanie, durabit.
Si quis autem contra assecurationem istam presumpserit contraire, indignationem meam se noverit
incursurum. Quod ut ratum... — Actum anno Domini M°CC°XVII°, mense decembri.

(*Cartul.* fol. 82 r°.)

192. — 1217 (v. st.), 24 mars. Accord entre Saint-Loup
et Alerie, homme du chapitre de Saint-Etienne, habitant
Rouilly-Saint-Loup.

Guiardus, archidiaconus et officialis Trecensis,
omnibus ad quos littere presentes pervenerint, salutem in Domino. Noverit universitas vestra quod
cum Philippus, abbas, et conventus Sancti Lupi
Trecensis, Alericum de Ruiliaco, hominem Beati
Stephani Trecensis, super tribus jugeribus terre arabilis, que ab ipso jure pignoris reclamabant, coram
nobis traxissent in causam, dicentes dictam terram
sibi debere restitui cum fructibus ex ea perceptis
ultra summam quinquaginta solidorum, pro qua
summa dicebant dictam terram fuisse obligatam
predicto Alerico; ipso Alerico e contrario dicente,
quod super dicta terra mutuo dederat decem libras,
et dictam terram ita esse sterilem quod nondum
erat acquitata, et quod plus pro ea expenderat quam
ex fructibus ejus percepisset : tandem, mediantibus
viris bonis, inter ipsos amicabilis compositio intervenit coram nobis, talis scilicet, quod dicti abbas

et conventus habebunt medietatem predicte terre, et aliam medietatem dicto Alerico et heredibus suis in perpetuum quittaverunt. Promiserunt etiam sepedicto Alerico dicti abbas et conventus, quod ei garentiam portabunt erga Huetum Meilart et Rocelinum, qui predicto Alerico dictam terram invadiaverunt; et si ab ipsis Hueto et Rocelino, vel heredibus eorum, dictus Alericus super dicta terra aliquando vexaretur, dicti abbas et conventus ipsum per omnia servarent indempnem. In cujus rei... — Actum anno Domini M°CC°X° septimo, nono kalendas aprilis.

(*Cartul.* fol. 52 v°.)

193. — 1217, mars (Pâques le 26). Guiard, archidiacre et official de Troyes, constate la donation de la maison et vigne d'Arnoul, dénommé *pictor* et *sellarius*.

Guiardus, archidiaconus Trecensis ecclesie et officialis, omnibus presentes litteras inspecturis, in Auctore salutis salutem. Universitati vestre notum facimus quod in presentia nostra constituti magister Arnulphus, sellarius, Hodeardis, majorissa, et Jacquinus, filius ejus, clericus, recognoverunt se dedisse in eleemosynam ecclesie Beati Lupi Trecensis et canonicis ibidem Deo servientibus omnia que habebant in omnibus modis et commodis tam in domibus et vineis quam rebus aliis in perpetuum pacifice possidenda. In cujus rei testimonium presentes litteras sigillo curie Trecensis fecimus confirmari. — Actum anno gratie M°CC°X° septimo, mense martio.

(*Cartul.* fol. 52 v°.)

194. — 1218. Les exécuteurs testamentaires de Garnier de Traînel assignent, pour son anniversaire à Saint-Loup, 20 sous de rente à prendre sur les coutumes de Marigny.

Universis presentes litteras inspecturis, frater Garnerus, dictus abbas Vallilucentis, salutem in Domino. Noverit universitas vestra quod defunctus Garnerus de Triangulo, dum adhuc viveret, constituit nos et dominum Petrum de Boi et dominum Henricum de Malonido, milites, dispositores testamenti sui : nos autem, habito nobiscum consilio, assignavimus conventui Sancti Lupi Trecensis pro anniversario predicti Garneri viginti solidos annui redditus recipiendos in consuetudinibus de Marigniaco. In cujus rei testimonium presentem cartam scribi feci et sigilli nostri munimine fecimus roborari. — Actum anno gratie M°CC° decimo octavo.

(*Cartul.* fol. 75 v°.)

195. — 1218. Erard, seigneur de Chacenay, donne à Saint-Loup, sur la dîme de Montsuzain, la rente d'un muid de grain, la moitié en seigle et l'autre moitié en avoine.

Ego Erardus, dominus Chacenaii, notum facio presentibus et futuris, quod pensatis obsequiis quod fecerat michi ecclesia Sancti Lupi Trecensis, timens ne de rebus dicte ecclesie accepissem aliquando minus juste, ob remedium anime mee dedi prefate ecclesie in perpetuam eleemosinam dimidium modium siliginis et dimidium modium avene, ad mensuram Trecensem, in decima mea de Monte Suzanno, singulis annis percipiendum. Quod ut ratum sit, presentes litteras sigilli mei munimine feci roborari. — Actum anno Domini M°CC°X° octavo.

(*Cartul.* fol. 52 r°.)

196. — 1218, juillet. Hervée, évêque de Troyes, fait connaître et confirme la donation d'Erard de Chacenay (n. 195).

Ego Herveus, Dei gratia Trecensis episcopus, notum facio omnibus presentibus et futuris quod Erardus de Chacenaii, pensatis obsequiis que fecerat ei ecclesia Sancti Lupi Trecensis, timens etiam ne de rebus dicte ecclesie accepisset aliquando minus juste, dedit ob remedium anime sue prefate ecclesie in perpetuam eleemosinam dimidium modium siliginis et dimidium modium avene, ad mensuram Trecensem, in decima sua de Monte Suzano, singulis annis percipiendos. In cujus rei testimonium, ad petitionem memorati Erardi, presentem paginam fecimus sigilli nostri munimine roborari, prefatam donationem ratam habentes et eidem ecclesie confirmantes. — Datum anno gratie M°CC° octavo decimo, mense julio.

(*Cartul.* fol. 34 v°. — Archiv. Aube, *origin.*)

197. — 1218 (v. st.), janvier. Thibaut, maire de la commune de Sens, et ses pairs, font connaître un accord entre Saint-Loup et le juif Crescent, de Sens.

Universis presentes litteras inspecturis, Theobaldus Monasterii, major, et pares communie Senonensis, salutem. Noveritis quod cum contentio esset inter Philippum, abbatem Sancti Lupi Trecensis, ex una parte, et Crescentem, judeum Senonensem, ex altera, super uno modio frumenti et uno modio avene ad mensuram Trecensem, quos idem Crescens ab eodem abbate, ex parte defuncti Jacob de Villamauri judei exigebat : tandem idem Crescens, in presentia nostra constitutus, quittavit bona fide predictum abbatem et conventum ecclesie Sancti Lupi Trecensis de illa querela, et omnibus aliis querelis retroactis temporibus inter se habitis, fiducians coram nobis se, super predicta querela duorum modiorum bladi, supradictis abbati et conventui erga uxorem illius defuncti Jacob et omnes heredes ipsorum garentiam prestaturum. — Actum anno gratie M°CC°XVIII°, mense januario.

(Cartul. fol. 84 v°.)

198. — 1218 (v. st.), janvier. Guiard, archidiacre de Troyes, cède à Saint-Loup sa terre de Précy pour la jouissance viagère de 14 setiers de froment qu'il prendra sur le terrage de l'abbaye à Rouilly-Saint-Loup.

Omnibus presentes litteras inspecturis, Guiardus, archidiaconus Trecensis ecclesie, in Domino salutem. Noverit universitas vestra quod abbas et conventus Sancti Lupi Trecensis debebant michi dimidium modium avene et viginti solidos annui redditus ; et ego tenebar ponere quadraginta libras in terra emenda, pro eorum vinea et ulineto, quam terram ego tenerem ad vitam meam, et post meum obitum ad eosdem abbatem et conventum reverteretur : pro predictis siquidem quadraginta libris dedi eis totam terram meam de Prissiaco in perpetuum possidendam ; et ipsi pro predictis modio bladi et viginti solidis, et pro proventibus dicte terre de Prissiaco, dederunt michi quatuordecim sextarios boni frumenti percipiendos annuatim quandiu vixero, in terragio eorum de Ruliaco, et si forte in illo terragio non posset solvi totum illud frumentum ipsi abbas et conventus supplerent michi in granchia eorum de Bretoneria. In cujus rei testimonium presentes litteras sigilli mei munimine roboravi. — Actum anno gratie M°CC°VIII°X°, mense januario.

(*Cartul.* fol. 52 v°.)

199. — 1218 (v. st.), janvier. Saint-Loup abandonne le tiers du moulin Isembert à Pierre de Bouy, chevalier, qui cède à l'abbaye 6 setiers de seigle et 6 setiers de mouture à prendre tous les ans dans son moulin de la Mardelle à Marigny.

Ego Herveus, Dei gratia Trecensis episcopus, notum facimus omnibus presentes litteras inspecturis, quod dilectus noster Philippus, abbas Sancti Lupi Trecensis, in presentia nostra constitutus, recognovit pro se et pro ecclesia sua, et capitulum ejusdem ecclesie, coram officiali nostro, quod tertiam partem molendini, quod dicitur Molendinum defuncti Isembardi, et piscariam, quam habebant in stagno desuper molendinum, quittaverunt Petro de Boy, militi pro vi sextariis siliginis et sex sextariis molture ad mensuram Marigniaci, annuatim in molendino suo de Mardello percipiendis, medietate in Nativitate Domini, et alia medietate in Nativitate sancti Johannis Baptiste jure perpetuo possidenda, salvo censu ii denariorum, dicte ecclesie solvendorum in festo sancti Remigii annuatim. Si autem dictum molendinum de Mardello deficeret, dicti abbas et ecclesia sua se tenerent de dicto redditu ad stagnum desuper molendinum, et si stagnum et molendinum deficerent, ad totum molendinum defuncti Isambardi et ad stagnum desuper se tenerent, donec de dicto blado eis fuisset integre satisfactum. — Actum anno gratie M°CC°XVIII°, mense januario.

(*Cartul.* fol. 34 r°.)

200. — 1218 (v. st.), janvier. Payen d'Eclance, chevalier, donne à Saint-Loup sept setiers de grain, moitié froment et moitié orge, à prendre à Rance.

Omnibus presentes litteras inspecturis, Guiardus, archidiaconus et officialis Trecensis, in Domino salutem. Noverit universitas vestra quod constitutus coram nobis Paganus de Esclantia, miles, donavit in eleemosinam domui de Chaleta vii sextarios bladi annui redditus, medietatem frumenti et medietatem hordei, que habet apud Ranciam ; et de dicto redditu se devestivit, et Odonem, priorem dicte domus, investivit. — Actum anno gratie M°CC°X° octavo, mense januarii.

(*Cartul.* fol. 52 v°.)

201. — 1218 (v. st.), janvier. Saint-Loup donne une serve, habitant Laubressel, à l'abbaye de Montier-la-Celle qui s'engage à rendre en échange une serve de même valeur.

Viris venerabilibus et in Christo karissimis, abbati et conventui Beati Lupi Trecensis, frater Guillermus, Cellensis ecclesie minister humilis, in vero salutis Auctore salutem. Cum vos Hersendem, filiam Salomonis de Abrocello, feminam vestram, cuidam Oduino, Helie clerici de Ruvigniaco consanguineo, homini nostro, dari volueritis in uxorem, et eamdem Hersendem quittaveritis ab ecclesia nostra perpetuo possidendam, cum filiis et liberis ab eadem Hersende in posterum procreandis : nos vero concedimus, et per presentes litteras reddimus certiores, quod primam feminam nostram, quod in valentia prefate Hersendis, decem solidis plus vel minus, oportunitate habita, alicui hominum vestrorum petieritis in uxorem, nos vobis et ecclesie vestre quittabimus perpetuo possidendam cum liberis ab ea procreandis.—Actum anno Domini M°CC°XVIII°, mense januario.

(*Cartul.* fol. 66 v°.)

202. — 1218 (v. st.), février. Saint-Loup accorde à Guiard, archidiacre de Troyes, la jouissance viagère des granges de Montulet et des Ormets.

Omnibus presentes litteras inspecturis, Guiardus, archidiaconus Trecensis ecclesie, salutem in Domino. Noverit universitas vestra quod ego debeo reddere domui de Chaleta decimam grangiarum de Montetulleto et de Ulmeto, quas cum pertinentiis suis dilecti Philippus, abbas, et totus conventus Sancti Lupi Trecensis, concesserunt mihi ad vitam meam, et tenebo semper in utraque grangiarum unum conversum, sed quotiens mihi placuerit mutabuntur mihi illi conversi, ita quod habebo duos conversos Sancti Lupi, quoscumque voluero. Post decessum vero meum dicte grangie cum omni melioratione ibi apposita, et omnibus acquisitis ibidem, et medietate omnium mobilium que in ipsis grangiis reperientur, ad ecclesiam Sancti Lupi libere revertentur ; de alia autem medietate mobilium illorum fiet omnino secundum quod ego disposuero. In cujus rei memoriam presentes litteras sigilli mei impressione munivi. — Actum anno gratie M°CC° decimo octavo, mense februario.

(*Cartul.* fol. 78 r°.)

203. — 1218 (v. st.), février. Hervéo, évêque de Troyes, fait connaître la concession contenue dans la charte précédente.

Herveus, Dei gratia Trecensis episcopus, omnibus presentes litteras inspecturis, in Domino salutem. Noverit universitas vestra quod constitutus in presentia nostra dilectus et fidelis noster magister Guiardus, archidiaconus Trecensis ecclesie, recognovit quod de grangiis de Montetulleto et Ulmeto, quas cum suis pertinentiis dilecti in Christo filii Philippus, abbas Sancti Lupi Trecensis, et totus ejusdem ecclesie conventus, concesserunt ei ad vitam suam, debet reddere decimam domui de Chaleta. Et tenebit semper idem archidiaconus in utraque grangiarum unum conversum, sed quotiens ipsi placuerit mutabuntur ei illi conversi, ita quod habebit duos conversos de ecclesia Sancti Lupi, quoscumque voluerit. Post decessum vero ejusdem archidiaconi dicte grangie cum omni melioratione ibi apposita, et omnibus acquisitis ibidem, et medietate omnium mobilium que in ipsis grangiis repperientur ad ecclesiam Sancti Lupi libere revertentur; de alia autem medietate mobilium illorum fiet omnino secundum quod disposuerit archidiaconus memoratus. In cujus rei memoriam presentes fecimus litteras sigilli nostri muniri. — Actum anno gratie M°CC°X° octavo, mense februario.

(*Cartul.* fol. 78 v°.)

A

204. — 1219, septembre. Simon de Condillac et Guillemette de Macey approuvent une donation de terres faite à Saint-Loup par Geofroi de Chaast, clerc.

Guiardus, archidiaconus et officialis Trecensis, omnibus presentes litteras inspecturis in Domino salutem. Universitati vestre notum facimus quod Symon de Condilliaco, domicellus, et domina Willerma de Maisseio, uxor ejus, in nostra constituti presentia, pro remedio animarum suarum laudaverunt et concesserunt donationem terrarum et aliarum rerum quas Gaufridus, clericus de Charz, fecerat ecclesie Beati Lupi Trecensis, que movebant de ipsa Willerma, ita quod abbas et conventus ejusdem ecclesie, quamdiu eadem Willerma vixerit in habitu seculari, predictas res et terras tenebunt eodem modo quo pater dicti Gaufridi et ipse Gaufridus illas tenere solebant ab ea; post decessum vero ejusdem Willerme, vel mutationem habitus secularis, predicte res et terre ab omni exactione, censu, terragio, consuetudine et justicia immunes et libere ad dictam ecclesiam cum omni vestitura pacifice revertentur. Abbas vero et conventus ejusdem ecclesie, pensata devotione et dilectione quam dicti Symon et Willerma erga eos et ecclesiam suam habebant, in capitulo suo sollempniter eis promiserunt, quod post eorum decessum anniversarium suum singulis annis celebrabunt, et prior de Buceio, seu quicumque predictas res et terras tenebit, ad pitanciam fratrum in die anniversarii eorum decem solidos reddere tenebitur annuatim. In cujus rei testimonium, presentes litteras, ad peticionem predictorum Symonis et Willermo, sigilli nostri munimine roboravimus. — Actum anno Domini M°CC° nono decimo, mense septembri.

(*Cartul.* fol. 64 v°.)

205. — 1220, avril. Blanche, comtesse de Champagne, déclare que Saint-Loup promet de payer à Vivet Herbouth, juif de Villenauxe, et à Bandit, gendre de Vivet, 400 l. en cinq ans ; Vivet donne à l'abbaye quittance de ses créances antérieures sur elle, à l'exception de deux qui sont énoncées. En cas de retard dans les paiements, l'intérêt sera de 12 deniers par livre et par foire.

Ego Blancha, comitissa Trecensis palatina, notum facio omnibus presentes litteras inspecturis, quod Philippus, abbas, et conventus Beati Lupi Trecensis, de omnibus debitis et plegeriis quibus ipsi et ecclesia eorum, tam in capite quam in membris, et plegii eorum pro ipsis tenebantur erga Vivetum Herbouth, judeum de Velonesse, et Banditum, generum ejus, et liberos ac totam familiam ipsius Viveti, excepto Bienlivegne, filio ejus, quiti sunt et absoluti, excepto blado et vino que eidem Viveto debent ad vitam suam, et exceptis viginti et decem libris que debentur ei pro communitate ville de Lusigniaco, pro quadringentis libris Pruviniensibus reddendis ei ad quinque annos, ita quod duobus annis primo venturis, sine aliquid solvendo transactis, in tercio anno, tribus ebdomadis post Pascha, apud Trecas, centum et quinquaginta libras; in quarto vero anno centum quinquagenta libras; quinto vero anno centum libre residue ; si autem dictum debitum statutis terminis non solveretur, ex tunc in antea quelibet libra illius debiti, quod a quolibet terminorum remaneret solvendum, duodecim denarios a nundinis in nundinas lucraretur. In quocumque autem termino facta fuerit solutio pecunie supradicte, renovabuntur littere de residuo debiti sub predicta forma solvendi. Per hunc autem finem debet dictus Vivetus reddidisse omnes litteras quas habebat ab abbate, et ab alio, pro ecclesia memorata, de omnibus debitis et plegeriis a temporibus retroactis ; ita quod si que littere antea confecte apparuerint super aliquo debito et plegeria nullius erunt valoris contra ecclesiam sepedictam. Creentaverunt autem prefati abbas et conventus, quod super hoc decreto dictum Vivetum nullam trahent in causam. In cujus rei testimonium fecimus presentes litteras sigilli mei munimine roborari. — Actum anno gratie M°CC°XX°, mense aprili.

(*Cartul.* fol. 79 v°.)

206. — 1220, avril. Guillaume, seigneur de Dampierre, déclare que Saint-Loup promettant de payer 450 l. en six ans, à Jacob, juif de Dampierre; moyennant cet engagement, Jacob donne quittance de toutes ses créances antérieures sur l'abbaye. En cas de retard dans les paiements, l'intérêt sera de 2 deniers par livre et par semaine.

Ego Guillermus, dominus de Dampetra, notum facio omnibus presentes litteras inspecturis, quod abbas et conventus Beati Lupi Trecensis de omnibus debitis et plegeriis ab eis pro aliis et ab aliis quibuscumque pro ipsis factis, quibus ipsi et ecclesia Beati Lupi Trecensis, tam in capite quam in membris, tenebatur erga Jacob, filium Sansonis Ruff, judeum meum de Dampetra, et erga fratres suos, atque erga Abraham Lovet de Rosnay, judeum domine comitisse Campanie, finem fecerunt erga Jacob predictum, tam pro se quam pro aliis ad quadringentas et quinjuaginta libras Pruvinienses in hunc modum : ipsi Jacob, vel certo ejus nuntio, litteras prefati abbatis et conventus deferenti reddendas scilicet in nundinis primo venturis apud Barrum, die veneris post Pascha, centum libras, et anno revoluto in eisdem nundinis et eodem termino centum libras, et subsequenti anno in eisdem nundinis et eodem termino centum libras, et similiter in anno sequenti in eisdem nundinis et eodem termino centum libras; in post sequenti vero anno in eisdem nundinis et eodem termino quinquaginta libras. In responsa autem hujus debiti posuerunt abbas et conventus prefati in manus ejusdem Jacob villam suam de Molins, ita quod si dictum debitum statutis terminis non solveretur, ex tunc in antea quelibet libra illius debiti, quod remaneret solvendum in quolibet terminorum, duos denarios per ebdomadam lucraretur. Sciendum preterea, quod dicti abbas et conventus debent sepedicto Jacob duos modios frumenti laudabilis ad mensuram Trecensem in grangia sua de Molins, quandiu idem judeus vixerit, a festo sancti Remigii usque ad Natale Domini annis singulis percipiendos; si vero idem judeus dictum bladum non requisierit statuto termino, ipse non poterit plus petere pro blado, nisi quantum potuerit infra terminos memoratos; si autem dictum bladum apud Molins non potuerit reperiri, in alia grangia viciniori Dampetra ipsi Jacob requirenti tradetur infra terminos supra scriptos. In quocumque vero terminorum facta fuerit solutio pecunie supradicte, renovabuntur littere de residuo debiti, qua tandem plene peracta, abbas et conventus eidem judeo litteras de predicto frumento tradent, quod frumentum, post decessum memorati judei, ad ecclesiam Beati Lupi Trecensis libere revertetur. Per hunc autem finem factum quiti sunt sunt et absoluti abbas et conventus et ipsa ecclesia Sancti Lupi Trecensis, tam in capite quam in membris, erga omnes judeos meos, de omnibus debitis vel plegeriis retro habitis, vel contractis, in tantum quod si alique littere antea confecte super aliquo debito vel plegeria apparerent, nullius essent valoris contra ecclesiam memoratam. — Actum anno Domini M°CC°XX°, mense aprili.

(Cartul. fol. 79 r°.)

207. — 1220, juin. Echange de serfs entre Saint-Loup et la collégiale de Saint-Etienne.

Omnibus presentes litteras inspecturis, magister Herbertus, procurator pauperum domus Dei Beati Stephani Trecensis, in Domino salutem. Notum vobis facio quod ego, de assensu fratrum et sororum domus Dei Beati Stephani Trecensis, dedi et concessi abbati et conventui Sancti Lupi Trecensis Isabel, filiam Esmauri Menardi de Verreriis, hominis dicte domus Dei, uxorem Petri molendinarii de Ponte Sancte Marie, hominis dicti Sancti Lupi, in excambium pro Constantio Grolardo, homine dicti Sancti Lupi et pro tota familia ejusdem Constantii. In cujus rei testimonium et noticiam presenti scripto sigillum meum apposui. — Actum anno Domini M°CC° vicesimo, mense junio.

(Cartul. fol. 67 r°.)

208. — 1220, août. Blanche, comtesse de Champagne, déclare qu'en sa présence, Milet de *Parreti* a reconnu avoir vendu à Saint-Loup ce qu'il avait à Villepart; qu'il s'est porté fort de la ratification de ses frères et sœurs mineurs; qu'enfin, en garantie, il a hypothéqué, avec le consentement de Jean de *Parreti*, tout ce qu'il tenait de lui en fief.

Ego Blancha, comitissa Trecensis palatina, notum facio universis presentes litteras inspecturis, quod constitutus in mea presentia dilectus meus Miletus de Parreti recognovit se vendidisse abbati et ecclesie Sancti Lupi Trecensis quicquid habebat apud Villepart et in toto finagio predicte ville ; et hoc totum recognovit se tenere de ecclesia supradicta, et quia idem Miletus fratres habebat et sorores qui ad etatem laudandi non pervenerant, fecit coram me Johannem de Parreti, de quo alia multa tenebat, et laudante ipso Johanne et consentiente, assignavit dictis abbati et ecclesie quicquid de ipso Johanne tenebat, habendum et possidendum, si non laudarent fratres ejus et sorores venditionem de Villepart, quam cito pervonerint ad etatem laudandi. Quod ut ratum... — Actum anno gratie M°CC°XX°, mense augusto.

(*Cartul.* fol. 90 r°. — Archiv. Aube, *origin.*)

209. — 1220, novembre. Pierre de Rouillerot, chevalier, donne à Saint-Loup quatre journaux de terre à la Bretonnière, lieu dit Lyas.

Omnibus presentes litteras inspecturis, Guiardus archidiaconus et officialis Trecensis, in Domino salutem. Noverit universitas vestra quod constituti coram nobis Petrus de Rullereto miles, et Adelina, uxor ejus, dederunt et concesserunt ecclesie Beati Lupi Trecensis in perpetuam eleemosinam quatuor jorneria terre, sita versus Bretoneriam, in loco qui dicitur Lnarz. Ita tamen quod quandiu vixerit in habitu seculari illa tenebunt si voluerint. Postquam vero alter eorum viam universe terre ingressus fuerit, vel habitum secularem mutaverit, abbas et conventus ejusdem ecclesie medietatem ejusdem terre sine contradictione aliqua habebunt; altera vero medietas terre, post decessum alterius, vel mutationem habitus secularis, ad eos pacifice revertetur. Quod ut ratum et inconcussum permaneat, presentes litteras sigillo curie Trecensis fecimus roborari. — Actum anno gratie M°CC° vicesimo, mense novembri.

(*Cartul.* fol. 86 v°. — Archiv. Aube, *origin.*)

210. — 1220, novembre. Bandin, Jacob, Sonet et Haquin, enfants de Valin, juif de Troyes, donnent quittance générale a l'abbaye de Saint-Loup, soit de leurs créances, soit de celles de leur père.

Omnibus presentes litteras inspecturis, Guiardus archidiaconus et officialis Trecensis, in Domino salutem. Noverit universitas vestra quod constituti coram nobis Bandinus, Jacob, Sonetus et Haquinus, filii defuncti Vaalini, judei de Trecis, quittaverunt in perpetuum ecclesiam Beati Lupi Trecensis et plegios ejus omnes, tam in capite quam in membris, de omnibus debitis et plegeriis quibus eisdem judeis sive pro ipsis, sive pro patre eorum, fuerat ecclesia obligata a temporibus retroactis; et concesserunt quod si aliquando aliquod exhiberetur instrumentum super debito, vel plegeria aliqua confectum, nullius valoris esset, sed irritum et inane penitus haberetur. Quod ut ratum et inconcussum permaneat, presentes litteras sigillo curie Trecensis fecimus communiri. — Actum anno Domini M°CC°XX°, mense novembri.

211. — 1220 (v. st.), février. Clérembaud, seigneur de Chappes, déclare que Samson, son juif, a donné quittance de toutes ses créances sur Pierre Mongier, homme de Saint-Loup ; et a déchargé Philippe, abbé de Saint-Loup, des cautions qu'il avait données.

Ego Clarembaudus, dominus Capparum, omnibus presentes litteras inspecturis, notum facio quod in presentia mea constitutus Sanson, judeus meus, quittavit in perpetuum Petrum Mongier, hominem ecclesie Beati Lupi Trecensis, de omni debito et plegeria, et plegios ejus omnes, scilicet Boichardum, quondam majorem de Insulis, et omnes alios qui pro predicto Petro erga dictum judeum quandoque fuerunt obligati ; et concessit idem coram me quod si aliquando super aliquo debito vel plegeria idem judeus, vel alius pro ipso, aliquod exhiberet iustrumentum, vel etiam testes, contra dictum Petrum, nullius essent valoris, sed irritum et inane penitus haberetur. Quittavit etiam coram me Philippum, abbatem Beati Lupi Trecensis, et omnes plegios, quos pro predicto Petro erga dictum judeum obligavit, de omnibus prisiis, occasione alicujus debiti factis. — Actum anno gratie M°CC°XX°, mense februario.

(*Cartul.* fol. 84 r°.)

212. — 1221, avril (Pâques le 11). Saint-Loup accorde à Milon de la Chapelle, chanoine de la cathédrale, la jouissance viagère de prés à Pont-Sainte-Marie.

Omnibus presentes litteras inspecturis, Guiardus, archidiaconus et officialis Trecensis, in salutis Auctore salutem. Noverit universitas vestra quod constitutus in presentia nostra Milo de Capella, concanonicus noster, recognovit se tenere ab ecclesia Beati Lupi Trecensis medietatem cujusdam prati ipsius ecclesie, quod est versus Pontem Beate Marie, quod bone memorie magister Petrus Pasquerez tenuit ab ecclesia memorata ; et quoddam aliud pratum apud Pontem Hulrici juxta Trecas situm : ita videlicet, quod dicta prata, post decessum ipsius Milonis, ad prefatam ecclesiam libere et sine contradictione qualibet revertentur. In cujus rei testimonium... — Actum anno gratie M°CC°XX° primo, mense aprili.

(*Cartul.* fol. 86 v°.)

213. — 1221, avril (Pâques le 11). Garnier, seigneur de Trainel, ayant reçu 20 livres de l'abbaye de Saint-Loup, permet à l'abbé de vendre ou de faire vendre le bois de Pompée dans l'espace de cinq ans.

Ego Petrus de Boyaco, miles, notum facio tam presentibus quam futuris, quod Garnerus, dominus Trianguli, coram me concessit domino abbati Sancti Lupi Trecensis quod sine contradictione vendat et vendi faciat infra quinque annos nemus de Pompee, et dominus abbas predictus de bonis ecclesie sue XX libras contulit supra dicto Garnero. In cujus rei testimonium... — Actum anno gratie M°CC°XX°, mense aprili.

(*Cartul.* fol. 82 v°.)

214. — **1221, mai. Saint-Loup amodie à Anet de Vendeuvre, moyennant 11 livres, une loge près de l'église Saint-Jean. Anet fournit des cautions.**

Guiardus, archidiaconus et officialis Trecensis, omnibus presentes litteras inspecturis, in Domino salutem. Universitati vestre notum facimus quod in presentia nostra constitutis Anneto de Vendopera, Quadrato Cordubanensi, et Bernardo Molismensi, civibus Trecensibus, dictus Annetus recognovit se tenere ab ecclesia Beati Lupi Trecensis quamdam logiam, sitam juxta ecclesiam Sancti Johannis in Foro, pro undecim libris Pruviniensibus, ad sex annos tenendam et pacifice possidendam, quas abbati et conventui ejusdem ecclesie se redditurum promisit in hunc modum, videlicet decem et octo solidos et quatuor denarios singulis annis usque ad terminum superius annotatum, tali tamen conditione apposita, quod idem Annetus dictam logiam, quotienscumque opus fuerit, de suo reparabit, non denariis ecclesie supradicte ; et eamdem logiam in tali statu quo eam accepit, vel in meliori, dimittet per testimonium vicinorum, elapsis sex annis supradictis, sine difficultate qualibet et contradictione. De hiis autem omnibus supradictis firmiter tenendis et fideliter adimplendis supradicti Quadratus Cordubanensis et Bernardus Molismensis, cives Trecenses, erga dictos abbatem et conventum et ecclesiam Beati Lupi Trecensis coram nobis se plegios constituerunt, et quilibet eorum in solidum, dantes potestatem abbati et conventui supradictis capiendi de bonis suis ubicumque inventa fuerint, si predictus Annetus de conventionibus, quod absit, deficeret supradictis; promisit etiam dictus Annetus, fide prestita, quod dictos plegios de predicta plegeria penitus acquitabit. — Actum anno gratie M°CC°XXI°, mense maio.

(*Cartul.* fol. 87 r°.)

215. — 1221, juin. Le chapitre de Saint-Pierre et les Templiers cèdent à Saint-Loup tous leurs droits sur les prés sis entre la grange de Villepart et du Petit-Villepart, en échange de pareils droits sur des prés appartenant à Saint-Loup.

Decanus et capitulum Trecensis ecclesie omnibus presentes litteras inspecturis, in Domino salutem. Noverit universitas vestra quod nos, et fratres milicie Templi, dedimus in perpetuum excambium, Philippo, abbati Beati Lupi Trecensis, et ejusdem ecclesie conventui, et Garsie, clerico Blanche, illustris comitisse Campanie, quicquid nos et homines nostri habebamus in dominio, justicia et censu, in prato quod situm est inter granchiam de Villepart, quam grangiam tenet dictus Garsias ad vitam suam, et villam que dicitur Parvum Villepart, pro dominio, justicia et censu, que dicti abbas et conventus et Garsias habebant in pratis que sunt intra ruisellum qui fluit de molendino defuncti Herberti : in hunc videlicet modum, quod dicti abbas et conventus et Garsias in ipso ruisello molendinum edificare non poterunt, nisi de assensu et voluntate nostra; communitas vero hominum de Vilepart usum suum habebit in illo ruisello qui fluit inter justiciam nostram, et justiciam dictorum abbatis et conventus et Garsie, sicut solebant habere. In cujus rei memoriam presentes litteras sigillo nostro fecimus roborari. — Actum anno gratie M°CC°XX°I°, mense junio.

(*Cartul.* fol. 64 v°.)

216. — 1221, août. Sentence rendue par Etienne, doyen de la chrétienté de Villemaur, en faveur de Blanchard contre Pierre le Sourd, de Fontvannes, chevalier, au sujet d'un terrage et d'une redevance de 7 bichets d'avoine.

Ego Stephanus, decanus christianitatis de Villamauri, notum facio omnibus presentes litteras inspecturis, quod cum causa verteretur coram me inter magistrum Blanchardum, ex una parte, et Petrum Surdum, militem, de Fonvenna, ex alia, super quodam legato, videlicet terragio et quadam costuma septem bichetorum avene, que Iterus, miles, dicto Blanchardo legaverat personnaliter; tandem partibus citatis, lite contestata contra predictum Petrum, qui legatum impediebat, qui allegabat predictos redditus ad eum jure hereditario devenire, testibus productis et receptis, et ordine judiciario publicatis, et die assignata ad dicendum in testes vel in dicta testium, et de audienda sentencia diffinitiva : tandem bonorum virorum usus consilio, predictos redditus predicto Blanchardo per sententiam diffinitivam adjudicavi. — Actum anno Domini M°CC°XX° primo, mense augusto.

(*Cartul.* fol. 67 r°.)

217. — 1222, avril (Pâques le 3). Saint-Loup achète un journal et demi de terre, entre Verrières et la Bretonnière, moyennant 6 livres 5 sous.

Omnibus presentes litteras inspecturis G., archidiaconus Trecensis et officialis, salutem in Domino. Universitati vestre notum facimus quod constituti in nostra presentia Galterus Maleboiche de Verreriis et Blancha, uxor ejus, recognoverunt se vendidisse ecclesie Beati Lupi Trecensis unum jornerium et dimidium terre, site inter terras dicte ecclesie apud Bretoneriam, inter dictam Bretoneriam et Verrerias, pro sex libris et quinque solidis, dicti vero Galterus et Blancha fiduciaverunt in manu nostra se dicte ecclesie super predicta terra legitimam garentiam portaturos ; fiduciaverunt etiam quod nullo modo de cetero dictam ecclesiam super jam dicta venditione molestabunt vel facient molestari. Quod ut ratum et inconcussum permaneat, litteras, ad preces abbatis prefate ecclesie et dictorum Galteri et Blanche, sigillo curie Trecensis fecimus roborari.

Actum anno Domini M°CC°XX° secundo, mense aprili.

(*Cartul.* fol. 87 v°. — Archiv. Aube, *origin.*)

218. — 1222, avril (Pâques le 3). Renaud des Noës, pelletier, reconnaît qu'il tient de Saint-Loup, par droit héréditaire, 3 arpents de vignes, moyennant 10 sous de cens annuel.

Omnibus presentes litteras inspecturis, Guiardus archidiaconus et officialis Trecensis, in Domino salutem. Noverint universi quod in presentia nostra constitutus Renaudus de Nois, pelliparius, recognovit se tenere ab ecclesia Beati Lupi Trecensis, jure hereditario, tria arpenta vinee, scilicet septem quarta in Valle Auberti, et quinque alia quarta in Vacellis, sita juxta Trecas, pro decem solidis annui census ad Natale Domini abbati et conventui ejusdem ecclesie reddendis, pro quibus decem solidis dictus Renaudus assignavit et posuit in responsa dictis abbati et conventui tres pecias terre arabilis, quas habet jure hereditario, sitas in loco illo qui dicitur au Loces; ita tamen quod si dicti decem solidi ad prefixum terminum soluti non fuerint, sicut superius est expressum, dicti abbas et conventus Beati Lupi, ex tunc, tam dicta tria arpenta vinee, sive redacta fuerint ad agriculturam sive non, quam dictas tres pecias terre poterunt licite et sine aliqua contradictione saisire, et tamdiu tenere quousque de predictis decem solidis, et de aliis quinque solidis pro emenda, ipsis abbati et conventui Beati Lupi plenarie fuerit satisfactum. In cujus rei testimonium presentes litteras sigillo curie Trecensis fecimus roborari. — Actum anno gratie M°CC°XX° secundo, mense aprili.

(*Cartul.* fol. 61 v°.)

219. — 1222, juin. Jocerand de Bucey, chevalier, reconnaît que le prieuré de Saint-Jacques de Bucey a plein usage dans ses bois.

Omnibus presentes litteras inspecturis, G., archidiaconus et officialis Trecensis, salutem in Domino. Noverit universitas vestra quod constitutus in presentia nostra dominus Jocerandus, miles, de Buci, recognovit in jure coram nobis quod ecclesia Beati Jacobi de Bucci debet habere plenum usuarium, in nemoribus suis, excepta foresta. — Actum anno gratie M°CC°XX° secundo, mense junio.

(*Cartul.* fol. 61 r°.)

220. — 1222, juin. Echange de terres entre le prieuré de Saint-Vinebaud et l'abbaye de Sainte-Colombe de Sens.

Odo, Dei gratia Beate Columbe Senonensis abbas, totusque ejusdem ecclesie conventus, omnibus presentes litteras inspecturis in Domino salutem. Universitati vestre significamus quod cum nos haberemus quasdam terras arabiles sitas inter terras ecclesie Beati Lupi Trecensis, videlicet hastam ante portam granchie sue de Pompee sitam : et aliam petiam juxta haiam de Changoin ; et aliam petiam terre juxta viam Sancti Albini ; et unam petiam quam tenebat Auvinus et liberi sui *an Chasseignes*; et aliam petiam quam tenebat Petrus de Ociaco ; et aliam petiam quam tenebat Elviz et Gauterus de Lapeere ; et aliam petiam quam tenebat Herbertus de Regni juxta viam de Nogento ; et aliam petiam quam tenebat Maria, et Hodoynus, filius ejus, juxta viam Sancti Martini ; et aliam petiam quam tenebat Felix et frater ejus juxta viam Sancti Martini ; et etiam petiam terre, que communis erat, quam tenebat Arnulphus Malepart *es Commines*. Et similiter predicta ecclesia Beati Lupi quasdam alias terras arabiles haberet sitas inter terras nostras in finagio de Regni et de Bocenay, videlicet, duas petias terre *a Sordun*, de tenetura fratris Ernaudi, conversi sui ; et aliam petiam juxta vineam nostram de Regni ; et aliam petiam que fuit Radulphi de Ruisello ; et aliam petiam que fuit Guiardi et Ernaudi fratrum, de Ruisello ; et aliam petiam terre que fuit defuncti Radulphi de Bocenai ; et aliam petiam terre que fuit Isabellis apud viam Pontium ; et aliam dimidiam petiam que fuit *de Commines*. Nos considerata pace et utilitate ecclesie utriusque, unanimi voluntate fratrum nostrorum, dedimus et concessimus omnes terras supradictas jamdicte ecclesie Beati Lupi in excambium pro omnibus supradictis ipsius ecclesie terris, jure perpetuo et pacifice et sine contradictione aliqua, possidendas. Quod ut ratum permaneat, presentem cartam sigillorum nostrorum munimine fecimus roborari. — Actum anno gratie M.CC° vicesimo secundo, mense junio.

(*Cartul.* fol. 63 v°. — Archiv. Aube, *origin.*)

221. — 1222, juillet. Guillaume Mort-de-Froid et Richoude, sa femme, donnent à Saint-Loup trois journaux de terre sis à Rouilly-Saint-Loup.

Omnibus tam presentibus quam futuris presentes litteras inspecturis, G., archidiaconus et officialis Trecensis, in Domino salutem. Universitati vestre notum facimus quod in presentia nostra constituti Willermus *Mort-de-froit* et Richoldis, uxor ejus, cives Trecenses, recognoverunt se dedisse ecclesie Beati Tupi Trecensis, in perpetuam elemosinam, terciam partem de tribus jorneriis terre sitis apud Ruilliacum, juxta terram Girardi, servientis ejusdem ecclesie ; et alias duas partes abbati et conventui ejusdem ecclesie, pro sexaginta decem solidis Pruviniensibus vendidisse. Et fiduciaverunt quod nunquam, vel per se vel per alium, contra dictos abbatem et conventum de cetero super hoc movebunt questionem. Quod ut ratum sit, ad peticionem supradictorum Willermi et Richodi, uxoris ejus, presentes litteras sigillo curie Trecensis fecimus roborari. — Actum anno gratie M°CC°XX° secundo, mense julio.

(*Cartul.* fol. 61 r°.)

222. — 1322 (v. st.), février. Odin, seigneur de Saint-Phal, fait un échange de serfs avec l'abbaye de Saint-Loup.

Notum sit omnibus tam presentibus quam futuris, quod ego O.. dominus de Sancto Fidolo, ad peticionem famuli nostri Petri Galois, concessi abbati et conventui Sancti Lupi Trecensis filiam predicti Galois in excambium filie Aaliz de Ponto, femine predictorum abbatis et conventus Sancti Lupi Trecensis; ita scilicet, quod ipsi quitaverunt eam michi, et ego meam ipsis. Quod ut ratum et firmum habeatur, sigilli mei munimine roboravi. — Actum anno gratie M°CC°XX° secundo, mense februario.

(*Cartul.* fol. 65 r°.)

223. — 1224, mai. Thibaut IV, comte de Champagne, donne à Philippe, abbé, et au couvent de Saint-Loup quittance de deux rentes viagères de deux muids de froment chacune, dues par l'abbaye à Jacob de Dampierre et à *Bien-li-Vaigne*, fils d'Herbouth de Villenauxe, juifs du comte.

Ego Theobaldus, Campanie et Brie comes palatinus, notum facio omnibus presentes litteras inspecturis, quod ego ob remedium anime mee et parentum meorum quittavi in perpetuum dilectos meos Philippum, abbatem, et conventum Sancti Lupi Trecensis et eorum ecclesiam de redditu duorum modiorum frumenti ad mensuram Trecensem, quem ipsi Jacob de Dampetra, judeo meo, annuatim ad

vitam suam reddere tenebantur. Quittavi eciam
eosdem de redditu duorum aliorum modiorum
frumenti ad dictam mensuram, quem ipsi Bien li
Vaigne, judeo meo, filio Herboti, judei de Velonesse, annuatim ad vitam suam similiter reddere
tenebantur. Quod ut ratum et inconcussum permaneat, presentes litteras dictis abbati et conventui
tradidi sigilli mei munimine roboratas. — Actum
anno Domini M°CC°XX° quarto, mense maio.

(Cartul. fol. 53 r°.)

224. — 1224 (v. st.), janvier. Philippe II, de Trainel, abbé
de Saint-Loup, fait connaître que l'abbaye, moyennant
500 livres, a concédé la grange de la Bretonnière à Garsias,
clerc de Thibaut IV, en échange de la grange de Villepart
qui retourne à Saint-Loup.

Nos frater Philippus, quondam ecclesie Beate
Marie de Virtuto, nunc autem ecclesie Beati Lupi
Trecensis abbas, totusque ejusdem ecclesie conventus, auctoritate et assensu venerabilis viri Philippi, quondam abbatis nostri, nunc vero Clarevallis
monachi, pensata utilitate ecclesie nostre, conside-
ratis etiam serviciis et bonis que noster in Christo
dilectus Garsyas, illustris domini Theobaldi, Campanie et Brie comitis palatini, clericus, ac Beati Stephani Trecensis cellarius, nobis et ecclesie nostre
exhibuerat fideliter et devote, communi assensu et
voluntate concessimus et donavimus eidem Garsye
ad vitam suam domum nostram de Sancto Winebaudo cum omnibus pertinentiis suis. Et nos cum

essemus multis debitis obligati, pro solutione debitorum nostrorum facienda, tunc propter hoc recepimus ab eodem ducentas et quinquaginta libras Pruvinienses. Postmodum vero cum ipse Garsyas dictam domum de Sancto Winebaudo et ejus pertinentias, dum eas in manu sua tenuit, non modicum augmentasset et emendasset, nos conventus, auctoritate et assensu ejusdem Philippi, tunc abbatis nostri, nunc Clarevallis monachi, ad peticionem ejusdem Garsye, de communi assensu et voluntate omnium nostrum, dedimus in excambium ipsi Garsie ad vitam suam granchiam nostram de Villepart cum omnibus suis pertinentiis, et quicquid emeramus ibidem a Mileto de Parreti, et molendina nostra de Brethoneria pro jam dicta domo de Sancto Winebaudo cum omnibus suis pertinentiis. Processu vero temporis, cum idem Garsyas dictam granchiam de Villepart cum pertinentiis suis, dum eas in manu sua tenuit, augmentasset et emendasset multipliciter, et ultra omnes proventus et exitus inde perceptos ducentas libras Pruvinienses expendisset in emendatione dictorum videlicet granchie et molendinorum, debitis nostris crescentibus, ita quod ipsorum honere supra modum essemus gravati, liberationis nostre processum attendentes, taliter convenimus inter nos et dictum Garsyam quod ipse Garsyas supradictam domum de Villepart cum pertinentiis suis et ipsa molendina de Brethoneria nobis quittavit, retento tamen sibi jure molendi in eisdem molendinis sine moltura, ad opus granchie de Bretoneria. Nos autem Philippus, quondam ecclesie de Virtuto, modo ecclesie Beati Lupi Trecensis, abbas, totusque ejusdem ecclesie conventus, de communi assensu et unanimi voluntate omnium granchiam nostram de Bretoneria, cum villa nostra que dicitur Ruilliacum, una cum nemore nostro quod dicitur Luisant, et cum omnibus aliis pertinentiis suis in omnibus modis et commodis, sicut ea tenuimus a quadraginta annis retroactis, donavimus per excambium pro dicta Granchia de Villepart cum suis pertinentiis et molendinis supradictis, et concessimus eidem Garsye quamdiu vixerit integre libere ac pacifico possidenda ; et propter dictum excambium recepimus ab eodem Garsya quingentas libras bonorum legalium et novorum Pruviniensium pro solutione debitorum nostrorum facienda, hoc nobis salvo, quod quicumque erit major Ruilliaci septem libras bone cere thesaurario ecclesie nostre Trecensis in festo beati Lupi reddere tenebitur annuatim ; quecumque autem immobilia idem Garsias acquisierit vel edificia fecerit in granchia de Brethoneria et Ruilliaco et pertinentiis suis, et infra parrochiam Verreriarum et Ruilliaci et in finagio earumdem, cum omni melioratione immobilium et cum bladis, que tunc erunt seminata in terris sicut in eisdem terris reperta fuerint, post ipsius obitum ad nos et ecclesiam nostram libere et sine difficultate seu contradictione aliqua revertentur. De mobili autem quod in eadem granchia et Ruilliaco et pertinentiis earum, post ipsius obitum repertum fuerit, preterquam bladum quod tunc in terris seminatum inventum fuerit, habebimus usque ad centum et viginti quinque Pruviniensium bonorum libras, de quibus teneamur emere redditum pro anniversario ipsius Garsie annuatim in nostra ecclesia celebrando ; in residuo autem nichil poterimus reclamare. Sciendum autem quod idem Garsias sub juramento firmavit, quod ipse jura granchie de Brethoneria et Ruilliaci cum pertinentiis suis, pro posse suo, bona fide servabit ; et quod super dictam granchiam de Brethonaria et Ruilliacum non poterit aliquid mutuo accipere, unde domus nostra teneri debeat obligata ; et quod subtracta ad jus ecclesie nostre, pro posse suo, bona fide revocabit ; revocata vero, sicut predicta, ad vitam suam tenebit. Sciendum preterea quod quicquid infra parrochiam Verreriarum et Ruilliaci et finagio earumdem per excasuram et quocumque alio modo ad nos et ecclesiam nostram devenire debuerit, sicut predicta, concessimus eidem Garsie quamdiu vixerit integre libere ac pacifice possidendum. Nos vero in pleno capitulo nostro concessimus et promisimus eidem Garsye, in verbo veritatis et in fide ac religione nostra, quod eum nullo tempore super predictis omnibus, contra predictas conventiones, presumemus aut per nos aut per alium in posterum molestare. Tenemur eidem Garsie predictam granchiam de Bretoneria et Ruilliacum et nemus de Luisant cum pertinentiis suis, pro posse nostro, bona fide contra omnes homines

garantire. Sciendum preterea quod si forte dictum
Garsiam contigerit fore episcopum, ipsa granchia
de Brethoneria et Ruilliacum cum omnibus pertinentiis suis, sicut superius expressum est, ad nos et
ecclesiam nostram libere et sine difficultate seu
contradictione qualibet revertentur. In cujus rei
testimonium, presentes litteras appositione sigillorum nostrorum fecimus communitas. — Actum
anno gratie M°CC°XX° quarto, mense januario.

(*Cartul.* fol. 91 r°.)

225. — 1225, 18 août. Thibaut IV, comte de Champagne,
constate qu'en sa présence Jacob, juif de Dampierre, son
homme, a donné quittance générale de toutes ses créances
sur Saint-Loup, et d'une rente de deux muids de froment.

Ego Theobaldus, Campanie et Brie comes Trecensis palatinus, notum facio et testificor omnibus presentes litteras inspecturis, quod in presentia mea
constitutus Jacob de Dampetra, judeus meus, de
omnibus debitis et plegeriis, quibus ecclesia Beati
Lupi Trecensis, tam in capite quam in membris,
tenebatur ei, et patri suo, et fratribus suis, a temporibus retroactis usque ad presentem diem; et de
duobus modiis frumenti annui redditus, quos habebat idem judeus in eadem ecclesia, quietavit in
perpetuum Philippum, abbatem, et conventum
Beati Lupi Trecensis, et per ipsos eamdem ecclesiam
Beati Lupi, tam in capite quam in membris, ita
quod si alique littere super debitis, plegeriis et redditu confecte, postmodum comparerent, nullam

haberent efficaciam vel alicujus roboris firmitatem. Quod ut ratum sit, presentes litteras, ad peticionem dicti Jacob, judei mei jamdicti, abbati et conventui Beati Lupi tradidi sigilli mei munimine roboratas. — Actum Trecis, die lune proxima post Assumptionem Beate Virginis, anno M°CC°XX° quinto, mense augusto.

(*Cartul.* fol. 54 v°.)

226. — 1225, août. — Echange de serfs entre Saint-Loup et le chapitre de Saint-Pierre.

Decanus, capitulumque Trecenses, omnibus ad quos presens decretum pervenerit salutem in Domino. Noveritis quod cum Bonetus de Chaudreio et Anseletus, filius ejus, homines ecclesie Beati Lupi Trecensis ducere vellent in uxores Belinam, relictam Girardi majoris de Vilers, et Johannetam filiam dicte Beline, feminas nostras : Ita quod dictus Bonetus dictam Belinam et dictus Anseletus prefatam Johannetam haberet ; tandem in hoc convenimus, quod quittavimus dictam Johannetam, feminam nostram, ecclesie Beati Lupi, ita quod de cetero in ipsa Johanneta vel in heredibus suis, si quos in posterum habuerit, nichil reclamabimus, et ecclesia Beati Lupi nobis quittavit dictum Bonetum, ita quod in ipso Boneto vel in heredibus suis, si quos in posterum habuerit, de cetero nichil reclamabit. In cujus rei testimonium sigillum nostrum apposuimus huic scripto. — Actum anno gratie M°CC°XX°V° mense augusto.

(*Cartul.* fol. 90 r°.)

227. — 1225, mars (Pâques le 30); *Vidimus* de 1239 (v. st.), février. Concession d'un droit d'échoite.

Omnibus presentes litteras inspecturis magister Robertus de Noa, officialis Trecensis, salutem. Noveritis nos tales litteras vidisse sub hac forma :

Frater Philippus, Beati Lupi Trecensis dictus abbas, totusque ejusdem ecclesie conventus, omnibus presentes litteras inspecturis, salutem in Domino. Noverit universitas vestra quod nos, ad preces karissimi nostri Philippi, Clarevallensis monachi, qui fuit abbas ecclesie nostre, concessimus Doeto, sororio ejus, et Elysabeth, sorori ipsius, quod si Doetus ante dictam Elysabeth decesserit, escasura ipsius Doeti, que nostra est, ad ipsam Elysabeth libere revertetur toto tempore vite sue pacifice possidenda. Similiter si dictam Elysabeth ante ipsum Doetum mori contigerit, jus escasure nostre ad nos, ratione ipsius Elysabeth, pertinens, ad prefatum Doetum integre revertetur quoad vixerit obtinenda, et post decessum predictorum Doeti et Elysabeth escasura predicta ad ecclesiam nostram libere revertetur. Quod ut ratum sit, presentes litteras fieri fecimus, sigillorum nostrorum munimine roboratas. — Actum anno Domini M°CC°XX° quinto, mense martio. — Et transcriptum actum fuit anno Domini M°CC°XXX° nono, mense februario.

(*Cartul.* fol. 91 v°.)

228. — 1226, avril (Pâques le 19). Echange de serfs entre Saint-Loup et Geofroi de Rosson et Pierre, son frère.

Magister Hugo, officialis curie Trecensis, omnibus ad quos littere iste pervenerint, in Domino salutem. Notum vobis facimus et testamur quod Godefridus de Roussum, et Petrus, frater ejus, filii quondam Stephani militis de Rousson, in nostra et multorum presentia publice cognoverunt se cum venerabilibus viris Philippo, tunc abbate, et conventu Beati Lupi Trecensis, excambium creantatum, et hinc inde concessum, fecisse de Ysabella, filia Ebrardi de Rousson, quam prefati Godefridus, et Petrus, frater ejus, dederunt ecclesie Beati Lupi in excambium Ysabellis, filie Rudulphi Charuel de Lueriis. Has autem, ad peticionem predictorum fratrum, litteras presentes fecimus et sigillavimus. — Anno gratie M°CC°XX° sexto, mense aprili.

(*Cartul.* fol. 92 r°.)

229. — 1226, avril (Pâques le 19). Jacquette du Plessis et Guillaume son fils donnent au prieuré de Bucey dix setiers de mouture, moitié seigle et moitié trémois, sur le moulin du Gros-Verger.

Magister Hugo, Trecensis curie officialis, omnibus presentes litteras inspecturis, in Domino salutem. Noverit universitas vestra quod in nostra presentia constituti domina Jacoba de Plaiscio et Milo, filius ejus, recognoverunt se dedisse et concessisse ecclesie Beati Lupi Trecensis et prioratui de Buceio in perpetuam eleemosinam, pro animabus defunctorum domini Jacobi, fratris ejusdem Jacobe, et Guillermi, filii sui, decem sextarios bladi multure ad mensuram Trecensem, scilicet quinque sigali et quinque tremesii annuatim percipiendos in molendino dou Gros Vergier, infra Brandones, ita quod si dictum bladum infra predictum terminum non fuerit persolutum, ex tunc poterit prior de Buceio vel aliquis ex parte jamdicte ecclesie Sancti Lupi guagia in molendinis capere sine meffacere pro blado non soluto ; quod si forte molendinum predictum aliquo casu defecerit, vel ex quacumque causa molere non poterit, predicti Jacoba et Milo, vel quicumque predictum molendinum tenuerit, tenebuntur post reparationem molendini ad solutionem defectus predicti bladi non soluti, de singulis annis in quibus solutio facta non fuerit. Preterea recognoverunt se quitasse sepedicte ecclesie et prioratui de Buceio quidquid juris habebant, vel habere poterant, in hereditatem defuncti Christiani de Buceio, salvis consuetudinibus terre, nulla tamen consuetudine apposita vel amota in prejudicium ecclesie memorate, vel dictorum Jacobe et Milonis. Fiduciaverunt etiam predicti Jacoba et Milo quod neque per se, neque per alium, venient contra predictas donationes, neque contra predictas conventiones. In cujus rei testimonium, ad peticionem sepedictorum Jacobe et Milonis, presentes litteras sigilli curie Trecensis munimine fecimus roborari. —

Actum anno Incarnati Verbi M°CC°XX° sexto, mense aprili.

(*Cartul.* fol. 59 v°.)

230. — 1226, avril (Pâques le 19). Même donation sous le sceau de Guiard, archidiacre de Troyes.

(*Cartul.* fol. 59 r°.)

231. — 1226, mai. Jacquette du Plessis est condamnée à payer à Saint-Loup une rente de trois setiers de grain, en exécution du testament de Guillaume, son neveu.

Omnibus presentes litteras inspecturis magister Hugo, officialis Trecensis, salutem in Domino. Noverint universi quod cum causa verteretur inter venerabiles viros abbatem et conventum Beati Lupi Trecensis, ex una parte, et dominam Jacobam de Plaiseio, ex altera, super eo quod dicti abbas et conventus petebant ab ea tres sextarios bladi sibi legatos a defuncto Guillermo, quondam nepote ipsius, super eo quod dicti abbas et conventus tenebant ab ea tres sextarios bladi sibi legatos a defuncto Guillermo, quondam nepote ipsius, super terra sua quam tenet domina memorata, quod et leguatum dicta domina reddere nolebat, dum creantaverat, prout dicebant abbas et conventus, quod prefata Jacoba penitus denegabat; tandem super intentione eorumdem abbatis et conventus, receptis testibus, attestationibus publicatis, rationibus et allegationibus utriusque partis auditis, et plenius intellectis, juris ordine diligenter observato, et omnibus rite actis, cum sepedicti abbas et conventus intentionem suam peroptime probavissent, eis de prudentum virorum consilio adjudicavimus dictum bladum super terra dicti Guillermi, quam prefata domina detinet, annuatim capiendum. — Actum anno gratie M°CC°XX° sexto, mense maio.

(Cartul. fol. 59 r°.)

232. — 1226, juin. Confraternité entre Saint Loup et Saint-Geosmes (Haute-Marne).

Universis presentes litteras inspecturis, nos frater M., prior Sanctorum Geminorum, et ejusdem loci conventus humilis, notum facimus, quod talis est societas inter fratres ecclesie nostre et fratres ecclesie Beati Lupi Trecensis : quod cum frater ecclesie Beati Lupi obierit, nunciato ejus obitu, officium ejus sollempne, et missam generalem in conventu faciemus, quemadmodum de fratribus nostris facere solemus tercio, quinto kalendas novembris, pro universis ejusdem ecclesie fratribus, qui jam migraverunt, officium sollempne et missam generalem in conventu. Preterea si ex indulgentia abbatis sui ad nos quilibet fratrum venerit, nobiscum erit in ecclesia, in capitulo, in refectorio, in dormitorio, in vestiario. Dies vero depositionis abbatum annuatim recolitur, et libro capituli conscribitur. Quod ut in posterum firmiter observetur, sigillo nostro et sigillo domini G., archidiaconi Lingonensis ecclesie communimus. — Actum anno Domini M°CC°XX°VI°, mense junio.

(*Cartul.* fol. 66 r°.)

233. — 1226, octobre. Jean de Marigny, chapelain du seigneur de Marigny, donne à Saint-Loup une rente de 10 sous de Provins pour fonder son anniversaire.

Omnibus presentes litteras inspecturis magister Hugo officialis curie Trecensis, salutem in Domino. Universitati vestre notum facimus quod Johannes de Marigniaco, capellanus domini Marigniaci, in presentia nostra constitutus, recognovit se dedisse ecclesie Beati Lupi Trecensis, pro anniversario suo faciendo, decem solidos Pruvinienses annuos in domo sua sita in burgo de Marigniaco, ita quod quicumque domum illam tenuerit tenebitur solvere dicte ecclesie singulis annis in perpetuum dictum redditum annuum decem solidorum sine difficultate aliqua ; hanc autem donationem fecit pro remedio anime sue et salute. In cujus rei testimonium presentes litteras, ad peticionem ipsius Johannis, sigillo curie Trecensis fecimus roborari. — Actum anno Domini M°CC°XX° sexto, mense octobri.

(*Cartul.* fol. 61 r°.)

234. — 1227, octobre. Echange de serfs entre Saint-Loup et Notre-Dame-aux-Nonnains.

Ego A., abbatissa Beate Marie Trecensis, notum facio presentibus et futuris quod nos, de voluntate capituli nostri, dedimus ecclesie Beati Lupi Trecensis in excambium Mariam, filiam Helye de Seleriis, feminam nostram, pro Alaide, filia Clarini de Maspillo, hominis Beati Lupi Trecensis. In cujus rei testimonium presentes litteras fecimus sigilli nostri munimine roborari. — Actum Trecis, anno gratie M°CC°XX° septimo, mense octobri.

(*Cartul.* fol. 76 v°.)

235. — 1227, décembre. Guillaume Putemonnaie donne à Saint-Loup 5 sous de rente sur ses censives de Saint-Aventin.

Ego Guillermus Putemonoie, illustris comitis Campanie balivius, notum facio presentibus et futuris quod ego dedi et concessi ecclesie Sancti Lupi Trecensis ad hereditatem perpetuo quinque solidos annui redditus in censibus suis de Sancto Aventino, ita quod si singulis annis in festo sancti Remigii eidem ecclesie non persolverentur sine difficultate, mandatum dicte ecclesie posset in predictis censibus meis absque contradictione gagiare ; et quod hoc donum feci dicte ecclesie in recompensationem prati illius quod fuit domini Deaurati, militis, siti intra duos pontes calceie molendinorum de Bretoneria, quod abbas Symon et conventus dicte ecclesie mihi ad hereditatem perpetuo contulerunt. In cujus rei testimonium presentibus litteris sigillum meum apposui. — Actum anno gratie M°CC°XX° septimo, mense decembri.

(*Cartul.* fol. 63 v°.)

236. — 1227. Accord, sous le sceau de Hugues, official de Troyes, entre Saint-Loup et Saint-Etienne, d'une part, et noble dame Ermangarde de Colaverdey, veuve de Milon, et Henri et Bovet, ses enfants, d'autre part, au sujet des hommes de Saint-Loup et de Saint-Etienne habitant Colaverdey. L'ancien accord, consenti par Jean Urepel et Alix, sa femme, sous le sceau de Hugues, évêque d'Auxerre, reste entier (cfr n. 17).

(*Cartul.* fol. 62 r°. — *Origin.* chez M. A. Socard, lib.)

237. — 1228, avril. Anniversaire de Hugues d'Auxerre et de Létuide, sa femme, surnommée Villaine, moyennant 5 sous à prendre sur leur maison, Rue-Neuve, à Troyes.

Johannes, abbas Beati Martini Trecensis, universis presentes litteras inspecturis, salutem in Domino. Noverit universitas vestra quod Letuidis, dicta Villana, uxor defuncti Hugonis Altissiodorensis, in nostra presentia constituta, recognovit quod dictus Hugo, maritus ejus, dedit in perpetuum ecclesie Beati Lupi Trecensis, pro anniversario suo et pro anniversario predicte uxoris sue faciendis, quinque solidos Pruvinienses, annuatim percipiendos in quadam domo sita in burgo novo Trecensi, juxta domum Boveti textoris. Quod ut ratum sit et firmum, presentes litteras, ad peticionem sepedicte Letuidis, fecimus sigillari. — Actum anno Domini M°CC°XX°VIII°, mense aprilis.

(*Cartul.* fol. 66 r°.)

238. — 1228, avril. Létuide, veuve de Hugues d'Auxerre, donne à Saint-Loup une terre sur le finage de Torvilliers.

Johannes, Beati Martini Trecensis dictus abbas, omnibus presentes litteras inspecturis, salutem in Domino. Noverit universitas vestra quod Leduidis, dicta Villana, in nostra presentia constituta, recognovit se dedisse in perpetuum in eleemosinam ecclesie Beati Lupi Trecensis terram qnam maritus ejus, scilicet Hugo de Antissiodoro, emit apud Torviler a Renaudo de Moncello. Et nos, ut hoc ratum permaneat, ad peticionem predicte sigillum nostrum presentibus litteris apposuimus. — Datum anno Domini M°CC°XX°VIII°, mense aprili.

(*Cartul.* fol. 66 r°.)

239. — 1228. 21 juillet. Confraternité entre Garsias, évêque d'Huesca et de Jacca, en Aragon, et le chapitre de Jacca, d'une part, et l'abbaye de Saint-Loup, d'autre part.

Ut fraterna honera supportentur invicem in caritate sic virtutum merita premiorum consueverunt bravia parturire, inde est quod nos Garsias, Dei gratia Oscensis episcopus, totumque nostrum Jacense capitulum, et nos Bernardus, abbas Sancti Lupi Trecensis, totumque ejusdem loci capitulum, cupientes que in Ecclesia, que Jesu Christi sunt, quorere, non que nostra, ad fraternam societatem et devotam mentium et corporum unitatem, Sancti Spiritus gratia cooperante, nostras curavimus ecclesias convenire. Ad laudem itaque Dei et salutem animarum utriusque ecclesie canonicorum tam presentium quam futurorum nos G., premissus episcopus, cum toto nostro Jacensi capitulo, vos Bernardum, abbatem Sancti Lupi, et omnes regulares canonicos vestre ecclesie, in canonicos recipimus tam in temporalibus quam in spiritualibus ad omnimodam societatem et unitatem cum pleno onere et honore pertinentibus nostre ecclesie canonice. Ut autem clarius ista pateant formam unitatis plenius duximus exprimendam : quotienscumque socios vestre ecclesie regulares hanc nostram contigerit visitare ecclesiam, ipsos recipere teneamur in choro, capitulo, refectorio, dormitorio et infirmitorio, et eis honorifice providere ; sicut nobis pro defuncto etiam fratre vestro sicut pro nostris aliis concanonicis exequias faciemus, videlicet matutinum solempne defunctorum, et missam cum solempni pulsatione, et continue trigenarium ; conventus aliud etiam trigenarium ; sacerdos extra conventum continue per quinque missas, unicuique a priore in capitulo vicissim commissas, pro vobis tenebimur celebrare. Et nos Bernardus, abbas Sancti Lupi, cum gratiarum actione a vobis domino G., Oscensi et Jacensi episcopo, et a toto vestro capitulo premissam canoniam, sub forma prefixa, pro nobis et nostro capitulo humiliter recipimus et devote ; pro nobis etiam et nostra ecclesia, paternitati vestre et toto Jacensi capitulo, ad omnia supradicta nos obligamus sicut melius dici possunt et intelligi ad paternitatis vestre et dicte ecclesie Jacensis commodum et honorem; vobis insuper promittimus bona fide quod usque ad proximum Pascha resurrectionis Domini instrumentum publicum et legitimum approbationis et concessionis premisse unitatis inter nos, divina inspirante gratia, contractum, et vobis et vestro capitulo, communi sigillo capituli roboratum, curabimus destinare. Ego G., Oscensis episcopus, hoc sig ✝ num facio. — Actum est hoc in capitulo Jacensi, presente episcopo, anno ab Incarnatione Domini M°CC°XX° octavo, mense julio, vigilia sancte Marie Magdalene. Ego Johannes, scriptor, mandato Domini episcopi et capituli hanc cartam scripsi.

(*Cartul.* fol. 57 r°.)

240. — 1228, novembre. Milon de Pont, chevalier, et sa femme donnent au prieuré de Marigny Brice et sa famille.

Omnibus presentes litteras inspecturis, magister Hugo, officialis Trecensis, in Domino salutem. Noverit universitas vestra quod in nostra presencia constituti Milo de Pontibus, miles, et uxor ejus, dederunt in elecmosinam ecclesie de Marigniaco et in perpetuum quitaverunt Brictium, et uxorem ejus, et Felicium, filium ejus, et heredes eorum, et quidquid juris habebant in eis, promittentes bona fide quod in eis vel heredibus eorum nihil de cetero reclamabunt. In cujus rei testimonium presentes litteras sigillo curie Trecensis fecimus communiri. — Actum anno Domini M°CC°XX°VIII°, mense novembri.

(*Cartul.* fol. 62 v°.)

241. — 1228, novembre. Même donation, et dans les mêmes termes, sous le sceau de H., doyen de la chrétienté de Troyes.

(*Cartul.* fol. 62 v°.)

242. — 1229, septembre. Pierre, curé de Torvilliers, remet à Saint-Loup les menues dîmes de Torvilliers qui lui avaient été concédées par l'abbaye.

Omnibus presentes litteras inspecturis, Guiardus archidiaconus Trecensis, in Domino salutem. Noverit universitas vestra quod Petrus, presbiter de Torvilari, in nostra presentia constitutus, recognovit quod cum diu tenuisset minutam decimam de Torvillari ab abbate et conventu Sancti Lupi Trecensis : volebat et placebat ei quod idem abbas et conventus predictam minutam decimam tenerent et reciperent. Dixit etiam quod pro minuta decima synodi debentur, et qui tenet minutam decimam debet reddere denarios synodales. — Actum anno gratie M°CC°XX°VIII°, mense septembri.

(*Cartul.* fol. 64 r°.)

243. — 1229 (v. st.), février. Echange de cens entre Saint-Loup et Guillaume Putemonnaie, bailli du comte de Champagne.

Ego Guillermus Putemonoie, illustris comitis Campanie balivus, notum facio presentibus et futuris quod ego dedi et concessi ecclesie Sancti Lupi Trecensis in perpetuam hereditatem duos solidos censuales percipiendos singulis annis in festo sancti Remigii, in censibus meis de Sancto Aventino, cum quinque solidis quos eidem ecclesie in dictis censibus alias assignavi ; ita scilicet quod frater Bernardus, abbas dicte ecclesie, et totus ejusdem conventus, dederunt mihi in perpetuum et heredibus meis duos solidos censuales quos habebant singulis annis super campum Renaudi de Curvisanis, ad festum sancti Remigii censuales. Ad cujus rei testimonium presentes litteras sigilli mei munimine roboravi. — Actum anno Domini M°CC°XX° nono, mense februario.

(*Cartul.* fol. 62 r°.)

244. — 1229 (v. st.), mars. Erard de Chacenay, du consentement d'Emeline, sa femme, renonce, en faveur de Saint-Loup et des hommes de l'abbaye, au droit de charruage qu'il avait à Lusigny ; l'abbaye lui donne en échange six femmes et leurs familles.

Ego Erardus, dominus de Chacenai, notum facio omnibus presentes litteras inspecturis, quod ego laude et assensu Ameline, uxoris mee, et puerorum meorum, terras illas quas charruagio posueram et ponere poteram, que sunt de communitate de Lusegnio, et omnes terras communitatis, quas abbas Sancti Lupi Trecensis, et homines sui, ad suas karrugas tenebant, in perpetuam eleemosinam dictis abbati et hominibus concessi et quittavi, salvo meo terragio et justitia mea, que sunt communia inter me et dictum abbatem Sancti Lupi. Ita tamen quod ego nec heres meus dictas terras ad Charruagium nostrum de cetero possumus accipere nec pro vobis nec pro aliis. In recompensatione autem dicte eleemosine, abbas et conventus Sancti Lupi Trecensis mihi et heredibus meis dederunt et concesserunt sex feminas una cum heredibus suis, quas habebant in terra abbatis Monasterii Arremarensis, que femine sunt hominum suorum et feminarum suarum : de quibus due sunt filie Radulphi, villici ; due sunt filie Erardi, fratris dicti Radulphi, et alie due sunt filie Focheri Reborsin. Si vero dictus abbas et conventus, vel predecessores ipsorum, de dictis feminis fecerunt aliquam libertatem sive quittacionem, per quam dictas feminas vel aliquas illarum habere non deberem, dictus abbas et conventus Sancti Lupi Trecensis mihi reddere alias feminas ad valorem dictarum feminarum et heredum suorum. Sciendum vero est quod si dicte terre venderentur, ego et dictus abbas laudes et ventas simul habebimus. Ut hoc autem ratum et firmum habeatur, presentes litteras sigilli mei munimine roboravi. — Actum anno gratie M°CC°XX° nono, mense martio.

(Cartul. fol. 68 v°.)

245. — 1229 (v. st.), 8 avril. Odet Poleta, damoiseau de Rouillerot, donne à Saint-Loup 5 sous de rente pour faire l'anniversaire de Renaud de Rouillerot.

Ego Guillermus Putemonoie, illustris comitis Campanie ballivus, notum facio presentibus et futuris, quod in mea presentia constitutus Odetus Poleta, domicellus de Ruillereto dedit et concessit ecclesie Sancti Lupi Trecensis quinque solidos annui redditus pro anniversario Renaudi de Ruleret faciendo in perpetuum; quos autem quinque solidos tenetur reddere singulis annis dictus Odetus, aut ille qui tenebit pratum suum de Massellis, in festo sancti Johannis Baptiste. Quod ut notum sit et firmum teneatur, ad peticionem dicti Odeti, presentibus littetis sigillum meum apposui. — Actum anno gratie M°CC°XX° nono, in die Palmarum.

(*Cartul.* fol. 62 r°.)

246. — 1232, 4 février, à Riéti. Indult de Grégoire IX relatif aux délégations Apostoliques en matière d'arbitrages.

Gregorius, episcopus, servus servorum Dei, dilectis filiis abbati et priori Sancti Lupi Trecensis, ordinis sancti Augustini, salutem et apostolicam benedictionem. Ex parte vestra fuit a Nobis humiliter postulatum, ut cum occasione causarum, que vobis a Sede Apostolica committuntur, ecclesia vestra incurrat sepius grave, tam in spiritualibus quam in temporalibus, detrimentum, vos ab ipsorum cognitione eximere misericorditer dignaremus. Nos igitur vestris devotis precibus inclinati, ne per litteras Apostolicas, nisi de presentibus fecerint mentionem de causis litigantium, inviti cognoscere teneamini, auctoritate vobis presentium indulgemus. — Datum Reate, II° nonas februarii, pontificatus nostri anno V°.

(*Cartul.* fol. 68 v°. — Archiv. Aube, *origin.*)

247. — 1231, décembre. Eudes de Luyères, chanoine de Saint-Etienne, donne à Saint-Loup une vigne, sise à Pont-Sainte-Marie.

Omnibus presentes inspecturis magister Petrus, officialis Trecensis, salutem in Domino. Noverit universitas vestra quod in nostra presentia constitutus, sanus et incolumis, dominus Odo de Lueriis, Sancti Stephani Trecensis canonicus, donavit in perpetuam elcemosinam, ob remedium anime sue et parentum suorum, ecclesie Sancti Lupi Trecensis vineam suam sitam apud Pontellum Radulphi, que movet de censu ecclesie de Fousiaco, sicut dixit. In cujus rei testimonium presentes litteras, ad preces et peticionem ejusdem Odonis, sigillo curie Trecensis duximus roborandas. — Actum anno Domini M°CC° tricesimo primo, mense decembri.

(*Cartul.* fol. 62 r°.)

248. — 1232, avril (Pâques le 11). « Littericus, Cellensis abbas », déclare que l'abbaye de Montier-la-Celle (sur Saint-André-les-Troyes) a donné à Saint-Loup « Isabellam, filiam Felicis de Bellavilla cum liberis ex ipsa procreandis, pro Hersandi, femina Sancti Lupi, filia defuncti Remigii de Moncello.

(*Cartul.* fol. 67 r°.)

249. — 1232, 2 mai. Procuration générale en matière de procès, donnée à Renaud, abbé de Saint-Loup, par son couvent.

Omnibus presentes litteras inspecturis Odo, prior Beati Lupi Trecensis, totusque ejusdem ecclesie conventus, salutem in Domino. Noverit universitas vestra quod nos venerabilem virum Renaudum, abbatem nostrum, procuratorem nostrum constituimus in omnibus causis quas habemus vel habituri sumus coram quibuscumque judicibus sive ordinariis sive delegatis sine ecclesiasticis sive secularibus sive etiam coram arbitro vel arbitris, ratum et firmum habituri quicquid per prefatum Renaudum, abbatem nostrum, factum fuerit in omnibus jam dictis causis seu agendo seu deffendendo seu transigendo seu etiam componendo ; dedimus etiam eidem Renaudo potestatem jurandi in animas nostras tam super principali quam super expansis et contra quascumque personas ; et potestatem constituendi procuratorem sive ad diem sive ad dies concessimus ei quotienscunque necesse fuerit et hoc vobis et partibus significamus adversis. — Actum anno Domini M°CC°XXX° secundo, in crastino Apostolorum Philippi et Jacobi.

(*Cartul.* fol. 94 r°.)

250. — 1232. Accord au sujet de la Bretonnière.

Omnibus presentes litteras inspecturis, P., divina miseratione Meldensis ecclesie minister indignus, et magister P. de Barro, Noviomensis cancellarius, et P. de Montemirabili, Meldensis canonicus, judices a Papa delecti, salutem in Domino. Noverint universi quod cum causa verteretur coram nobis auctoritate Apostolica inter venerabiles viros Renaudum, abbatem Sancti Lupi Trecensis, ex una parte, et Garsiam, Trecensem canonicum, ex altera, super granchia de Bretoneria cum pertinentiis suis, super quibus dictus abbas dictum Garsiam coram abbate Ferreriarum et conjudicibus suis auctoritate Apostolica traxerat in causam et adhuc super eisdem eadem auctoritate coram nobis eumdem Garsiam in causam trahebat; tandem ipsis Renaudo abbate et Garsia presentibus in judicio coram nobis, quibusdam litteris nobis exhibitis, ex parte dicti abbatis, per quas Odo prior et conventus Sancti Lupi Trecensis eum procuratorem constituebant ad componendum et ad multa alia, sicut plenius inferius continetur; amicabiliter compositum fuit in hunc modum : quod abbas, pensata utilitate et honestate pariter ecclesie sue, pro se et pro conventu suo, dictam granchiam de Bretoneria, cum suis omnibus pertinentiis et omnia, que per litteras Philippi, quondam abbatis, et conventus ecclesie sue sigillis sigillatas, concessa fuerant dicto Garsio, eidem concessit et confirmavit, prout in dictis litteris continetur, libere ac pacifice et sine omni contradictione quoad vixerit possidenda. Tenorem autem litterarum procuratoriarum, que sigillate erant sigillo vero et proprio prioris et conventus, per quas abbas constitutus erat procurator ad componendum, ad majorem fidem et certitudinem indubitantem faciendam, prout vidimus de verbo ad verbum hic duximus inferendas, qui talis est : « Omnibus presentes litteras inspecturis, Odo... (Cfr n. 249). Litteras etiam Philippi, quondam abbatis Sancti Lupi Trecensis et conventus ejusdem ecclesie similiter prout prospeximus his duximus inferendas, quarum tenor talis est : « Nos frater Philippus... (Cfr n. 224). Ne autem de cetero aliquis contra insertas litteras et contra compositionem istam aliquid aliquatenus audeat attemptare dictus abbas Renaudus pro se et pro conventu suo renuntiavit specialiter litteris per quas agebat contra dictum Garsiam coram nobis, ne de cetero per jamdictas litteras dictus Garsyas posset vexari vel inquietari ; renuntiavit etiam generaliter omnibus litteris impetratis vel impetrandis, et omni auxilio juris canonici et civilis, privilegiis et indulgentiis quantum ad dictum Garsiam et ceteris omnibus qui in hoc facto et quantum ad dictam compositionem dicto Garsio possent obesse et dicto abbati et ecclesie sue prodesse...

(*Cartul.* fol. 90 v°.)

251. — 1223, avril (Pâques le 3). « Evrardus, abbas de Ripatorio », constate que Saint-Loup a cédé à Larrivour mille arpents « omnino libera et quita ab omni usuario et costuma », dans le bois de Dosche, « a parte Ripatorii inter granchiam que vocatur Biaumonz (Beaumont) et granchiam que vocatur Viadominica (Vaudemange) ». Cependant, Saint-Loup, ainsi que ses hommes « de Maisnillo Fulcheri juxta Selerias », auront le « jus pasnagii » dans tout le bois de Dosches, cinq ans après la coupe, toutes les fois qu'elle sera renouvelée, « prout in carta Matthei, Trecensis episcopi, continetur ». Saint-Loup et ses hommes de Mesnil-Sellières ont plein droit d'usage dans le reste du bois de Dosches.

(*Cartul.* fol. 63 r°.)

252. — 1233, juin. « Petrus de Cloellis », official de Troyes, constate que « Galterus li Baptisiez » a donné à Saint-Loup « pro remedio anime sue et uxoris sue Isabellis, et pro anima defuncte Contesse, prime uxoris sue », et pour fonder son anniversaire, après sa mort, 20 sous sur ses maisons à Troyes, « juxta ecclesiam Sancti Remigii », et 20 sous « in praeria que dicitur Clausum defuncti Luvonis ».

(*Cartul.* fol. 60 v°. — Archiv. Aube, *origin.*)

253. — 1233, juin. « Ertaudus, Sancti Stephani Trecensis thesaurarius », fait connaître qu'il a donné à Saint-Loup, pour fonder son anniversaire, la quatrième partie du pré « quod dicitur Oseretum », et de plus le jour de

l'anniversaire 20 sous de Provins seront employés « pro pitancia facienda ». Par reconnaissance, l'abbaye donne à Ertaud en rente viagère 100 sous au terme « S. Remigii hyemalis », et la jouissance d'un pré sis « in hastis juxta Pannonay ».

(*Cartul.* fol. 76 v°. — Archiv., Aube, *Origin.*)

254. — 1235, août. « Renerius de Sancto Quintino, cantor Beati Stephani Trecensis », fait connaître qu'il donne à Saint-Loup « Jacquetam, filiam Michaelis de Castello, feminam meam de corpore, cum liberis ex ea procreandis ». Donation scellée de son sceau.

(*Cartul.* fol. 66 v°.)

255. — 1235 (v. st.), février. « Stephanus, officialis Trecensis », constate que les prieur et couvent de Saint-Loup ont donné à « Petrus Munerius » la jouissance viagère d'une pièce de terre « ad Pontem Sancte Marie, juxta domum Bertrandi de Ponte, pro uno bicheto frumenti ad mensuram Trecensem et VI denariis censualibus » que Pierre Munier paiera tous les ans à l'Abbaye.

(*Cartul.* fol. 62 r°.)

256. — 1236, mai. « Stephanus, officialis Trecensis », constate que « Girardus dictus Meletarius » a donné à Saint-Loup « V solidos annui redditus, percipiendos in festo S. Remigii super vineam sitam inter territorium de Moncroie et territorium de Torvillari, juxta vineam defuncti Cortesii ».

(*Cartul.* fol. 60 r°.)

257. — 1237, septembre. « Stephanus, officialis Trecensis », fait connaître qu'un procès ayant été mu entre Saint-

Loup et Joibert *Pustemoche*, au sujet de 12 sous de cens sur des maisons et terrains que Joibert possédait « in vico defuncti Garini, dicti Barbote », la cause d'abord portée « Meldis, coram abbate et priore de Cagia », fut terminée par l'abbé de Saint-Martin, de Troyes, et Roger, archidiacre de Sézanne. Joibert paiera seulement 4 sous de cens annuel, qui appartiendront à perpétuité à l'abbaye, à la condition de célébrer l'anniversaire du donateur.

(*Cartul.* fol. 60 r°.)

258. — 1237 (v. st.), février. « Stephanus, officialis Trecensis », fait savoir que Manassès « presbyter de Tenilleriis », reconnaît que la vigne « in colle de Tenilleriis, quam tenet ratione presbyteratus » doit à Saint-Loup « V solidos annuatim persolvendos in festo B. Martini hyemalis ».

(*Cartul.* fol. 61 r°.)

259. — 1238, mai. « Stephanus, officialis Trecensis », constate que Saint-Loup réclamant « ratione escasure, mobilia et immobilia defuncte Lore, femine de corpore Sancti Lupi », les enfants de Lore et de feu Pierre Lobergoingnon de Luyères, rachètent le droit d'échoite en question « videlicet hereditatem pro X libris Pruviniensibus, et mobilia pro IX libris ». 10 livres seront payées « infra festum Sancti Johannis proximum », et 9 livres « in nundinis S. Johannis proximis, infra rectum pagamentum ».

(*Cartul.* fol. 57 r°.)

260. — 1238, juin. « Stephanus, officialis Trecensis », fait connaître que « Alaydis la Cendrière, laude et assensu Petri, mariti sui », a donné à Saint-Loup sa maison « juxta ecclesiam S. Johannis in Foro Trecensi, juxta

Pondus, et quidquid juris habebat in Cendrearia Trecensi. Johannes prepositus S. Machuti de Barro, frater dicte Alaydis », donne les deux parts qu'il avait dans cette maison. Alix et Pierre « tenebunt dictam domum, nomine ecclesie, quandiu vixerint, et in eadem primus heres eorum habebit estagium ». Après le décès de ces trois personnes, la maison retournera à Saint-Loup « pro luminario faciendo in cereis qui ardebunt in ecclesia ante corpora sanctorum nocte ac die », condition expressément posée et consentie.

(*Cartul.* fol. 57 v°.)

261. — 1238. Jugement rendu par Nicolas, évêque de Troyes, relativement à l'échoite d'un serf.

Nicholaus, divina miseratione Trecensis ecclesie minister humilis, omnibus presentes litteras inspecturis, salutem in Domino. Cum peteret in jure coram nobis abbas Sancti Lupi Trecensis a Sibilla, relicta defuncti Radulphi de Fontanis, escasuram ipsius Radulphi, qui erat homo ecclesie B. Lupi de corpore et hoc peteret ea ratione quod dicta ecclesia nichil habebat in liberis dicti Radulphi : dicta Sibilla in contrarium dicente quod abbas nichil habere debebat in escasura predicta pro eo quod idem Radulphus de dono comitis fuerat, et quod comes hominibus suis manum mortuam remiserat. Nos auditis rationibus et allegationibus utriusque partis et etiam probationibus dicte Sibille, tandem die assignata ad audiendam diffinitivam sententiam, communicato bonorum virorum consilio, dictam Sibillam condemnavimus ad reddendum dicto abbati escasuram predictam. — Actum anno Domini M°CC°XXX° octavo.

(*Cartul.* fol. 57 v°.)

262. — 1238 (v. st.), février. Fondation à Saint-Loup des anniversaires de Henri, chantre de la cathédrale, et de Hervée, ancien évêque de Troyes.

Nicholaus, miseratione divina Trecensis ecclesie minister humilis, omnibus presentes litteras inspecturis salutem in Domino. Noverit universitas vestra quod Humbertus de Lueriis in manu nostra se devestivit de quadam parte quam habet in decima de Lueriis usque ad VI sextaria avene; et nos virum religiosum abbatem Sancti Lupi Trecensis pro ecclesia sua, ad petitionem venerabilis viri H., cantoris Trecensis, qui decimam partem emerat a dicto Humberto, investivimus de eadem, ad cantandum annuatim in ecclesia Sancti Lupi pro eodem cantore unam missam de Sancto Spiritu quandiu idem cantor vixerit; et ad faciendum post obitum suum n eadem ecclesia anniversarium suum, nec non et anniversarium dilecti avunculi nostri bone memorie Hervei, quondam Trecensis episcopi. — Datum anno Domini M°CC°XXX° octavo, mense februario.

(*Cartul.* fol. 64 v°. — Archiv., Aube, *Origin.*)

268. — 1238 (v. st.), mars. « Petrus Gervasius, officialis Trecensis », fait connaître que Simon, « civis Trecensis », fils de défunt Gilbert Alaigne, a donné à Saint-Loup 5 sous de rente à prendre à Noël, sur des prés sis « retro Vacheriam », pour fonder l'anniversaire « defuncte Marie, matris ipsius ».

(Cartul. fol. 94 r°.)

264. — **1239, avril. Accord au sujet du Clos Saint-Loup.**

Omnibus presentes litteras inspecturis, J., abbas Sancti Martini Trecensis, et Robertus de Noa, officialis Trecensis, in Domino salutem. Noverint universi quod cum controversia verteretur inter Iterum Buci, de Sancto Florentino burgensem, ex una parte, et abbatem et conventu Sancti Lupi Trecensis, ex altera, super eo quod cum illustris dominus Dei gratia rex Navarre et comes Campanie et Brie palatinus reddidisset ecclesie Beati Lupi fossata firmitatis Trecensis, que fuerunt facta per clausum ecclesie supradicte, sicut ex transverso dictum clausum protenditur a porta que est inter portam ad Orsiers et burgum Sancti Jacobi usque ad Clausum Episcopi, retro Sanctum Martinum ; dicto Ytero e contrario asserente quod cum dictus Dei gratia rex Navarre eidem prius dedisset medietatem dictorum fossatorum, partem suam, quam ei dederat in prefatis fossatis, nunquam reddiderat ecclesie predicte. Tandem dictus Yterus et ejus uxor in nostra presentia constituti, pro bono pacis, mediantibus bonis viris, quittaverunt in perpetuum quicquid in dictis fossatis, scilicet inter dictam portam et Clausum Episcopi retro Sanctum Martinum ex dono domini Dei gratia regis Navarre reclamabant et habebant vel habere poterant... — Actum anno Domini M°CC°XXX° nono, mense aprili.

(*Cartul.* fol. 93 r°. — Archiv., Aube, *Origin.*)

265. — 1252, avril. Sous le sceau de l'officialité de Troyes, « Petrus de Lusigniaco, filius quondam defuncti Radulphi, fabri, et Ismeria, uxor ejus, filia quondam defuncte Alaydis de Sancto Lupo », reconnaissant qu'ils ont reçu de Saint-Loup 10 livres de Provins, de l'héritage de Eudes, curé de Saint-Nizier de Troyes ; ils reconnaissent aussi que pour faire célébrer tous les ans l'anniversaire du dit Eudes à Saint-Loup « se assidasse et assignavisse XX solidos annui redditus », sur différentes terres sises au finage de Lusigny dans les contrées dites « as Noiers, et à la Chateniers ».

(*Cartul.* fol. 92 v°.)

266. — 1252, avril. Sous le sceau de l'officialité de Troyes, « Matthias de Lusigniaco, clericus, et Emelina, uxor ejus, Huetus et Perinetus, fratres, filii Matthie », reconnaissent qu'ils ont reçu des exécuteurs testamentaires de défunt Gauthier de Bar, chanoine de Saint-Etienne de Troyes, 20 livres de Provins ; ils reconnaissent aussi que pour faire célébrer tous les ans l'anniversaire dudit Gauthier à Saint-Loup, « se assidasse et assignavisse XL solidos annui redditus » sur différentes terres sises à Lusigny, dans les contrées dites « as Noiers, et versus Forestam de Rippatorio ».

(*Cartul.* fol. 93 v°.)

267. — 1276, novembre, 1308, août. « Edmundus, filius Henrici, regis Anglie, Campanie et Brie comes palatinus », confirme à Saint-Loup : 1° la liberté accordée par

les comtes de Champagne aux sept serviteurs de l'abbaye ; 2° l'exemption immémoriale des droits d'entrée pour les vins destinés à la consommation de l'abbaye ; 3° le plein droit de pêche dans les fossés « que fossata rex Theobaldus, cum fecit muniri fossatis communitatem Trecensem, in terris et in vineis Sancti Lupi fecit, per que alia pars Sequane currit... Datum per manum Vincentii de Petracastri, cancellarii nostri Campanie, testibus : magistro Johanne Garsia, et Guilielmo de Vitriaco, clericis nostris, ac Renario Arturri, cambellano nostro, et Guillermo Alexandro, ballivo nostro Trecensi. Datum anno Domini M°CC°LXX° sexto, mense novembri ». *Vidimus* et confirmation de ces lettres par « Ludovicus, Dei gratia rex Navarre, Campanie Brieque comes palatinus. Actum apud Sezannam, anno Domini M°CCC°VIII°, mense augusto ».

(*Cartul.* fol. 88 r°.)

268. — 1282 (v. st.), mercredi avant les Brandons (3 mars). « Intravit in homagium hujus ecclesie dominus Siguerus de Gandano, miles, de omnibus que habet apud Lusigniacum et in finagio ipsius ville, presentibus : Guillermo de Costa, Raimundo, ejus consanguineo ; magistro Galtero, dicto lou blanc, lathomo ; fratribus Petro, priore Sancti Lupi ; Hugone, thesaurario ; Johanne de Yspania, Johanne de Sancto Aventino, preposito ; Girardo de Moncellis, censuario ; Johanne de Trecis, cellerario. »

(*Cartul.* fol. 68 r°.)

269. — 1284, 8 avril. « La voille de Pasques commenieuz, partirent li prevoz de Saint Lou por lor esglise, et Simonins Jarons et Jarronas, ses frères, escuier, les enfants feu Milet, lou munier, home des dis escuiers, et Ainoto de Lusigni, fame de la dite esglise, c'est assavoir : Jehannet, Jehanne, Emeline et Geubelet. Et prinstrent li diz es-

cuiers premièrement lou dit Geubelot ; et li dit prévoz prit en retornent lou dit Jehannet et la dite Jehanne ; et la dite Emeline demora ancor as diz escuiers. Et ceste partison fut agrée des parties. Présens : l'abbé et lou trésorier de Saint Lou, Guillermo de la Coste, et Merlin lou buchier. »

(*Cartul.* fol. 68 r°.)

270. — 1283, 14 août. « La voile de la miaoust, fist homage Jehannez Jupez de Montsuzain à nostre esglise, par son serrement, sans jamais réclamer autre seignor, par lou prévost Jehan de Saint-Aventin.

(*Cartul.* fol. 94 v°.)

271. — Sans date vers le commencement du xiv° S. Accord entre « Johannes, abbas Sancti Lupi Trecensis, ordinis sancti Augustini et Guillemus de Tilia, dominus Marigniaci... super justicia Riparie de Arducco ». Les conditions de l'accord manquent dans cette pièce incomplète.

(*Cartul.* fol. 89 v°.)

272. — 1323 (v. st.), 25 janvier. — 1329, septembre. « Michiel de Pars, bailli de Troies... en nos assises de Troies commencées le lundi après la Saint-Vincent, l'an M.CCC.XXX.III. » Sentence confirmant Saint-Loup contre les habitants de Verrières, Villers et Saint-Martin « dans la saisine et la possession des vaines pastures, de la justice et autres profiz dou lieu que l'an appelle le Saucoy, assis en la Bretonnière. » *Vidimus* et confirmation de cette sentence par « Philippus, Dei gratia Francorum rex... Datum Trecis, anno Domini M°CCC°XX° nono, mense septembri ».

(*Cartul.* fol. 68 v°.)

273. — 1344, août. « Phelippe, par la grâce de Dieu roys de France », renouvelle à Saint-Loup l'exemption des droits d'entrée pour les vins, et tient les religieux « à tous jours maiz francs et quittes de touz paagez, leude, traiz... por tout le vin tant crehu en leurs vignes que ailleurs... comant que ce soit por leur boire et despenz de eulx et de leurs familiers et serviteurs tant seulement... Donné à Creel (Creil) ».

(*Cartul.* fol. 89 r°.)

274. — 1353 (v. st.), 18 janvier. Sentence du parlement de Paris confirmant à Saint-Loup le droit coutumier suivant, allégué par l'abbaye : « de consuetudine notoria est in prepositura Trecensi, et specialiter in villa de Lusigniaco : si quis tenens aliqua hereditagia moventia de costuma alicujus domini, certam quantitatem bladi quolibet anno debentia, sine herede de proprio corpore, in cella existente, decedebat, talia hereditagia, ac possessio et saisina eorumdem, ad causam manusmortue, domino costumario obveniebant » les religieux qui par le passé avaient joui de ce droit, le conserveront à l'avenir. « Factum Parisiis in parlamento nostro. »

(*Cartul.* fol. 19 r°.)

275. — **Sequitur Polerius** *beneficiorum officiorumque omnium monasterii S. Lupi Trecensis, ordinis canonicorum regularium sancti Augustini, existentium in dicto monasterio civitate et diœcesi Trecensi, recollectus per me Nicolaum Prunel, abbatem dicti monasterii, ex carthis et litteris in carthulario seu thesauro*

predicti monasterii repertis, ad memoriam et opus futurorum, an. 1519, die 25 mensis decembris.

1. In monasterio S. Lupi, preter dignitatem abbatialem, ad quam solet quis per electionem religiosorum canonicorum assumi, et per authoritatem Trecensis episcopi confirmari, ac divine benedictionis munere et insignibus abbatialibus decorari, sunt duo officia claustralia, prepositura scilicet et thesauraria, quas abbas pleno jure confert.

IN CIVITATE TRECENSI.

2. In civitate Trecensi et ecclesia collegiata S. Stephani obtinet idem monasterium unam prebendam ex dono illustris memorie Henrici, comitis Campanie, ad quam deserviendam committit abbas predicti monasterii unum ex suis regularem, quem presentat venerabili decano et capitulo predicte ecclesie S. Stephani Trecensis, et percipit hujusmodi commissus fructus omnes prebende sicut ceteri canonici, deservitque hujusmodi commissus quamdiu placet et ad nutum abbatis.

SEQUUNTUR BENEFICIA RURALIA IN DECANATU TRECENSI.

3. Prioratus curatus de Laneis ad Nemus : abbas monasterii S. Lupi Trecensis presentat unum ex suis regularem ; et episcopus Trecensis confert.

4. Prioratus curatus de Lueriis cum suo succursu de Fontanis : abbas predicti monasterii presentat ut supra ; et episcopus confert.

5. Prioratus curatus de Lusigneyo : abbas predictus presentas ut supra ; et episcopus confert.

IN DECANATU DE VILLAMAURI.

6. Prioratus curatus de Buceyo cum capella de Chars unita : abbas predictus presentat ut supra ; et episcopus confert.

IN DECANATU MARIGNIACI.

7. Prioratus curatus de Marigniaco : abbas predictus presentat ut supra ; et episcopus confert.

8. Prioratus de S. Winebaudo, seu capella ad Fontem S. Winebaudi : abbas predictus confert pleno jure.

IN DECANATU BRENE.

9. Prioratus curatus de Blaincuria, cum suo succursu de Hispania : abbas predictus presentat ut supra ; et episcopus confert.

10. Administratio seu hospitale domus Dei de Chaletta : abbas predicti monasterii committit seu confert pleno jure.

11. Prioratus curatus de Molinis : abbas predictus presentat ut supra ; et episcopus confert.

12. Prioratus curatus de Ausonno : abbas predictus presentat ut supra ; et episcopus confert.

13. Prioratus curatus de Longosolido : abbas predicti monasterii presentat ut supra ; et episcopus confert.

14. Habet etiam idem monasterium S. Lupi monasterium dictum Abbatia Sephadini sub vocabulo S. Salvatoris in diocesi Mothonensi, in Achaia seu Morea metropoli provincia Patracensi, quod monasterium diu et per diversos monasterii S. Lupi religiosos, quiete possessum est ; nunc vero occupante omnia Turco infideli, christiane religionis inimico, simul periit loci memoria.

Per omnia benedictus Deus, cui laus, glorie actio et adoratio ab omnibus per secula sempiterna. Amen.

Ita est : N. Prunel.

276. — Catalogue des prévôts et des abbés de Saint-Loup.

NOMINA PREPOSITORUM ECCLESIE SANCTI LUPI.

I. Joannes.
II. Vuilencus.
III. Sylvester.
IV. Girardus.
V. Petrus.
VI. Guido.

NOMINA ABBATUM.

I. Gerardus.
II. Evrardus.
III. Guiterus.
IV. Drogo.
V. Manasses.
VI. Philippus.
VII. Philippus.
VIII. Simon.
IX. Bernardus.
X. Rainaudus.
XI. Galterus.
XII. Milo.
XIII. Isambardus.
XIV. Ondoinus de Fay.
XV. Joannes.
XVI. Nicholaus de Marigniaco.
XVII. Jacobus Muete.
XVIII. Joannes de Cheleio.
XIX. Nicholaus.
XX. Gaufridus.
XXI. Item bone memorie Joannes Persin, decretorum doctor, qui XXXV annos laudabiliter rexit ecclesiam ; et post ejus decessum predicta ecclesia fuit absque vero pastore per decem annos propter lites super regimine ortas.
XXII. Simon de Pictaviis.
XXIII. Guillermus Andoillette.
XXIV. Petrus.
XXV. Nicholaus Forjot qui ecclesiam Beati Lupi structuris magnificis, ornamentis et possessionibus ampliavit. Obiit anno 1514, die 18 decembris; successorem Nicholaum Prunel sibi procurans, qui prior claustralis sub supra dicto Forjot XV annos fuerat.
XXVI. Nicholaus Prunel.

(*Cartul.* fol. 89 v°.)

FIN.

ADDITION

Tenanciers des biens de Saint-Loup
(Première moitié du XIII° s.)

HII SUNT QUI TENENT DE REBUS ECCLESIE NOSTRE.

Hougiers de Brena decem libras.
Errodus quatuor arpenta prati.
Presbyter de Novilla decimam de Sancto Leanbodo.
Garnerus Ferrados terram et vineas de Laneis.
Hato plateam juxta domum de Bolancort.
Guerricus Bichez quamdam grangiam.
Petrus Chauceons aliam grangiam.
Ferricus molendinum de Baira.
Petrus, presbyter de Sancto Martino, vineam de Theneleriis.
Girardus, famulus noster, vineam Galteri Corberant et aliam vineam pro vino suo.
Acharmus de Juxta Clausum nostrum domum suam in qua manet.
Galterinus domum in qua manet pro xx solidos annuatim.
Vivetus, Judeus, III modios frumenti et xxiv modios vini.
Jacob, Judeus, II modios frumenti.

HII SUNT QUI TENENT DE REBUS ECCLESIE NOSTRE AD VITAM SUAM.

Guiardus, archidiaconus, Montullet et Ormoi cum pertinenciis suis; et domum nostram cum platea, ante portam nostram; et xiv sextarios frumenti.
Garsias Vilepart cum pertinenciis suis.

Henricus, archidiaconus, Chamai cum pertinenciis suis.

H., Cantor Trecensis vineam quamdam que fuit Petri Asini.

Ansericus et Henricus, succentor B. Stephani, pratum quod fuit Guinebaudi.

Magister Petrus de Stornodoro quidquid Godefridus et nos possidebamus apud Escheneili.

Herbertus Belot duo arpenta prati sita in Osereto.

Magister Elias pratum nostrum de Challoel.

Milo de Capella duo prata versus pontem Sancte Marie sita.

Joannes Poilevilein ...libras in bursa abbatis.

Stephanus Boviers XL solidos.

Guillelmus Poiquanz domum nostram in Vico Episcopi.

Odo de Lueriis quoddam pratum.

Bernerus plateam juxta domum suam.

Mattheus quoddam pratum.

Magister Joannes quamdam terram ad Pontem Beate Marie.

Quenaaz aquam de Ponte.

Thebaudus domum ubi manet ad vitam femine sue.

Robertus aliam domum juxta illam; et quamdam vineam, pro qua debet nobis annuatim v solidos.

(*Cartul.* fol. 84 v°.)

INDEX NOMINUM

A. (domina), uxor G., domini de Blaincuria, 253.
Aalis, uxor Clarembaudi I de Capis, 3.
Aaliz de Ponto (filia), femina S. Lupi Trecen., 266.
Abraham Lovet, Judeus Blanche, comitisse Trecen., de Rosnay, 250.
Acelinus, presbiter, 103, 144.
Achardus Theboldi, 87.
Acharmus de Juxta Clausum S. Lupi Trecen., 305.
Adam Bogi, 102.
Adelelmus, Adelermus, comes et abbas S. Lupi, 1, epistola 2, 3.
Adelina, uxor Petri de Rulleretro, 254.
Adelina, uxor Richeri, filii Herberti de Moncello, 80.
Adrianus IV, papa, 49, 64.
Agnes, uxor Garneri de Triagnello, filii Garneri junioris, 160.
Agnes, uxor Garneri, militis de Bernona, 40.
Aicius de Planceio, V. *Haicius*, 61.
Aimericus, cancellarius Ecclesie Romane, 21.
Ainete de Lusigni, fame de Saint-Lou, femme de Milet lou meunier, 299.
Airardus II, comes Brenensis, V. *Erardus*, 83 filii ejus ; *Galterus, Guillelmus, Andreas*, 85, 103, 106; frater ejus, *Andreas*, 108, 141.
Alabri (anniversarium domini), 143.
A., Alaidis, abbatissa Sancte Marie Trecen., 278.
Alais, uxor Johannis Hurupelli de Cortlaverzy, 36-39, 280.
Alaidis, filia Clarini de Masnillo, 279.
Alaydis la Cendrière, uxor Petri, soror Johannis, prepositi S. Machuti, 294.
Albertus, magister domus pauperum de Chaleta, 42, 45.
Alemannus, Cognomen Godofridi, clerici, 162.

Alericus de Rulliaco, homo S. Stephani Trecen., 237, 238.

Alermus (magister), notarius Blanche, comitisse Trecen. et Theobaldi III, 217.

Alexander III, papa, 61, 64, 72, 89, 121, 125.

Amalricus, scriba, 118.

Amator, prepositus, 47.

Amelina, uxor Erardi II de Chacenai, 285.

Andreas, frater Airardi II, comitis Brenensis, 86, 108, 109.

Andreas, filius Airardi II, comitis Brenensis, 85.

Andreas de Baldemento, 15.

Andreas, prior S. Lupi Trecen., 231.

Andreas de Lueriis, canonic. sacerd. S. Stephani Trecen., clericus Henrici I, comitis Trecen., 54, 59, 68, 72; Capellanus comitisse Marie, 103, 118; V. *Humbertus de Lueriis*, 169.

Andreas Cementarius, 217.

Andreas, filius Gileberti de burgo S. Jacobi Trecen., 106.

Anglmerus de Sezannia, canonic. Trecen., 26.

Anglica, ejus domus, 90.

Annelus de Vendopera, civis Trecen., 258, 259.

Anscherus, canonic. S. Martini Trecen., 32.

Ansculfus de Tylia, frater Bosonis, miles, 112, 142.

Anselmus, presbyter cardinalis, 21.

Anselmus, archidiac. Trecen., 15.

Anselmus, archidiac. Trecen., 161.

Ansellus et Anselmus I, de Triangulo, 30-31.

Ansellus et Anselmus II, de Triangulo, filius precedentis, 31, 47, 61, 72, 80.

Ansericus de Arceis, canonic. S. Stephani Trecen. 212, 306.

Antelmus, archiepisc. Patracensis, 208.

Armangardis, uxor Guidonis, V. *Ermanjardis*, 126.

Arnulphus, piperarius, 90.

Arnulfus, canonic. S. Lupi Trecen., 33.

Arnulphus Sellarius (magister), 238.

Arnulphu-Malepart, tenet terras, 264.

Arnulfus, filius Garneri, homo S. Lupi Trecen., 154.

Arnulphus de Rulliaco, homo S. Stephani Trecen., 153.

Aubricus Vitriacensis, 16.

Audricus, ejus mansus, 84.

Augustini (S.) regula, 4, 18, 49, 64, 149, 158, 181; dictum, 14.

Auvinus, tenet terras, 264.
Arrardus, comes Brenensis, V. *Erardus II*, 92.
Artaldus, Artaudus, de Nojant, camerarius campanie, 103, 110.
Atto; Hato, Hatto, episcop. Trecen., 5, 19.
B., frater Hospitalis, 187.
Balduinus, filius Guitherii de Monte Hyogonis, 96, 129, V. *Martrienna*.
Balduinus de Montengone, 235.
Baudinus, judeus, filius Vaalini, judei de Trecis, 255.
Banditus, judeus, filius Benionis de Dyvione, gener viveti Herbouth, 230, 248.
Bartholomeus (alterum nomen *Haicii de Planceio*, episc. Trecensis), 150, 158.
B., Bartholomeus, decanus S. Stephani Trecen., 235.
Bauduinus de Porta Marne, 118.
Bauduinus, servus S. Lupi, 16.
Belerius (magister), 93.
Belesior, femina de Lusigniaco, 52, 56.
Belinus de Submuro, pater Margarite, 69.
Benedictus de Pontibus, pater Margarite, 56, 76, 77, 78.
Benio, judeus, de Divione, pater Banditi, 230.
Berangarius de Cusangiaco, miles, 59.
Berengarus de Romeiolo, 13.
Bernardus, abbas Clarevallis, 5, 24, 25, 27.
Bernardus, abbas S. Lupi Trecen., 281, 282, 285, 304 n. IX.
Bernardus, archidiac. Trecen., 75, 86, 170, 172.
Bernardus, canonic. S. Martini Trecen, 75.
Bernardus, pater Josberti, miles, 112.
Bernardus Molismensis, civis Trecen., 258, 259.
Bernardus (magister), 124.
Bernardus, scriptor carte, 104.
Bernerus, canonic. Beate Marie Trecensis ecclesie, 223, 306.
Berta, uxor Raaudi, 59, 65-66.
Bertrandus de Ponte S. Marie, 293.
Bertrannus (de Monte Suzanni), homo S. Lupi Trecen., 140.
Bien Li Vegne, judeus comitis Trecen., filius Viveti Herbouth, 249, 267.
Bigot de Varricurt, miles, 92.
Bigoth de Larcicuria, miles, 87.

Bigotus. V. *Bigoth*, 108, 109.

Blancha Navarro, comitissa Trecen., 188, 190, 197, 198, 217, 231, 232, 236, 237, 248, 250, 253.

Blancha, uxor Galteri Maleboiche de Verreriis, 201.

Blanchardus, 260, 261.

Blasius, electus episc. Turritanus, 185.

Bochardus, Boichardus, major de Insulis, 226.

Bodo, episcop. Trecorum, 2.

Boichardus, V. *Bochardus*, 256.

Bonardus, sacerdos de Presseio, 88, 112.

Bonellus Pulcher, canonic. S. Stephani Trecen., 171.

Bonellus, canonic. sacerdos S. Stephani Trecen., 51.

Bonellus, Brochard, 32.

Bonellus, nepos Andree de Lueriis, canonicus S. Stephani Trecensis, 118.

Bonellus de Lusigniaco, homo Clarembaudi II de Capis, 117.

Bonellus de Poant, 52, 56.

Boninus, donum apud Argentellam, 66.

Bonus Filius, 65.

Boso, frater Ansculfi de Tylia, miles, 112.

Bovet, fils de Milon et d'Emangarde de Colaverdey, 280.

Boveti, textoris, (domus), 280.

Bovo, 87.

Bovo, dominus de Curteloverzei, 91.

Bovo de Fontibus, pater Marie, homo Gaufridi de Villa Harduini, 186.

Bovo, filius Baldrici, 13.

Bovo, filius Hemelino, cognatus Otthranni, 13.

Brictius, homo Milonis de Pontibus, 289.

Brutinus, filius Roberti, villici, 110.

Campanus, decanus, 78.

Carolus Calvus, rex, 1, 9, 58, 182.

Celestinus III, papa, 151, 163.

C. (Chana), marescallissa Campanie, uxor Gaufridi de Villa Harduini, marescalli Campanie, 211.

Christianus de Buceio, 275.

Christoforus, frater Hospitalis Hierosolim., 187.

Chrysogonus, cardinalis diacon., 21.

Clarembaudis I, dominus de Capis, vir Aalidis, pater Clarembaudi Leprosi, abbas secularis S. Lupi Trecen., 3, 16.

Clarembaudus II, Leprosus, filius Clarembaudi I de Capis, 3, 74.
Clarembaudus III de Capis, filius Clarembaudi II, 116, 129, 141.
Clarembaudus IV, dominus Capparum, 256.
Clariane (familia), 67.
Clarinus de Chauderiaco, 183; 187, V. *Renerius*, 188.
Clarinus de Masnillo, pater Alaidis, 279.
Clarinus, pater Gisleberti, 89-90.
Clemens III, papa, 124, 125, 130, 132, 134, 135, 144, 150, 151, 158.
Clemens, testis, 87.
Constancia, comitissa Trecen., uxor comitis Hugonis, filia Philippi I, regis Francie, 13.
Constantius, canonic. S. Lupi Trecen., 113, 116.
Constantius Grolardus, homo S. Lupi Trecen., 252.
Constantius Jobar, pater Emeline, 56, V. *Drocho*.
Contessa, prima uxor Galteri li baptisiez, 292.
Costati (tenimentum) in Praeria, 50, 66.
Crescens, judeus Senonensis, 241.
Damero, pater Herberti. 50.
David, marescallus comitis Hugonis, 14.
Deodatus, prepositus Barri super Albam, 15.
Dietius, sacerdos, 50, V. *Drogo*.
Dietus, homo Thesauri S. Stephani Trecen., 118.
Doetus, sororius Philippi I, abbatis S. Lupi Trecen., V. *Elysabeth*, 273.
Drocho, Droco et Drogo, abbas S. Lupi Trecen., 160, 161, 162, 163, 167, 180, 181, 191, 194, 206, 304, n. IV.
Drocho de Lueriis, homo S. Lupi Trecen., 295.
Drocho, maritus Emeline, filie Constantii Jobar, 56.
Drocho, filius Renaudi de Sancto Martino, desponsatus Margarite, filie Benedicti de Pontibus, 77.
Drocho Lorimarius, 91.
Drogo, abbas S. Lupi, V. *Drocho*.
Drogo, archidiac. Trecen., 15.
Drogo, archidiac. Trecen., 140.
Drogo de Balchisi, canonic. S. Petri Trecen., 93.
Drogo de Planceio, canonic. S. Petri Trecen., 140.
Drogo, canonic. S. Lupi Trecen., 139.
Drogo, capellanus, 33.

Drogo, frater Dietii sacerdotis, 66.
Drogo Bristaldus et Bristaudus, 60, 72.
Drogo de Pruvino, V. *Drogo Bristaldus*, 61.
Drogo Hurepellis, miles, 16.
Drogo, frater Parredi de Brena, 87.
Dudo de Mareiolo, vicecomes, 13.
Dudo, filius Havini, 13.
Ebrardus de Rousson, pater Isabelle, 274.
Ebroinus, presbiter Brene Vetule, 86.
Edmundus, filius Henrici, regis Anglie, Campanie et Brie comes, 298.
Elias (magister), 305.
Elisabeth, filia Galteri, granetarii, 56.
Elvis et Gauterus de Lapeere, 264.
Elysabeth, soror Philippi I, abbatis S. Lupi Trecen., V. *Doetus*, 273.
Emelina, filia Constantii Jobar, uxor Drochonis, 56.
Emelina, filia Girardi, femina S. Lupi Trecen., 106.
Emelina, de Marigniaco, soror Marie, 228.
Emelina, uxor Matthie de Lusigniaco, 298.
Emeline, fille de Milet et d'Ainete de Lusigny, 299, 300.
Engelbertus, abbas Molismensis, 80, 81.
Engelbertus, presbyter, 32.
Engelbertus, pater Johannis, 50.
Eodatus, pincerna comitis Hugonis, 16.
Erardus II, comes Brenensis, V. *Airardus*, 83, 90, 99, 111.
Erardus de Brena, dominus de Venisiaco et Rameruco, filius Andree de Rameruco, 199, 236.
Erardus II, dominus Chacenaii, maritus Amelino, beau-frère d'Eudes de Grancey, 216, 239, 240, 285.
Erardus de Lusigniaco, frater Radulphi, 286.
Ermangarde de Colaverdey (dame), veuve de Milon. V. *Henri et Bovet*, 280.
Ermanjardis, uxor Guidonis, militis de Maisnillo, 125.
Ermanjardis, filia Ode, domine Pogiaci, 196, 198.
Ernaudus, canonic. S. Lupi Trecen., 142.
Ernaudus de Ruisello, frater conversus S. Lupi Trecen., 264.
Ernaudus, villicus de Molins, 87, 112.
Ernaudus, filius Roberti, villici, 110.

Errodus, 305.
Ertaldus, V. *Artaldus*, camerarius Henrici I comitis Trecen., 80.
Ertaudus, thesaurarius S. Stephani Trecen., 292, 293.
Esmaurus Menardi, pater Isabel, homo domus Dei S. Stephani Trecen., 252.
Estoldus de Briel, miles, frater Odonis, 103.
Estoldus de Spiniaco, 108, 109.
Eudes, curé de Saint-Nizier de Troyes, 298.
Eudes, seigneur de Grancey, beau-frère d'Erard II de Chacenay, 216.
Eugenius III, papa, 33, 36, 64, 121, 125, 135.
Eustachius, canonic. S. Petri Trecen., 26.
Everardus, abbas de Ripatorio, 292.
Everardus, abbas S. Lupi Trecen., 1, 6, 7, 25, 30, 31, 32, 33, 40, 41, 43. 304 n. II.
Evrardus, 60.
Evrardus Gillardi, 60.
Evrardus, pater Lamberti, 54.
Evrardus de Luieres, pater Priorisse, 114.
Evisbertus, servus S. Lupi Trecen., 16.
Falco, archidiac. Trecen., 24, 90.
Falco de Bocenaio, 29.
Felicius, filius Brictii, hominis Milonis de Pontibus, 283.
Felix, quidam rusticus S. Lupi apud Cortlaverzei, 39.
Felix de Bellavilla, pater Isabelle, 289.
Felix, tenet terras, 264.
Ferricus de Vienna, 122, 305.
Fortinus, filius Roberti, villici, 110.
Focheri Rebonsin (filie), 286.
Freberius, homo S. Lupi apud Cortlaverzei, 39.
Freelina, uxor Herberti de Sancto Martino, femina comitisse Trecensis, 106.
Fromundus, sacerdos de Vinzeio, 93.
Fromundus Vultur, 35, 65, 136.
Fromundus de Plaiotra, 60.
Fulco, dedit censum, 35, 65, 136.
Fulcredus, filius Herberti de Lusigniaco, 116.
Furcu, frater Hospitalis Hierosol., 187.
G., abbas Bassi Fontis, 233.

G., archidiac. Lingonensis, 277.

G., de Trimolai (La Tremoille), nobilis vir, 208.

G., dominus de Blaincuria, V. A., *uxor ejus*, 233.

Galcherus de Firmitate, monachus Clarevallis, 27.

Galcherus de Nogento, canonic. S. Petri Trecen., 124.

Galteri Corberant (vinea), 305.

G., Galterus, abbas S. Lupi Trecen., 200 (V. *Additions et correct.*), 304, n. xi.

Galterus, abbas Arremarensis, 75, 78.

Galterus de Pogiaco *et* Pugiaco, archidiac. Trecen., nepos Manassis episc., 103, 116, 124.

Galterus, cancellarius Marie comitisse Trecen., archidiac. S. Petri Trecen., 93, 146, 157, 175.

Galterus, cantor S. Petri Trecen., 56, 60.

Galterus *Camberars* S Lupi, 13.

Galterus Verpertilio, canonic. S. Lupi, 13.

Galterus Troncllus, canonic. S. Lupi, 13.

Galterus, canonic. prepositus S. Stephani Trecen., 117, 154, 164.

Galterus, canonic. subdiac. et camerarius S. Stephani Trecensis, 54, 60, 76, 86, 88.

Galterus Gilberti, canonic. diaconus S. Stephani Trecen., 172.

Galterus (magister), canonic. Corone, 207.

Galterus, decanus sacerdotum, 156.

G., Galterus II, comes Brennensis, 22, 48, 183.

Galterus III, filius Airardi II, comitis Brenensis, 85, 87, 99, 107, 108, 109; frater *Johannis*, 173, 176, 177, 178, 182, 189.

Galterus Piscator, miles, 25.

Galterus, miles, Flandrensis, 116, 124.

Galterus de Bernois, 47.

Galterus de Poisci, 33.

Galterus, filius Theobaldi, militis, quondam judei, 205.

Galterus, granetarius, pater *Regine*, 56, 155, 157.

Galterus, villicus Bevronne, 86.

Galterus, filius Roberti, villici, 110.

Galterus, major de Bevrona, 142.

Galterus de Nivigella, 90.

Galterus, pater Hernaudi, clerici, 119.

Galterus Christiani, 156.

Galterus, filius Roberti, 84.

Galterus Alemannus, 171.
Galterus Maleboiche de Verreriis, maritus Blanche, 261.
Galterus li baptisiez, maritus Isabellis, V. *Contessa*, 272.
Galterus, dictus *lou blanc*, lathomus, 299.
Garinus, canonic. S. Lupi Trecen., 32.
Garinus de Marcio, miles, 100.
Garinus (Furnerius) de Meriaco, miles, 59.
Garinus Rhemensis, 24.
Garinus dictus Barbete, 294.
Garinus, de familia Herberti de Lusigniaco, 116.
Garnerius, Pisanus, 50, 66.
G., Garnerus (de Triangulo), episc. Trecen., 158, 159, 160, 163, 165, 166, 173, 180, 182, 186.
Garnerus, abbas Clarevallis, 125.
Garnerus, abbas Vallilucentis, executor testamenti Garneri de Triangulo, 239.
Garnerus de Sancto Remigio, presbiter, canonic. S. Petri Trecensis, 26.
G. Garnerus II (junior), dominus Triagnelli, filius Anselmi I de Triangulo, 31, 72, 77, 96, V. *Hugo de Vergeio;* 103, 112, V. *Milo, abbas S. Mariani*, 133, 149, 152, 156, 158, 160, 183, 189, 203.
G., Garnerus III et Garnerius de Triagnello, dominus Triagnelli et Marigniaci, filius precedentis, 96, 113, 152, 159; Agnes de Mello uxor sua, 160, 189, 203, 204, 239.
Garnerus IV, dominus Trianguli et Marigniaci, 257, 258, 278.
Garnerus, miles de Bernona, vir Agnetis, 40.
Garnerus de Blenicorth, miles, 112.
Garnerus de Bucci, nobilis vir, fundator ecclesie de Bucci. V. *Melisendis, Guerricus, Manasses, canonic. S. Petri*, 97, 98, 150.
Garnerus de Lesmont, 87.
Garnerus de Marcilli, 78.
Garnerus de Pisniaco, 87.
Garnerus de Saveriis, 24.
Garnerus Amatoris, 118.
Garnerus Ferrados, 305.
Garsias, episc. Oscensis, 281.
Garsias et Garsyas, clericus Blanche, comitisse Trecen., canonicus S. Stephani Trecen., 232, 233, 259, 260; clericus Theo-

baldi IV, et cellarius S. Stephani Trecen., 267-271 ; canonicus Trecon., 290-292, 305.

Gaudebertus, frater Ingelmeri prepositi, 14.

Gaufridi Barrenensis (campus) apud Runniacum, 41.

Gaufridus, episcop., Cathalaunensis, 22.

Gaufridus, episcop., Carnutensis, 24.

Gaufridus, abbas S. Lupi Trecen., 304 n. xx.

Gaufridus, canonic. S. Lupi Trecen., 32.

Gaufridus Altissiodorensis, monachus Clarevallis, 27.

Gaufridus de Peronia, monachus Clarevallis, 27.

Gaufridus, clericus de Charz, 247.

Gaufridus (de Chartres), marescallus Henrici I, comitis Campanie, 47.

Gaufridus (de Villa Harduini), marescallus quondam Campanie, 186.

Gaufridus, dapifer comitis Hugonis, 13, 15.

Gaufridus *et* Gofridus de Villa Harduini, Romanie seneschallus, maritus Elizabeth de Capis, neveu du Chroniqueur, 207, 209. V. *Odo episc. Corone.*

Gaufridus de Villa Harduini, filius Gaufridi, marescalli, et Chane, 211.

Gaufridus Furnerius, 72, 75.

Gaufridus de Lantagio, miles, 216.

Gaufridus Eventatus, 78, 103.

Gaufridus de Rivo, 78.

Gaufridus, frater Rigaudi, 78.

Gaulcherius de Firmitate, 15.

Gauterius (de Provins), marescallus Henrici I, comitis Campanie, 47.

Gauterus et Elviz de Lapeere, 264.

Gautier de Bar, chanoine de S. Etienne de Troyes, 298.

Gelebertus Crimbertus, 100.

Gerardus, archidiac. Trecen., V. *Girardus*, 170, 172.

Gerardus, prior S. Martini Trecen. et abbas S. Lupi Trecen., V. *Girardus*, 304 n. 1.

Gerardus de Germignum, V. *Girardus.*

Gertrudis, abbatissa Beate Marie Trecensis, 168.

Gervasius, patriarcha Constantinopolitanus, 227.

Gerumus, decanus, 86.

Geubelet, fils de Milet et d'Ainette de Lusigny, 299, 300.

Giborgia, conjux Humberti de Lueriis, 168.

Gibuinus, cantor Trecen. et archidiac., 24, 26; arhidiac. Brenensis, 28, 29.

Gila, domina de Vergiaco, 234.

Gilbert Alaigne, époux de Marie, père de Simon, 296.

G., Gilbertus, abbas Rippatoriensis, 200. V. *Additions et correct.*

Gilbertus, sacerdos, ejus domus apud Lusigniacum, 91.

Gilbertus, frater Henrici Bogri, maritus Lucie, 102.

Gilbertus, vitricus Roberti Chauceon, 156.

Gilberti de Stallo, 90.

Gilebertus, Amiclarum episc., 208.

Gilebertus, serviens Garneri (junioris) de Triagnello, 113.

Gilebertus de burgo S. Jacobi, pater Andree, hominis S. Lupi, 106.

Gillebertus, 16.

Gillebertus, negociator, 14.

Gillebertus de Clauso, pater Jacobi, 72.

Gilo de Pogeiaco, 116.

Gilo (de Buci), frater Manassis de Buci, canonicus S. Lupi Trecensis, 171.

Gilo, pedagogus Galteri, filii Airardi II, comitis Brenensis, 87, 108, 109.

Gilo, sororius Girardi de Fox, 78.

Gilo Torneel, de Torneel, de Torneello, 103, 110, 122.

G. Girardus, prepositus S. Lupi, 4; archidiac, Trecensis, 13, 15, 16, 303 n. iv.

Girardus, archidiac. Trecensis, 75, 87.

Girardus *et* Gerardus, archidiac. Trecen., 170, 172.

Girardus, prior S. Martini, deinde abbas S. Lupi, 5, 6, 23. V. *Gerardus.*

Girardus, abbas de Cella, 75.

Girardus, canonic. S. Martini Trecensis, 32.

Girardus, canonic. sacerdos S. Stephani Trecensis, 54.

Girardus Gillardi, canonic. subdiac. S. Stephani Trecensis, 72.

Girardus de Maci, canonic. S. Stephani Trecensis, 118.

Girardus Parvus, canonic. S. Petri Trecensis, 140. V. *Vuallerus.*

Girardus de Barro, canonic. S. Petri Trecen., 140.

Girardus de Barro, canonic. S. Stephani Trecen., 188, 232.

Girardus de Germignum, 207, 210.
Girardus, miles de Sezania, 133.
Girardus, miles de Palsiaco, 113.
Girardus de Moncellis, censuarius S. Lupi Trecen., 299.
Girardus Croslebois de Pruvino, 153.
Girardus, filius Girardi Croslebois de Pruvino, 153.
Girardus de Fox, V. *Gilo*, 78.
Girardus de Villamauri, 118.
Girardus Lunfard, 78.
Girardus dictus Meletarius, 293.
Girardus, serviens S. Lupi Trecen., 265, 305.
Girardus, filius Scoti, 87.
Girardus, pater Emeline, femine S. Lupi Trecensis, 106.
Girardus, filius Johannis et Hersendis, de Pogiaco, homo Renaudi, 180, 196, 198.
G., et Girbertus, parochus de Hyspania, 88, 105.
Girulphus, pater Stephani (domus), 168.
Gislebertus, filius Clarini, 89.
Gobaldus, donum ad Pontem Sancte Marie, 66.
Godefridus, clericus, de Esternay, cognomento Alemannus, 161, 162; canonicus S. Lupi, 167, 183, 305.
Gofridus de Roussoum, filius Stephani, militis de Rousson, V. *Petrus*, 274.
Gonbaudi de Arbrisello (hereditas), 168.
Gorgia Anseris (cognomen cujusdam judei), 152, 189.
Gosbertus de Villa mortis, 13.
Goscelmus, archidiac. Trecen., 13, 15.
Gregorius VIII, papa, 121.
Gregorius IX, papa, 287.
Gregorius, presbiter Doschie, 86.
Grimodus, prepositus vicecomitis, 16.
Guerricus, V. *Guirricus*, nepos Hatonis, episc. Trecen., archidiaconus, 29, 170.
Guerricus, canonic. S. Lupi Trecen., prior Sancti Safadini in Achaia, 209, 210, 227.
Guerricus, frater Garneri de Bucci, 98.
Guerricus, V. *Guirricus*, Bichez al. Bocel, 95, 305.
G., Guiardus, archidiaconus Trecen., ecclesie, et officialis, 222, 224, 225, 228, 229, 237, 238, 242, 244, 245, 246, 247, 254,

255, 257, 258, 263, 265, 276, 305.
Guiardus, canonic. Trecen. 75, 88, 93.
Guiardus, canonic. subdiac. S. Stephani Trecen., 54, 86; camerarius, 118.
Guiardus, presbyter de Rumiliaco, 202.
Guiardus, magister de Chaleta, 127.
Guiardus de Apulia, 162.
Guiardus de Bernona, filius Garneri et Agnetis, 40.
Guiardus de Pontibus, 65.
Guiardus et Ernaudus, fratrum, de Ruisello, 264.
Guido, cardinalis sacerdos, 21.
Guido, cardinalis diac. S. Adriani, 21.
Guido, archiepisc. Senonensis, 127, 144.
Guido, abbas Arremarensis, 26.
Guido, prepositus S. Lupi Trecen., 4, 303 n. vi.
Guido, canonic. S. Martini Trecen., 32.
Guido, comes Barrensis, 26.
G., Guido de Capis, 231.
Guido II, dominus de Domno Petro, 155, 157.
Guido *La Grive*, de Villa Harduini, V. *Villana*, frater Gaufridi, marcschalli, 220.
Guido de Pogiaco, filius Odo, 196, 198.
Guido de Vangeruco, 15.
Guido de Maisnillo *et* Manisllo, miles Airardi II, comitis Brenensis, 112, 125, 126, V. *Ermanjardis*.
Guido de Lusigniaco, homo Clarembaudi II, 417.
Guillelmus, episcop. Prenestinus, 21.
Guillelmus, abbas S. Martini Trecen., 5, 18, 19, 24, 29, 32.
Guillelmus, cantor S. Lupi Trecen., 139.
Guillelmus, camerarius S. Petri Trecen., 140.
Guillelmus de Vitriaco, clericus Edmundi, comitis Campanie, 299.
Guillelmus, frater archiepisc. Senonensis (Hugonis de Toucy), 29.
Guillelmus Poiquanz, 306.
Guillelmus, Guillermus, V. *Willermus*, filius Airardi II, comitis Brenensis, 85, 107.
Guillelmus, Guillermus, cancellarius, V. *Willelmus*, 61, 69.
Guillermus, abbas Cellensis, 244.
Guillermus Andoillete, abbas S. Lupi Trecen., 304 n. xxiii.

Guillermus, canonic. S. Martini Trecen., 32.
Guillermus I de Domno Petro, connestabularius Campanie, 72.
Guillermus II, dominus de Dampetra, 250.
Guillelmus de Tilia, dominus Marigniaci, 300.
Guillermus (Rex), marescallus Henrici I, comitis Trecen., 58, 69, 72, 80.
Guillermus Putemonole, comitis Campanie balivius, 279, 284, 287.
Guillermus Alexander, ballivus Trecen., 299.
Guillermus, filius Jacobi, nepos Jacobe de Plaiseio, 275, 276, 277.
Guillermus (ejus filia), 211.
Guillermus de Costa, *et* Guillerme de la Coste, V. *Raimundus*, 299, 300.
Guirricus, archidiac. Trecen., 172, V. *Guerricus.*
Guirricus, canonic. subdiac. S. Sthephani Trecen., 54.
Guirricus, canonicus, 33.
Guirricus Boceps *et* Buceps. V. *Guerricus Bichez*, 55, 61.
G., Guiterius, Guiterus, Guitherus, abbas S. Lupi Trecen., 1, 7, 8, 45, 49, 51, 52, 54, 58, 62, 67, 70, 75, 76, 77, 79, 81, 82, 83, 88, 93, 96, 97, 102, 109, 111, 113, 116, 117, 119, 138, 143, 148, 149, 154, 155, 157, 158, 171, 304, n. III.
Guiterius *et* Guitherius de Monte Hyngonis, 50, 64, 90, 96, V. *Martiana* et *Balduinus.*
Gulterus, canonic. S. Lupi Trecen., 142.
Gylo Plaix, 118.
Gylo, miles, 124.
H., decanus ecclesie Parisiensis, 130, 133.
H. cantor Trecen., 296, 306.
H., doyen de la Chrétienté de Troyes, 284.
Haicius, Haycius, Aicius (de Planceio), magister schole, cancellarius Campanie, 60, 61, 64, 90; subdecanus S. Stephani Trecensis, 95, 110, 170; decanus S. Petri Trecen., 117; decanus S. Stephani Trecen., 117, 140, 142; episcopus Trecen., 148.
Haimerici de Rupe (uxor), 67.
Haimo, homo S. Lupi Trecen., apud Cortlaverzei, 38.
Haquins, judeus, filius Vaulini, judei de Trecis, 255.
Hato et Hatto, episcop. Trecen., V. *Atto*, 5, 23, 25, 27, 28, 31, 32, 34, 65, 82, 87, 105, 121, 125, 136.

Hato de Lesmont, miles, 86, 92, 108, 109, 112.
Hato, frater Johannis, canonicus S. Petri Trecen., 212.
Haycius (de Planceio) episcopus Trecen., V. *Haicius et Bartholomeus*, 149.
Haymo, canonic. Corone, 206.
Helenus, abbas Arripathoris, 27.
Helias de Ruvigniaco, consanguineus Odouini, 244.
Helisabeth, uxor Hervei, femina S. Lupi Trecen., 106.
Helissendis, uxor Anselmi 1 de Triangulo, 31.
H., Helissendis, domina de Capis, mater Isabellis, 234.
Heluiz, uxor Thome, filii Radulphi Divitis, de Villa Harduini, 220.
Helvis, filia Jacobi de Baira, femina S. Lupi Trecen., 185.
Helyas de Seleriis, pater Marie, 279.
Henri, fils de Milon et d'Ermangarde de Colaverdey, 280.
Henricus, episcop. Trecen., 6, 41, 44, 48, 51, 54, 61, 69.
Henricus I, comes Trecen., filius Theobaldi II, 7, 31, 43, 45, 51, 52, 53, 54, 55, 57, 59, 60, 61, 62, 63, 68, 69, 71, 72, 76, 79, 91, 110, 170, 172, 182, 302, n. 2.
Henricus II, filius Henrici I, comitis Trecen., et Marie, 7, 8, 103, 106, 111, 113, 114, 122, 133, 157.
H., Henricus, canonicus Trecen., curie Trecen., officialis, 210, 212, archidiaconus, 213, 215, 216, 306.
H. (Henricus) de Sancto Mauricio, canonicus S. Stephani Trecen., et succentor, 212, 306.
Henricus, canonic. S. Martini Trecen., 32.
Henricus Bogri, frater Gilberti, 102.
Henricus Flandrensis, miles, 86.
Henricus de Malo Nido, miles, executor testamenti Garneri de Triangulo, 239.
Henricus de Triagnello, 66.
Herbertus de Sancto Quintino, archidiac. Trecen., 124, 140.
Herbertus, decanus S. Stephani Trecen., 154, 164, 167, 175.
Herbertus, canonic. diac. S. Stephani Trecen., 54, cantor, 86, 103, 118.
Herbertus, canonic. S. Lupi Trecen., 33, 47, subprior S. Lupi, 54.
Herbertus de Villamauri, canonic. S. Stephani Trecen., 33, 50, 60, 61, 66, 75, 90, 172.

Herbertus Beloth *et* Belot canonic. S. Stephani, 235, 305.
Herbertus, procurator pauperum domus Dei S. Stephani Trecen., 252.
Herbertus (ejus molendinum), 260.
Herbertus, patruus Manassis de Buci, 171.
Herbertus Malamoneta, 103.
Herbertus de Moncello, pater Richeri, 80, 81.
Herbertus de Ranoleria, 95, 200.
Herbertus de Regni, 264.
Herbertus Theoclarius, 102.
Herbertus Venator, 90, 96.
Herbertus, maritus Freeline, femine committisse Trecen., 106.
Herbertus, filius Dameronis, 50, 66.
Herbertus, sutor, de Lusigniaco, V. *Fulcredus*, 116.
Herbotus *et* Vivetus Herbouth, judeus de Velenesse, pater Bien-li-Vaigne, 267.
Herfredus, major, 47.
Herfredus, prepositus Trecorum, 54, 55, 56, 69.
Herlaius, sacerdos de Saciaco, 83, 84.
Herlebaudus de Vendopera, 48.
Hernaudus, canonic. S. Lupi Trecen., 116.
Hernaudus, clericus, filius Galteri, 119.
Hernaudus, villicus de Molins, V. *Ernaudus*, 116.
Hersendis, de Pogiaco, uxor Johannis, 180.
Hersendis, filia Salomonis de Abrocello, 244, 245.
Herveus, episc. Trecen., 187, 202, 222, 226, 229, 243, 246, 296.
Herveus de Sancto Flavito, 78.
Herveus, maritus Helisabeth, femine S. Lupi Trecen., 106.
Hildeburgis, filia Johannis, et nepos Andree de Lueriis, canonici S. Stephani Trecen., 76.
Hilduinus de Pontibus, canonicus S. Petri Trecen., 26.
Hilduinus, miles de Curia, 13.
Hilduinus de Bernona, filius Garneri et Agnetis, 40.
Hilduinus de Lusigniaco, homo Clarembaudi II, 117.
Hodeardis, majorissa, mater Jaquini, clerici, 238.
Hodoynus et Maria mater ejus, 264.
Holdebrannus, monachus de Bulleincorth, 112.
Horiouth, tenet mansum extra portam de Bucci, 98.

Hougiers de Brena, 305.

Hubaldus, cardinalis diacon., 21.

Hubelina, uxor Galteri II, comitis Brennensis, 22.

Huetus, dominus de Chacenay, 200. V. *Addit. et correct.*

Huetus, filius Matthie de Lusigniaco, 298.

Hugo, archiepisc. Senonensis, 31, 36.

Hugo, episcop. Altissiodorensis, 5, 27, 32, 36, 91, 280.

Hugo, abbas Pontiniacensis, 19.

Hugo, thesaurarius S. Lupi Trecen., 299; lou trésorier de Saint-Lou, 300.

Hugo, canonic. S. Petri Trecensis, 13.

Hugo, canonic. S. Martini Trecensis, 32.

Hugo curatus de Hyspania, 28.

Hugo, prior Sancti Leodegarii, 42.

Hugo, magister de Chalathea, 86, 88, 104.

Hugo (magister), officialis Curie Trecen., 274, 276, 278, 280, 283.

Hugo, comes Trecensis, 3 et 4; comes Trecasinus, filius Theobaudi I, 11, 12, 13, 14, 16, 18, 35, 45.

Hugo, pincerna comitis Hugonis, 14.

Hugo, miles, 165.

Hugo de Antissiodoro, maritus Leduidis, 280, 281.

Hugo de Corthejusani, miles, 104.

Hugo de Curcellis, pater Jacobe, 69.

Hugo Eventatus, miles, 59.

Hugo, filius Gosvini, 13.

Hugo Karoli, 118.

Hugo de Lesmont, avunculus Pagani, 86.

Hugo de Magnicorth, 75, 112.

Hugo de Monranpon, clericus Henrici I, comitis Trecen., 59.

Hugo de Paenciis, Hugues, seigneur de Payns, fondateur des Templiers, 13.

Hugo de Planceio *et* Planciaco, 56, 80.

Hugo de Pogiaco, frater Manassis II, episcopi Trecen., 124.

Hugo Poilevilein, 217.

Hugo Rufus, 65.

Hugo de Sancto Mauricio, 217.

Hugo, miles de Sezania, 65.

Hugo de Vergeio, gener Garneri de Triagnello, 96, 129, 141.

Hulricus, pater Martini, 84.

Humbertus de Villa Harduini, 79.
Humbertus, villicus de Lesmont, 87.
Humbertus de Lueriis, V. *Gibergia, Dietus, Andreas de Lueriis*, 148, 168, 169, 296.
Ingelrannus, episcop. Laudunensis, 13.
Ingelmarus, prepositus comitis Hugonis, 14.
Innocentius II, papa, 4, 18-22.
Innocentius III, papa, 173, 181-185, 189-190, 220-221, 222.
Isabel, filia Esmauri Menardi de Verreriis, uxor Petri, molendinarii de Ponte Sancte Marie, 252.
Isabella, filia Ebrardi de Rousson, 274.
Isabella, filia Felicis de Bellavilla, femina abbatie de Cella, 289.
Isabellis, filia Helissendis, domine de Capis, 234.
Isabellis, filia Radulphi Charuel de Lueriis, 274.
Isabellis, terras tenebat apud viam Pontium, 264.
Isabellis, uxor Galteri li baptisiez, 292.
Isambardus, abbas S. Lupi Trecen., 304 n. xiii.
Isembardus, dat molendinum, 243.
Ismeria, filia Aalydis de Sancto Lupo, uxor Petri de Lusigniaco, 298.
Iterus, decanus S. Stephani Trecen., 211.
Iterus, miles, 260.
Iterus Buci, de Sancto Florentino burgensis, 297.
J., abbas S. Martini Trecen., 297.
J., decanus Christianitatis, in archidiaconatu Divionensi, 230.
J., sacerdos Sancti Johannis, 100.
J., preceptor Hospitalis de Cerans, 186.
J. de Bria, frater Hospitalis, 187.
J. de Lothorum, frater Hospitalis, 187.
Jacob, Jacobus, canonic. et abbas S. Martini Trecen., 32, 60, 170.
Jacob, judeus comitis Trecen., filius Sansonis Rufi, de Dampetra, 250, 251, 266, 271, 272.
Jacob, judeus, filius Vaalini, judei de Trecis, 255, 305.
Jacoba (domina) de Plaiseio, mater Milonis, V. *Jacobus. Guillermus*, 274, 275, 276.
Jacoba, filia Hugonis de Curcellis, 69.
Jacoba, nurus Belini de Submuro, 76.
Jacobus, abbas S. Martini Trecen. V. *Jacob*.
Jacobus Muete, abbas S. Lupi Trecen., 304 n. xvii.

DE L'ABBAYE DE SAINT-LOUP. 325

Jacobus, canonicus S. Martini Trecen., 30.
Jacobus de Vitreio, canonic. S. Lupi Trecen., 90.
Jacobus, frater Jacobe, domine de Plaisseio, 275.
Jacobus, filius Gilberti de Clauso, 103.
Jacobus de Baira, homo S. Lupi Trecen., 154.
Jacobus, judeus de Villamauri, 241.
Jacobus Roncevel, V. *Maria, Petrus Creditor*, 102.
Jaqueta, filia Michaelis de Castello, 293.
Jaquinus, clericus, filius Hodeardis, majorisse, 238.
Jarronas, frère de Simonins Jarons, escuier, 299.
Jehan de Saint-Aventin, lou prévost, 300. V. *Johannes de S. Aventino.*
Jehanne, fille de Milet et d'Ainete de Lusigny, 299, 300.
Johannet, fils de Milet et d'Ainete de Lusigny, 299, 300.
Jehannez Jupez de Montsuzain, 300.
Joannes, abbas S. Lupi Trecen., 304, n. xv.
Joannes de Cheleio, abbas S. Lupi Trecen., 304, n. xviii.
Joannes Persin, abbas S. Lupi Trecen., 304, n. xxi.
Joannes Poilevilein, 306.
Joannes de Porta, 33.
Johannes, abbas S. Lupi Trecen., ordinis S. Augustini, 300.
Johannes, abbas S. Martini, Trecen., 280, 281.
Johannes, decanus S. Petri Trecen., 161, 175.
Johannes, prepositus S. Machuti de Barro, frater Aalidis la Cendrière, 295.
Johannes, prepositus S. Lupi Trecen., 303, n. i.
Johannes de S. Aventino, prepositus S. Lupi Trecen., li prevoz de Saint Lou, 299, 300.
Johannes de Trecis, cellerarius S. Lupi Trecen., 299.
Johannes, canonic. S. Lupi Trecen., 32, 93.
Johannes de Abbatia, canonic. S. Petri Trecen., 140.
Johannes, frater Hatonis, canonicus S. Petri Trecen., 212, 213.
Johannes de Yspania, canonic. S. Lupi Trecen., 299.
Johannes, sacerdos, dedit vineas, 35, 136.
Johannes, capellanus *et* sacerdos de Rumilliaco *et* Rumiliaco, 100, 170.
Johannes de Marigniaco, capellanus domini Marigniaci, 278.
Johannes Garsias, clericus Edmundi, comitis Campanie, 297.
Johannes, scriptor carte, 283.

Johannes, prior Planciaci, 70, 169.
Johannes, comes Brenensis, frater Galteri III, 174, 176, 182, 191, 192.
Johannes, dominus de Arceis, 140
Johannes de Villa Harduini, miles, frater Gaufridi, mareschalli, 156, 218.
Johannez Hurupellus de Cortlaverzi, 36-39, 280.
Johannes, frater Milonis de Pruvino, 80.
Johannes de Parreti, 253.
Johannes de Pogiaco, pater Girardi, homo *Rainaudi de Pogiaco*, 180, 196, 198.
Johannes Bergerius, 118.
Johannes Briderius, 102.
Johannes de Herbitia, pater Luce, 114.
Johannes, pater Hildeburgis, 76.
Johannes, filius Engelberti, 50, 60.
Johannes Gruarz, 110.
Johannes Lornicorum, 162.
Johannes Pauper, 99.
Johannes, filius Rideri, 16.
Johannes (magister), aurifaber, 190, 306.
Jocelinus, prior S. Aygulfi, 55.
Jocelinus, sacerdos de Torviler, 145.
Jocelmus, filius Martini, 84.
Jocerandus, miles de Duci, 263.
Joibert Pustemoche, 294.
Josbertus, filius Bernardi, miles, 112.
Juliana et filii ejus, 90.
Josbertus, prepositus Trecen., 156.
Karolus, pater Manassis, 72.
Laigulfus, prior de Insulis, 70.
Laigulfus, prior Sancti Hilarii, 80, 81.
L. (Lambertus), abbas S. Martini Trecen., 175, 201.
Lambertus, prior domus Chaletensis et custos domus Brenensis, 23, 28.
Lambertus, camerarius Molismensis, 70.
Lambertus, sacerdos de Marigni, 78.
Lambertus Flandrensis, miles, 86.
Lambertus, negociator, 14.

Lambertus, filius Evrardi, 54.
Lambertus, 16.
Landricus Odonis, 87.
Lascherus de Nogento, canonic. S. Petri Trecen., 103.
Laurentius, canonic. S. Martini Trecen., 32.
Laurentius de Univilla, miles, 112, 142.
Laurentius de Urmello, 89.
Leboldus, negociator, 14.
Leduidis *et* Letuidis dicta Villana, uxor Hugonis de Antissiodoro, 280, 281.
Leobaudus, 16.
Letaudus, canonicus S. Lupi Trecen., 16.
Lethericus, monachus de Cella, 75.
Letuidis, V. *Leduidis*, 280.
Leudardus, serviens comitis Hugonis, 14.
Littericus, abbas Cellensis, 289.
Lora, femina de corpore S. Lupi Trec., uxor Petri Lobergoignon, 294.
Luca, mater Michaelis, militis, 93.
Luca, filia Johannis de Herbitia, 114.
Lucas, presbyter cardinalis, tituli SS. Johannis et Pauli, 21.
Lucas, abbas Resbacensis, 114.
Lucia, conjux Gilberti, 102.
Lucius II, papa, 27.
Lucius III, papa, 100.
Ludovicus VI, rex Francorum, 18.
Ludovicus VII, rex Francorum, 24, 27, 30, 33, 34, 54, 59, 61, 69, 170, 172.
Ludovicus (le Hutin), rex Navarre, Campanie comes, 299.
Lupus (S.), ipsius corpus 2 et 3, 4, translatio 6, 57, processio 63; époque de paiement, 65.
Lupus, 24.
M., prior Sanctorum Geminorum, 277.
Malbertus, decanus de Vendopera, 119, 120.
Manusserius *et* Manasses de Pogiaco, filius Renaudi et Ode, 196, 197, 298.
Manasses de Pogeiaco, 51.
Manasses (de Pogeiaco), prepositus S. Stephani Trecen., 58, 60, 61, 62, 95, episcop. Trecen., 103, 113, 115, 118, 123; V. *Hugo, Rainaudus, Oda*, 130-134, 144-147.

Manasses, abbas S. Lupi Trecen., 202, 206, 209, 210, 211, 304 n. v.

Manasses de Buceio et de Buci, canonic. S. Petri Trecen., frater domini Garneri de Bucci, 103, 150. 170, 181 V. *addit. et correct.*

Manasses de Clauso, 103.

Manasses Karoli (peut être le même que Manasses de Clauso), 72.

Manasses de Rumillei et Rumiliaco, archidiac. Trecen., 24, 26, 33.

Manasses de Villamauri, archidiac. Trecen., decanus S. Stephani Trecen., 24, 26, 54, 61, 62, 88, 95, 97, 100, 117, 170, 172, V. *Addit. et correct.*

Manasses de Sancto Fidolo, archidiac. Trecen., 103, 124.

Manasses, presbyter de Tenilleriis, 294.

Manasses (de Monte Suzanni), homo S. Lupi Trecen., 140.

Margarito, filia Belini de submuro, manumissa, 70, 111,

Margarita, filia Benedicti de Pontibus, 76.

Maria, comitissa Trecen., filia Ludovici, regis Francie, ejus annulus 8; vidua Henrici I, comitis Trecen., 101; mater Henrici II, 103, 106, 109, 111, 113, 114, 133, 149, 157, 158, 161.

Maria, donum apud Argentellam, 66.

Maria, conjux Petri Creditoris, 94, 102.

Maria, de Marigniaco, soror Emeline, 228.

Maria et Hoydoinus, filius ejus, 264.

Meria, filia Bovonis, de Fontibus, 186.

Maria, filia Arnulphi de Rulliaco, femina S. Stephani Trecen., 153.

Maria, filia Arnulphi, filii Garneri, femina S. Lupi Trecen, 154.

Maria, filia Maunorri, femina Blanche, comitisse Trecen., 236.

Maria, filia Helye de Seleriis, femina S. Marie Trecen., 279.

Marie, femme de Gilbert Alaigne, mère de Simon, 297.

Martiana, uxor Guitherii de Monte Hyngonis, 90, 96.

Martinus, serviens comitis Hugonis, 16.

Martinus Strabo, 65.

Martinus Hulrici, 84.

Martrienna, filia Balduinis de Monte Hingonis, femina Hugonis de Vergeio, 129, 141.

Matheolus, filius Galteri, serviens Garneri (junioris) de Triagnello, 143.

Matheus de Rameruco, 115.

Matheus Rufus, 91.

Mathildis (a Carinthia), uxor Theobaldi II, comitis Trecen., et mater Henrici I, comitis Trecen., 57, 68, 71, 122.

M., Matheus, episc. Trecen., 70, 71, 80, 81, 82, 86, 87, 90, 93, 94, 97, 100, 105, 121, 125, 169, 170, 183, 292.

Mattheus, prepositus Matthei, episc. Trecen., 172.

Matthens, tenet pratum, 300.

Matthias de Lusigniaco, clericus, maritus Emeline, V. *Huclus* et *Perinetus*, 298.

Maugerus de Prissi, 87.

Maunorri, pater Marie femine Blanche, comitisse Trecen., 236.

Melisendis, uxor Garneri de Bucci, 98.

Merlin, lou buchier, 300.

Michael Hugonis, canonic. sacerdos S. Stephani Trecen., 54, 72.

Michael, miles, filius Luce, 93.

Michael, celerarius Garneri (junioris) de Triagnello 113.

Michael de Castello, pater Jaquete, 293.

Michiel de Pars, bailli de Troies, 300.

Milet, lou meunier de Lusigni, homme de Simonins Jarons et de Jarronas, V. *Ainete*, 299.

Miletus de Parreti *al.* Parreci, 253, 268.

Milo abbas S Mariani Antissiodor., frater Garneri de Triagnello (junioris), 113.

Milo, abbas S. Lupi Trecen., 301 n. xii.

Milo de Chanloth, canonic. S. Petri Trecen., 26.

Milo de Sancto Albino, canonic. S. Petri Trecen., 103, 124, 140, 146.

Milo de Barro, canonic. S. Petri Trecen., 140.

Milo, archidiaconus Trecen., 180.

Milo (de Capella), decanus S. Petri Trecen., 193, 195.

Milo (de Capella), canonic. S. Petri Trecen., 257, 306.

Milo, comes Barri super Sequanam, 13.

Milo de Pontibus, 78.

Milo de Pontibus, miles, 283.

Milo de Poginco, miles, filius Renaudi et Ode, 123, 196, 197, 198.

Milo de Plaiseio, filius Jacobe, 275.

Milo de Pruvino, 80, 110, 122.

Milo de Ternantis *vel* de Braio, 110.
Milo, monachus Hugonis episc. Altissiodorensis, 33.
Milo, prepositus de Mareio, 56.
Milo Gnarus de Lesmont, 99.
Milo Parvus, 13.
Milo Venator, 65.
Milon, seigneur de Colaverdey, mari d'Emangarde, V. *Henri* et *Boret*, 280.
N., *vel* J.?, abbas Arremarensis, 200, V. *Addit. et correct.*
Nevelo *et* Nivelo de Aineto, 72, 103.
N., Nicholaus, archidiac. nepos Hervei, episcopi Trecen.; dein ipse episcopus Trecen., 200, V. *Addition et correct.*, 203, 295, 296.
Nicholaus de Marigniaco, abbas S. Lupi Trecen., 304 n. xvi.
Nicholaus, abbas S. Lupi Trecen., 304, n. xix.
Nicholaus Forjot, abbas S. Lupi Trecen., 304 n. xxv.
Nicholaus Prunel, abbas S. Lupi Trecen., 301, 303, 304, n. xxvi.
Nicholaus, decanus Trecen., 216, 222, 223.
Nicholaus, prior S. Johannis in Castro Trecen., 75, 170.
Nicholaus, magister domus Dei de Chaleta, 78.
Nicholaus, presbyter, Corone dioecesis, 206.
Nicholaus, monachus de Caritate, 29.
Nicholaus, thesaurarius S. Lupi Trecen., 139.
Nicholaus, thesaurarius S. Stephani Trecen., 148.
Nicholaus, canonic. S. Lupi Trecen., 32.
Nicholaus de Datia, canonic. subdiac. S. Stephani Trecen., 72.
Nicholaus de Prissi, miles, 86, 92, 104, 112.
Nicholai (domus que fuit), 100.
Oda, conjux Rainaudi de Pogiaco, 123, 180, domina Pogiaci, 196, V. *Milo, Manasses, Guido, Ermanjardis*, 198.
Odetus Poleta, domicellus de Ruillereto, 287.
O. (Odinus), dominus de Sancto Fidolo, 266.
O., Odo, episc. electus Corone, nepos Gaufridi de Villa Harduini, seneschalli Romanie, 208, 209, 210.
Odo, abbas Sancte Columbe Senonensis, 263.
Odo, prepositus ecclesie Trecen., 21, 26.
Odo, cantor S. Petri Trecen., 13.
Odo, nepos episc. Trecen., archidiac., 24, 29.
Odo (magister), canonic. S. Petri Trecen., 146.

Odo de Meiry, canonic. S. Petri Trecen., 161.
Odo, canonic. S. Martini Trecen., 32.
Odo, canonic. S. Martini Trecen., 108, 109.
Odo, canonic. S. Lupi Trecen., 139.
Odo de Lueriis, canonic. S. Stephani Trecen., 288, 306.
Odo, prior S. Lupi Trecen., 289, 290.
Odo, prior de Chaleta, 244.
Odo, presbyter de Aquis, capellanus Garneri, episc. Trecen., 180.
Odo Seguerii, frater Hospitalis, 187.
Odo, Odon ou Eudes élu roi de France à la fin de l'an 887, 3.
Odo (de Pogeio), conestabulus Henrici I, comitis Trecen., 54, 56, 61, frater *Manassis*, episc. Trecen., pater *Rainaudi*, 115.
Odo de Briel, frater Estoldi, miles, 103.
Odo de Vendopera, 126.
Odo (seigneur de Grancey), V. *Eudes*, 216.
Odouinus, consanguineus Helie de Ruvigniaco, 244.
Ogerus, preceptor Hospitalis Jerosolimitani in Gallia, 186.
Ondcinus de Fay, abbas S. Lupi Trecen., 304, n. XVI.
Osanna, ejus domus, 90.
Otrannus, filius Gaufridi, dapiferi, 13, 15.
Otrannus, laicus, 33.
Otrannus, ejus domus, 90.
P., episcopus Meldensis, 290.
P. de Montemirabili, Meldensis, canonic., 290.
P., cantor ecclesie Parisiensis, 130, 133.
P. de Barro (magister), Noviomensis cancellarius, 290.
P. Carnotensis, frater Hospitalis, 187.
P. Pillotus, frater Hospitalis, 187.
Paganus de Esclantia, miles, 244.
Paganus de Lesmont, prepositus, 86.
Paganus Militia, 87.
Parredus de Brena, 86.
Paschalis II, papa, 18.
Pascharedi de Fontibus (familia), 7, 71.
Perinctus, filius Matthie de Lusigniaco, 298.
Petrus (Cellensis), abbas monasterii B. Petri de Insula Germanica, 40, 55.
Petrus, abbas S. Lupi Trecen., 304 n. XXIV.
Petrus, Sancti Johannis Senonensis, abbas, 144.

Petrus, abbas S. Stephani Dyvionensis, 230.
Petrus, archidiac. Trecen., 13.
Petrus (Comestor), decanus S. PetriTrecen.,33.
Petrus, decanus Barrensis, 119.
Petrus, prepositus S. Lupi Trecen., 303 n. v.
Petrus, prior S. Lupi Trecen., 299.
Petrus, officialis Trecen., 288.
Petrus Strabo, canonicus Trecen., 24.
Petrus, canonic. subdiac. S. Stephani Trecen., 54.
Petrus, canonic. S. Stephani Trecen., patruus Hernaudi clerici, 119.
Petrus, presbyter de Sancto Martino, 305.
Petrus, sacerdos de Sancto Remigio, 24.
Petrus, presbiter de Torvilari, 284.
Petrus, capellanus Manassis II, episc. Trecen., 124.
Petrus, clericus Garneri (junioris) de Triagnello, 113.
Petrus Surdus, miles de Funvenna, 260.
Petrus, filius Roberti de Insulis villici, 109.
Petrus, filius David, 47, 55.
Petrus, serviens S. Lupi, 14.
Petrus, molendinarius de Ponte Sancte Marie, homo S. Lupi Trecen., 254.
Petrus Asinus, 139.
Petrus Blanchart, familia ejus, 67.
Petrus de Blesis et Blesensis, 47, 54, 56.
Petrus de Bocio, miles, V. *Petrus de Boi*, 160.
Petrus de Boi, de Boiaco, de Boyaco, miles, executor testamenti Garneri de Triangulo, 239, 243, 257, V. *Petrus de Bocio.*
Petrus Bogres, canonic. Trecen., 75.
Petrus Borlee, 84.
Petrus Bristaudus, 69.
Petrus Bursaudus, 47, 55.
Petrus Chauceous, 305.
Petrus de Chaellis, officialis Trecen., 292.
Petrus Creditor, maritus Marie, frater Jacobi Roncevel, 94.
Petrus Furnerus, prior Arremarensis, 86.
Petrus Felicis, 118.
Petrus de Ferreolo, 118.
Petrus Fremoldi, 156.

Petrus Galois, famulus domini de Sancto Fidolo, 266.
Petrus Gervasius, officialis Trecen., 296.
Petrus Lobergoignon de Lucriis, maritus Lore, 294.
Petrus Lornicorum, 162.
Petrus de Lusigniaco, filius Radulphi, fabri, et maritus Ismerie, 298.
Petrus de Mareyo, prepositus S. Lupi, archidiac. Trecen., 3, 15.
Petrus Mongier, homo S. Lupi Trecen., 256.
Petrus Munerius, 293.
Petrus de Ociaco, tenebat terras, 264.
Petrus Pasquerez, 257.
Petrus de Pars, 78.
Petrus de Ponte, canonic. sacerdos S. Stephani Trecen., 118, 172.
Petrus de Rousson, filius Stephani, militis de Rousson, V. *Gofridus*, 274.
Petrus de Rulleretro, miles, maritus Adeline, 254.
Petrus de Stornodoro, 306.
Petrus de Virduno, 79.
Phelippe VI, roys de France, 301.
Philippus, episcop. Trecen., 4, 13, 15, 18.
Philippus, episcop. Catalaunensis, frater Hugonis, comitis Trecen., 11, 12, 13.
Philippus I, abbas S. Lupi Trecen., 214, 215, 217, 219, 223, 224, 226, 229, 235, 237, 241, 242, 243, 245, 246, 256, 259, 266, monachus Clarevallis, 267, 268, 273, V. *Doetus*, *Elysabeth*, 304 n. vi.
Philippus II (de Triangulo), quondam abbas Sancte Marie de Virtute, nunc S. Lupi Trecen., 267, 269, 271, 273, 274, 291, 304, n. vii.
Philippus, canonic. S. Martini Trecen., 108, 109.
Philippus, sacerdos, 21.
Philippus I, rex Francorum, 16.
Philippus II, rex Francorum, 113.
Philippus VI, rex, Francorum 300, 301.
Pontius, abbas S. Sereni, 56.
Pontius, abbas Sparnacensis, 60.
Pontius, prior S. Lupi Trecen., 70.
Pontius de Fonvenna, 98.

Pontius de Mariaco, 15.
Pontius de Ponto, 13.
Presbyter de Novilla, 303.
Priorissa, filia Evrardi de Luieres, 114, 115.
Quadratus Cordubanensis, civis Trecen., 258, 259.
Quenaaz, tenet aquam de Ponte S. Marie, 306.
R., de Brier, nobilis vir, 208.
Raaudus, subprior Molismensis, 70.
Raaudus, maritus Berte, 68.
Radailfus, capellanus abbatis Molismensis, 70.
R. (Radulfus), abbas Ripatorii, 201.
Radulfus, decanus, 103.
Radulfus, prepositus Pisniaci, 142.
Radulfus, serviens S. Lupi, 14.
Radulphinus, homo S. Lupi Trecen., vasletus Blanche, comitisse Trecen., 231, 232.
Radulphus, presbyter, de S. Dyonisio Trecen., 33.
Radulphus, sacerdos, dedit vineas, 35, 136.
Radulphus Charuel de Lueriis, 274.
Radulphus de Bocenai, 264.
Radulphus de Lusigniaco, 235.
Radulphus de Lusigniaco, villicus, frater Erardi, 286.
Radulphus de Lusigniaco, faber, pater Petri, 298.
Radulphus de Praeria, 32, 33.
Radulphus de Trena, miles, 108, 109.
Radulphus, filius Humberti de Villa Harduini, 79.
Radulphus Dives de Villa Harduini, ejus filia, 211; *Thomas*, filius ejus, 220.
Raginarius, archiclavis S. Lupi, 2.
Raimundus, consanguineus Guillermi de Costa, 299.
Rainaldus, prepositus ecclesie Trecen., 15.
Rainaldus, prior de Radonisvillari, 70.
Rainaldus, capellanus S. Remigii Trecen., 171.
Rainaldus de Privino, V. *Rainaudus de Pruvino*, 172.
Rainaldus de Sezanna, 103.
Rainaldus, servus S. Lupi, 16.
Rainardus de Occi, prepositus, 78.
Rainaudus, abbas S. Lupi Trecen., V. *Renaudus*.
Rainaudus de Pruvino, archidiac. Trecen., 75, 170, 172.

Rainaudus, decanus Villemauri, 93.
Rainaudus, canonic. S. Lupi Trecen., 93, 139.
Rainaudus (magister), canonic. S. Petri Trecen., 140.
Rainaudus, canonic. diac. S. Stephani Trecen., 54.
Rainaudus de Hispania, 87, V. *Renardus*.
R., Rainaudus, V. *Renaudus*, dominus de Pogeiaco, nepos Manassis, episc. Trecen., 115, 116, 123, V. *Oda*, *Milo*; 180, 184, 189, 196.
Rainaudus, prepositus Rosniacensis, 60.
Rainerius, canonic. S. Martini Trecen., 32.
Rainerius, canonic. subdiac. S. Stephani Trecen., 54.
Rainerius *et* Rainerus de Brena, 52, 55, 56.
Rainerus de Castellione, 15.
Ramburgis, de familia Herberti de Lusigniaco, 116.
Raynaldus de Sancto Juliano, archidiac. Trecen., 29.
Regine, filie Galteri, granetarii (domus), 155, 157.
Remigius, sacerdos Sancte Maure, 88.
Renaldus, serviens Hugonis, comitis Trecen., 13.
Renardus, monachus de Sigileriis, 78.
Renardus *et* Renaudus de Yspania (senior), miles, 92, 111, V. *Rainaudus*.
Renarius Arturri, cambellanus Edmundi, comitis Campanie, 299.
Renaudus, abbas S. Lupi Trecen., 289, 290, 304 n. x.
Renaudi de Curvisanis, (campus), 285.
Renaudus de Hyspania, filius Renardi senioris, 111.
Renaudus de Moncello, 281.
Renaudus de Nois, pelliparius, 262.
Renaudus de Pogiaco, V. *Rainaudus*, 180, 196, 198.
Renaudus de Ruleret, 287.
Renaudus de Sancto Martino, 77.
Renaudus, miles de Vilers, 109, 110.
Renerius de S. Quintino, cantor S. Stephani Trecen., 293.
Renerius, filius Clarini de Chauderio, 188 (charte de 1212).
Renoardus de Marigni, 78.
Restoudus, canonic. S. Martini Trecen., 32.
Richa, uxor Bovonis, de Fontibus, femina S. Lupi Trecen., 186.
Richardus, episcop. Albanensis, legatus Apost. Sedis, 16.

Richardus, frater Bigoth de Larcicuria, 87.
Richerus, canonic. S. Martini Trecen., 32.
Richerus, filius Herberti de Moncello, 80, 81.
Richoldis, uxor Willermi Mort-de-Froit, civis Trecen., 265.
Rignudus, frater Gaufridi, 78.
Robertus, canonic. S. Lupi Trecen., 113.
Robertus de Noa, curatus de Esternaio, 203.
Robertus de Noa, officialis Trecen., 273, 297.
Robertus, cubicularius comitis Hugonis, 16.
Robertus, qui fuit Prepositus Trecen., 103.
Robertus de Bonosacco, 223.
Robertus, villicus de Insulis, pater Petri, Galteri, Ernaudi, Fortini, Brutini, 109, 110.
Robertus Surdus de Mastello, 66, 71.
Robertus, pater Galteri, 84.
Rsbertus, filius Grossilardi, 33.
Robertus, filius Vualfredi, 29.
Robertus Cecus, 90.
Robertus Chaurez, 118.
Robertus Chauceon, homo comitis Trecen., 111, 156.
Robertus Malanumerata, 87.
Robertus, pellipurius, 98.
Robertus, tenet domum, 306.
Roes de Leigni, 227.
Roger, archidiacre de Sézanne en l'église de Troyes, 294.
Rogerus, abbas Cormeriacensis, 67.
Roricus, canonic. diac. S. Stephani Trecen., 54.
Ruphus de Daira (ejus filius), 154.
S., Trecensis curie officialis, 220.
Salomon, de Abrocello, pater Hersendis, 241.
Sanso Rufus, Judeus de Dampetra, homo Guillermi II de Dampetra, 250.
Sanson, judeus Clarembaudi IV, 256.
Scotus, pater Girardi, 87.
Sebertus, familia ejus, 67.
Seguerius, pater Odonis, 187.
Seguinus de Fonvenna, 78.
Seimerus Dives, 94.
Seimerus, Viator, 16.

Setmarus, filius Dementis, serviens comitis Hugonis, 14.
Sibilla, filia Tierrici Magni, de Eraeneis, femina Isabellis, 234.
Siguerus de Gandano, *al.* Seier de Ganz, miles (de Saint-Sépulcre, aujourd'hui Villacerf, Aube), 299.
Simon *et* Symon, abbas S. Lupi Trecen., 279, 304 n. VIII.
Simon de Pictaviis, abbas S Lupi Trecen., 304 n. XXII.
Simon, thesaurarius S. Stephani Trecen., 86, V. *Symon de Rupe*.
Simon, camerarius Garneri (junioris) de Triagnello, 113.
Simon de Mileio, 29.
Simon, civis Trecen , fils de Gilbert Alaigne et de Marie, 296.
Simonius Jarons, escuier, 299.
Sonetus, judeus, filius Vaalini, Judei de Trecis, 255.
Stephani (processio in festo S.), 63.
Stephanus, Sancte Genovefe Parisiensis abbas, 130.
Stephanus, officialis Trecen., 298, 294.
Stephanus Lupus, sacerdos, canonic. S. Petri Trecen., 26.
Sthephanus, filius Girulfi, canonic. sacerdos S. Petri Trecen., 26, 76, 167, 168, 170, 172.
Stephanus de Venisiaco, canonic. S. Petri Trecen., 26.
Stephanus, canonic. S. Lupi Trecen., 32.
Stephanus, canonic. S. Martini Trecen., 108, 109.
Stephanus, decanus christianitatis de Villamauri, 260.
Stephanus, monachus de Cella, 75.
Stephanus, cancellarius Henrici I, comitis Trecen., 80.
Stephanus, prepositus Arremarensis, 75.
Stephanus, filius Johannis, 84.
Stephanus Boviers, 300.
Stephanus, 24.
Sylvester, prepositus S. Lupi, 10, 303 n. III.
Symo, miles, 165.
Symon de Ancora, clericus, 90.
Symon de Condilliaco, domicellus, maritus Willerme de Maisseio, 247, 248.
Symon de Leigniaco *et* Leigni, 206, 207, 208.
Symon de Rupe, canonic. subdiac. S. Stephani Trecen., 72, thesaurarius, 86.
Symon de Sovigniaco, canonic. Trecen., 219, 223.
Symon de Varricort, homo S. Lupi Trecen., 180.
Tadeus, ejus domus, 90.

Tebaudus Bonellus, 10.
Tebertus, capellanus Garneri (junioris) de Triagnello, 113.
Teobaldus, canonic. S. Lupi, 13, prior, 54.
Teobaudus Revelarz, 110.
Teodoricus, canonic. S. Lupi, 13.
Thebaldus de Rulli (filia ejus uxor Walonis de Montegoor), 77.
Thebaudus, tenet domum, 306.
Thecelinus, monachus de Bulleincorth, 112.
T., Theobaldus III, comes Trecen., 178, 182.
Theobaldus IV, comes Campanie et Brie, 266, 267, 271 ; rex Navarre, munit fossatis communicatem Trecensem, 297, 299.
Theobaldus, abbas Dervensis, 26, 42.
Theobaldus, abbas Molismensis, 69, 169.
Theobaldus de Fimis, clericus Henrici I, comitis Trecen., 100.
Theobaldus Monasterii, major communie Senonensis, 241.
Theobaldus, scriba, 47; canonic. subdiac. S. Stephani Trecen., 54, 68, 72, 90.
Theobaldus, miles Ausone, miles de Monte Hyngonis,, 50, 65.
Theobaldus, miles, quondam judeus, pater Galteri, 205.
Theobaldus Rabitorius, filius Erlebaudi de Vendopera, 48.
Theobaldus Sengler, 127.
Theobaldus, prepositus episcopi Trecen , 104.
Theobaldus de Basaint, 67.
Theobaldus, filius Thecelini, 50, 66.
Theobaudus, comes Blesensium (III), comes Trecen. (I), 10, 19.
Theobaudus II, comes Trecen., 5, 24, 27, 30; filius ejus Henricus I, 31, 33, 39, 57, uxor ejus Mathildis, 57, 68, 71, 91, 122.
Theobaudus, abbas S. Columbe Senonensis, 29.
Thomas, prior de Firmitate, 70.
Thomas, prior Sancti Quintini Trecen., 86, 88, 93.
Thomas, monachus S. Aygulfi, 55.
Thomas de Villa Harduini, V. *Heluiz*.
Thomas Salvagius, 102.
Ugo, miles, 99.
Ulricus Bechars de Molins, 87.
Ulricus Sponsus, 87.
Urbanus III, papa, 119, 120.
Ursio, canonic. S. Martini Trecen., 32.

Vasallus, cardinalis diacon., 21.
Vilencus subdecanus, V. *Wilencus*, 153, 154.
Villana, uxor Guidonis *La Grive*, 220.
Villermus, cancellarius, V. *Willelmus*.
Vincentius de Bocenniaco, 59.
Vincentius de Petra Castri, cancellarius Campanie, 298.
Vincentius de Rivo, 113.
Virricus, serviens Garneri (junioris) de Triagnello, 113.
Vitalis, canonic. S. Martini Trecen., 32.
Vitalis, abbas S. Martini Trecen., 86, 108, 109.
Vivetus Herbouth, judeus de Velonesse, 248, 249, 305.
Vualbertus de Castro Barri super Albam, 16.
Vualterus, canonic. S. Lupi, nepos *Girardi*, prepositi S. Lupi, 16.
Vualterus, nepos Milonis Parvi, canonic. S. Lupi, 16.
Vuandebertus, 16.
Vuicelinus, prepositus comitis Hugonis, 16.
Vuido de Maceriis, 87.
Vuilencus, prepositus S. Lupi Trecen., 303 n. 11.
Vuingerus de Pisniaco, 86, 101.
W., abbas Vallislucentis, 144.
Walo de Montegoor, 77.
Walo, filius Fromundi Clari, 14.
Walterus, comes Brenensis, 182, V. *Galterus III*.
Wandembertus, serviens comitis Hugonis, 14.
Wilencus, subdecanus S. Stephani Trecen., 118, 153.
Willelmus, cantor Molismensis, 70.
Willelmus, cancellarius Henrici I, comitis Trecen., 54, 55, 56, V. *Guillelmus*.
Willelmus, notarius comitum Trecen., 80, 123.
Willerma de Maisseio, uxor Symonis de Condilliaco, 217, 248.
Willermi de Bevrona (domus), 210.
Willermus, clericus, 210.
Willermus, camerarius S. Petri Trecen., 161.
Willermus, filius Airardi II, comitis Brenensis, V. *Guillelmus*, 99, 108.
Willermus, marescallus, V. *Guillermus* (Rex), 60.
Willermus Mort-de-Froit, maritus Richoldis, civis Trecen., 265.
Winebaudi, Guinebaudi (pratum quod fuit), 212.

Wingerus de Pisgneio, V *Vuingerus de Pisniaco*, 104.
Wiscelinus, frater Wandenberti, serviens comitis Hugonis, 14.
Wischardus, canonic. S. Martini Trecen., 32.
Witerus, abbas S. Lupi Trecen., V. *G.*, *Guiterius*, 100.
Wuillermus, archidiac. Trecen., 196.

FINIS INDICIS NOMINUM.

INDEX GEOGRAPHICUS

Abbatia (prioratus de), L'Abbaye-sous-Plancy, Aube, arr. Arcis, c. Méry, 70, 140, 169.

Abrocello (Salomon de), V. *Arbrosellum*, 211.

Alebauderiis *et* Allebalderiis (villa de), Allibaudières, Aube, arr. et c. Arcis-sur-Aube, 35, 66, 137.

Achaia seu Morea, l'Achaie ou Morée, en Grèce, Péloponèse, principauté formée en 1205 par Guillaume I de Champlitte, 303 n. 11.

Alberti *et* Auberti (vallis, vinea) juxta Trecas, 100, 262.

Alneto (Nevelo de) Aulnay, Aube, arr. Arcis, c. Chavanges, 72, 103.

Altissiodorensis (Gaufridus), Auxerre, 27, episcopus, 36, 280, Hugo, 280.

Amiclarum (Gilbertus, episc.), Amyclée en Grèce, aujourd'hui Vordonia, évêché, autrefois suffrag. de Patras puis de Lacédémone, patriarchat de Constantinople, 208.

Anagnia, Anagni, Italie, 221.

Antissiodoro (Hugo de), 281, V. *Altissiodorensis*.

Ancora (Simon de), 90.

Arbrosellum (apud), Laubressel, Aube, arr. Troyes, c. Lusigny, 182, V. *Abrocello*.

Arceis (Johannes dominus de), Arcis-sur-Aube, Aube, 140, 212.

Arducco *et* Arducon (Ripparia, Riveria de), l'Ardusson, affluent de la Seine, prend sa source à Saint-Flavy, Aube, 20, 31, 35, 58, 65, 113, 136, 183, 204.

Argentella, Argentoles, Aube, arr. et c. Troyes, comm. Creney, 66.

Argilletus, V. *Arziletus*, 66.

Arremareuse (monasterium), l'abbaye de Montiéramey, Aube, arr. Troyes, c. Lusigny, 26, 75, 76, 86, 200, 286.

Arziletus *et* Argilletus, lieu dit, l'Argilet en aval du moulin de Baire, Aube, comm. Saint-Parres-les-Tertres, 53, 56.

Arriputhoris *et* Arripatorii (abbas), V. *Ripatorio*, 23, 27.

Ascenseria, Ascensières, Aube, arr. Troyes, c. Piney, 35, 137.

Augusta Trecorum, V. *Trece, Treci*, 3.

Aula (domus hospitum), la Salle-Saint-Loup, maison près de l'abbaye, 6.

Aureumvillare, Orvilliers, Aube, arr. Nogent-sur-Seine, c. Romilly, 138.

Ausona (ecclesia de), Auzon, Aube, arr. Troyes, c. Piney, 31, 41, 50, miles 50, 63, 66, 85, 90, 96, 107, 111, 112, 136, 183. — *Ausonii* ecclesia, 23, 27, 43. — *Ausonum* (decimatio apud), 41. — *Ausonno* (prioratus curatus de), 393 n. 12.

Baira *et* Baria, Baire-Saint-Loup, Aube, arr. et c. Troyes, commune Saint-Parres-les-Tertres, 7, 10, 20, 52; molendinum, 53, 56; major, 58, 66, 68, 75, 102, 122, 154, 182.

Balchisi (Drogo de), Beauchery, Seine-et-Marne, arr. Provins, c. Villiers-Saint-Georges, 93.

Baldemento (Andreas de), Baudement, Marne, arr. Epernay, c. Anglure, baronie relevant du comté de Champagne, 15, 19.

Basaint (Theobaldus de), Basson, Aube, comm. Marcilly-le-Hayer.

Barrensis (decanus, Petrus), Barrum super Albam, Bar-sur-Aube, Aube, chef-lieu d'une châtellenie, 15-16, 119; nundinæ, 2'0; 290.

Barrensis (comes, Guido), Barrum super Secanam, Bar-sur-Seine, Aube, 26.

Bassi Fontis (ecclesia), l'abbaye de Basse-Fontaine, Aube, arr. Bar-sur-Aube, c. Brienne-le-Château, comm. Brienne-la-Vieille, 128, 129, 233.

Bateith (nemus), les Baillets, bois sur Radonvilliers (Aube), aux confins du finage de Mathaux, près l'Etape, 85.

Beata, Beatus, V. *Sancta, Sanctus*.

Bellavilla, Belleville, Aube, arr. Nogent-sur-Seine, c. Marcilly-le-Hayer, comm. Prunay-Belleville, 289.

Belliloci (abbatia), l'abbaye de Beaulieu, Aube, arr. Bar-sur-Aube, c. Vendeuvre, comm. Trannes, 128, 129.

Beneventum, Bénévent, Italie, 50-51.

Bernois (Galterus de), V. *Bernona*, 17.

Bernona (Carnerus, Hildninus, Guiardus de), Bernon, Aube, arr. Bar-sur-Seine, c. Chaource, 40.

Beuronella et Bevronella (ecclesia, nemus, stagnum de), le Grand-Brevonnelle, paroisse, puis hameau, Aube, arr. Bar-sur-Aube, c. Brienne, comm. Mathaux, 34, 45, 65, 71 ; laic Bevronelle magne, 71; 78, 83, 85, 90, 142.

Bevrona, Bevronna et Brevonna, Brevonne, Aube, arr. Troyes, c. Piney, 86, 99, 142, 210.

Bevronella (grangia de), le Petit-Brevonnelle, Aube, comm. Mathaux, 78, 99, 192, 193.

Biaumonz (granchia quo vocatur), Beaumont-la-Rivour, Aube, comm. Lusigny, 292.

Blaincuria, Blaincurt, Blanancort, Bleincort (capella de), Blaincourt, Aube, arr. Bar-sur-Aube, c. Brienne, 87, 105, 233, presbiter, 234; prior curatus, 303 n 9.

Blesis (Petrus de), Blois, Loir-et-Cher, 47.

Bocenaco (cultura de) Saint-Martin-de Bossenay, Aube, arr. Nogent, c. Romilly, 97, Bocenaio (Falco de), 29, Bocennaio (Vincentius de), 59, Bocenay, 264.

Doeio (Petrus de), Bouy-sur-Orvin, Aube, arr. et c. Nogent-sur-Seine, 160, Boi et Boiaco (Petrus de), 239, 357.

Boeio (villa de), Bouy-Luxembourg, Aube, arr. Troyes, c. Piney, 35, 66, 137.

Bolancort, Boleincort (domus de), V. Bulancort, 213, 305.

Bonelli (terra), ancien lieu dit, à Charmont (Aube), 39.

Bonosacco (Robertus de), Bonsac, Seine-et-Marne, arr. Provins, c. Villiers, comm. Saint-Martin-Chennetron, 233.

Braium (in castello quod dicitur), Bray-sur-Seine, arr. Provins, 30.

Brena, Brienne-le-Château, Aube, arr. Bar-sur-Aube, 22, 52, 55, 56, 86, prepositus, 87, 109; capellanus, 128, 173, decanatus, 303, 305; comites, V. Airardus, Galterus, Johannes.

Brena Vetula, Brienne-la-Vieille, Aube, arr. Bar-sur-Aube, canton Brienne-le-Château, 86.

Brenensis et Brennensis domus pauperum, la Maison-Dieu de Brienne-le-Château, V. Brena, 22; Brenensis comitis nemora, 35, 66, 66, 137; Brenensis mensura, 78, 88; aula, 87; potestas, 176, 179, 191, 192, 193.

Brethoneria et Bretoneria (curtis, grangia, molendina de), juxta

Villers, La Bretonnière, Aube, ferme, comm. Verrières, 34, 41, 47, 50, 56, 59, 65, 136, 183, 201, 219, 224, 226, 242, 264, 268, 269, 270, 271, 279, 290, 291.

Brevonna (aqua que dicitur), La Brevonne ou ruisseau des étangs entre le Grand-Brevonnelle et l'Etape, Aube, comm. Mathaux, 85.

Brevonne (homines), V. *Bevrona*, 85.

Bria (J. de), la Brie, 187.

Briel *et* Brier (Estoldus, Odo, R. de), Briel, Aube, arr. et c. Bar-sur-Seine, 103, 208.

Brullez (terra que dicitur *Au*), Le Bois-Brûlé, Aube, commune Chappes, 231.

Buci, Bucci, Buceio, Buciaco, Bucciaceri (ecclesia B. Jacobi de), Bucey-en-Othe, Aube, arr. Troyes. c. Estissac, 97, 98; porta munitionis, 98; decima, 100, 103, 121, 124, canonici, 130, V. *S. Jacobi*, 171, 183, prior, 248, 275, 297; prioratus curatus de Buceyo cum capella de Chars, 302 n. 6.

Buisson (terra de), le Buisson-la-Mare, lieu dit, Aube, comm. Mathaux, 128.

Bulancort (domus de), la maison ou hôtel de l'abbaye de Boulancourt, dite Petit-Boulancourt, Troyes, rue Hennequin, n. 26. V. *Bolancort*, 162.

Bulleincorth (monachi de), l'abbaye de Boulancourt, Haute-Marne, arr. de Vassy, c. Montier-en-Der, comm. Longeville, 112.

Burgo Novo Trecensi (domus in), « la Rue Neuve à Troyes, paroisse S. Denis, » 289.

Buxis, Bussi, Aube, comm. Lusigny, lieu où fut fondée l'abbaye de La Rivour, 5.

Buxeriis (villa de), Buchères, Aube, arr. Troyes, c. Bouilly, 66.

Cagia (abbas et prior de), l'abbaye de Notre-Dame de Châge, Seine-et-Marne, arr., c. et comm. Meaux, 294.

Calamatam (apud), Calamata, en Achaie ou Morée, au fond du golfe du Coron, évêché suffrag. de Patras, 200.

Campus Alardi, les Prés-Allart, lieu dit, Aube, comm. Pel-et-Der, 45.

Cape, Chappes, Aube, arr. et c. Bar-sur-Seine. Seigneurs, V. *Clarembaudus, Guido, Helissendis*, 3, 16, 231, 234, 236.

Capella, capella Sancti Luce, la Chapelle-Saint-Luc, Aube, arr. et c. Troyes, 35, 65, 145, 193, 195, 257.

Capella (abbatia de) l'abbaye de la Chapelle-aux-Planches, Haute-Marne, arr. Vassy, c. Montier-en-Der, comm. Pullemontier, 128, 129.

Capella ad Fontem S. Winebaudi, V. *S. Vinebaldi*, 303 n. 8.

Capellis (villa de), les Grandes-Chapelles, Aube, arr. Arcis, c. Méry-sur-Seine, 35, 137.

Caritas, l'abbaye de la Charité-sur-Loire, Nièvre, arr. Cosne, 29-30.

Carnotensis, Carnutensis (episcopus), 24; P., frater Hospitalis, 187.

Castellione (Rainerus de), Châtillon-sur-Marne, arr. Reims, 19.

Castello (Juqueta, Michael de), Le Châtelot, réuni à Villeneuve-au-Châtelot, Aube, arr. Nogent, c. Villenauxe, 293.

Castellum *et* Castrum quod Pontes dicitur, V. *Ponto*.

Cathalaunensis (episcopus), Cathalaunum, Châlons-sur-Marne, 22, 23.

Cella (monachi de), V. *S. Petrus de Cella*, 50, 58, 66, 73.

Cellensis (abbatia), V. *S. Petrus de Cella*, 244, 289.

Cendrearia Trecensis, la Cendrière, à Troyes, près de l'église Saint-Jean et de la maison du Poids-du-Roi, 295.

Cerans (J. preceptor domus de), maison de Saint-Jean de Jérusalem, 186.

Chacenaium, Chacenay, Aube, arr. Bar-sur-Seine, c. Essoyes, V. *Erardus*, 216, 239, 285.

Chalathea (Hugo, magister de), V. *Chalcta*, 86, 87, 88.

Chaleta, Chaletta, Chaletensis domus, hôpital et prieuré de Chalette, Aube, arr. Bar-sur-Aube, c. Brienne, 22, 42, 45, 48, 71, 78, 92, 99, 104, 105, 127, 128, 129; prior, 165; nova domus, 166, 167, 173, 188 (charte de 1212), 191, 192, 193, 194, 195, 196, 199, 244, 245, 246, 303 n. 10, V. *Chalathea, S. Maria*.

Chaloel (patrum de), Chaillouet, hameau et lieu dit, Aube, comm. Troyes, 100, 306.

Chamagia, Chamoy, Aube, arr. Troyes, c. Ervy, 10, V. *Chamai*.

Chamai, Chamaio (villa de), V. *Chamagia*, 35, 66, 137, 183; grangia, 214, 215, 306.

Chanloth (Milo de), Champlost, Yonne, arr. Joigny, c. Brienon, 26.

Changoin (haia de), Changoin, lieu dit, comm. Rigny-la-Nonneuse (Aube), 264.

Chars *et* Charz (ecclesia de), unita capelle de Buceio, Les Chaast, Aube, arr. Troyes, c. Estissac, comm. Bucey-en-Othe, 150, 183; Gaufridus, 247; capella, 302 n. 6,

Chateniers (à la), la Chatonnière, lieu dit, Aube, comm. Lusigny, 298,

Chasseignes (an), Chauseaux, lieu dit, Aube, comm. Marigny, 264.

Chauderiaco (Clarinus de), Chaudrey, Aube, arr. Arcis sur-Aube, c. Ramerupt, 183, 187 (charte de 1212), 188.

Chaven (vinea de), 100.

Cheleio (Joannes de), Chesley, Aube, arr. Bar-sur-Seine, canton Chaource, 304 n. XVIII.

Cheselle, 20.

Claellis (Petrus de), Clesles, Marne, arr. Epernay, c. Anglure, 292.

Clarevallis (abbatia), l'abbaye de Clairvaux, Aube, arr. et c. Bar-sur-Aube, comm. Ville-sous-la-Ferté, 125.

Clauso (Jacobus, Karolus, Gilbertus, Manasses de), le Clos, ancien lieu dit, entre Troyes et le faubourg Saint-Jacques, V. *Juxta Clausum*, 72, 103.

Clausum Episcopi, le Clos-l'Evêque, ancien lieu dit, à Troyes, derrière Saint-Martin-ès-Aires, tenant au clos Saint-Loup, au midi, 297.

Clausum S. Lupi, le Clos-Saint-Loup, ancien lieu dit, à l'est de Troyes. Cette vigne comprenait l'emplacement des dernières maisons de la rue actuelle de Saint-Jacques et s'étendait « au midi du pavement royal » jusque dans le faubourg Saint-Jaques, en face de la Ruelle-aux-Moines. Ce clos fut coupé par le bras de Seine dérivé en 1229-1230 par le comte Thibaut IV, pour fortifier la ville (V. *Fossata*), 1, 4, 8, 9, 16, 58, 71, 182, 297 ou on lit : (Clausum) ex transverso protenditur a porta (plus tard la porte Saint-Jacques) que est inter portam ad *Orsiers* et burgum S. Jacobi, usque ad Clausum Episcopi, retro S. Martinum. La partie *intra muros* prit le nom de Petit-Clos et la partie *extra muros* s'appela le Grand-Clos.

Clausum defuncti Luvonis (praeria que dicitur), ancien lieu dit, aux environs de Troyes, 292.

Colle Symonis (vinea de), lieu dit, 100.

Commines (es), les Commines, lieu dit, Aube, comm. Rigny-la-Nonneuse, 264.

Condilliaco *et* Condeli, Candilly, ferme, Seine-et-Marne, arr. de Meaux, c. et comm. Lisy-sur-Ourcq, 247.

Constantinopolis, Constantinople, capitale de la Turquie, 227.

Corchlavera, Corclaverzi, V. *Corthlaverzei*, 35, 137.

Cordoen (cultura de), la Fosse-Cordouan, Aube, arr. Nogent-sur-Seine, c. Romilly, 96.

Cordubanensis (Quadratus), Cordoue, en Espagne, 331.

Corintum (apud), Corinthe, en Achaïe, 208, 228.

Corjusaines, V. *Corthejusani*, 188.

Cormeriacensis (Rogerus abbas), l'abbaye de Corméry, Indre-et-Loire, arr. Tours, c. Montbazon, 67.

Corona *et* Coronia, Coron et Modon, en Morée, évêché suffrag. de Patras, 206, 207, 208, V. *Mothonensis*.

Corterangiis *et* Corterangio (villa de), Courteranges, Aube, arr. Troyes, c. Lusigny, 35, 182, V. *Curtearangiis*.

Cortesii (vinea), inter territorium de Moncroie (lieu détruit, au sud-sud-est de Torvilliers) et territorium de Torvillari, 293.

Corthejusani *et* Corjusaines (Hugo, miles de), Courgerennes, Aube, arr. Troyes, c. Bouilly, comm. Buchères, 104, V. *Curvisanis*.

Corthlaverzei, Cotllaverzi, Colasverdey, aujourd'hui Charmont, Aube, arr. et c. Arcis-sur-Aube, 1, 20, 36-39; grangia et molendinum, 39, 58; dominus, 62, V. *Corchlavera*, *Curtelaverzei*.

Costa (Guillermus de), la Côte-l'Évêque, Aube, comm. de Saint-Martin-ès-Vignes, 299.

Creel (donné à), Creil, Oise, arr. Senlis, 301.

Creniaco (decima de), Creney, Aube, arr. etc. Troyes, 93, 100, 138.

Curcellis (Jacoba, Hugo, de), Courcelles, Aube, 69.

Curia (Hilduinus miles de), La Cour, Aube, 13.

Curtearangiis, Curterengiis (villa de), V. *Corterangiis*, 66.

Curtelaverzei, V. *Corthlaverzei*, 38, 66, 91.

Curvisanis (Renaudus de), V. *Corthejusani*, 285.

Cusangiaco (Berangarius de), Cussangy, Aube, arr. Bar-sur-Seine, c. Chaource, 59.

Dampetra (Guido de), V. *Domno Petro*, 157, 230, 231.

Datia (Nicholaus de), la Dacie, 72.
Deaurati, militis (pratum quod fuit domini), intra duos pontes calceio molendinorum de Bretoneria, le Pré-Doré, proche de la Bretonnière, comm. Verrières, Aube, 279.
Dervensis (abbas), abbaye de Montier-en-Der, Haute-Marne, arrondissement Vassy, 26, 42.
Dervet (nemus quod vocatur), apud Lusignei, le bois du Dervet sur Lusigny, Aube, 200.
Dervus, Der, réuni à Pel-et-Der, Aube, arr. Bar-sur-Aube, canton Brienne, 42; prioratus de Dervo, 78.
Diemvilla, Dienvilla (grangia de), V. *Duinivilla*, 66, 100.
Domnipetra, Domno Petro et Dampetra (Guillermus, Guido, judei de), Dampierre, Aube, arr. Arcis, c. Ramerupt, 72, 155, 188 (charte de 1212).
Doschia, Dosches, Aube, arr. Troyes, c. Piney, 35, 66, 74, 86, 137, 201, 292.
Duinivilla, Dienville, Aube, arr. Bar-sur-Aube, c. Brienne, 20, V. *Diemvilla*.
Dyvio, Dijon, Côte-d'Or, 230; moneta, 230.
Episcopi porta, la Porte-l'Evêque, à Troyes, dite aussi porte du Pont-Ferré, au chevet de la cathédrale, rue de la Cité sur le Meldançon, 7, 113, V. *Juxta Portam episcopi et Sub Muro*.
Episcopi vicus, Rue-l'Evêque, aboutissant à la Porte-l'Evêque, à Troyes, 210, 306.
Ermencis (Tierricus de), 234.
Escheneili, V. *Eschnili*.
Eschimeniis (terra de), Echemines, Aube, arr. Nogent-sur-Seine, c. Marcilly-le-Hayer, 33.
Eschinili et Escheneili (finagium de), Echenilly, Aube, hameau, comm. Saint-André, 167, 305.
Esclantia (Paganus de), Eclance, Aube, arr. Bar-sur-Aube, canton Soulaines, 244.
Esternaio et Sternaio (decima de), Esternay, Marne, arr. Epernay, 153, 263.
Ferreolo (Petrus de), Ferreux, Aube, arr. Nogent-sur-Seine, canton Romilly, 118.
Ferreriarum (abbatia), l'abbaye de Ferrières, Loiret, arr. Montargis, 290.
Finis (Theobaldus de), Fismes, Marne, arr. Reims, 100.

Firmitate (Gaulcherius de), la Ferté-Gaucher, Seine-et-Marne, arr. Coulommiers, 15.

Firmitate (Thomas, prior de), La Ferté-sur-Aube, Haute-Marne, arr. Chaumont, c. Châteauvillain, 70.

Flandrensis (Henricus, Lambertus), la Flandre, province de France, 86, 116.

Fontane, Fontes, Fontaines-Luyères, Aube, arr. Troyes, canton Piney, 7, 71; ecclesia, 161, 163, 182, 186, 302 n. 4.

Fontanis (homines de), Fontaines (Cassini), Aube, hameau, commune Lusigny, V. *Plaisseio*, 216.

Fonvenna (Seguinus, Pontius, Petrus de), Fontvannes, Aube, arrondissement Troyes, c. Estissac, 78, 98, 260.

Forum, le Marché, près de l'église Saint-Jean de Troyes, 117.

Fossata firmitatis Trecensis, les fossés de la ville, servant de fortification à l'est de Troyes, c'est le bras de la Seine dérivé en 1229-1230 par le comte Thibaut IV, et passant entre le faubourg Saint-Jacques et la ville, 297, 299.

Fossiaci (prata), apud S. Mauram, les prés de Foissy, lieu dit, à Sainte-Maure, Aube, 162, V. *Fousiaco*.

Fousiaco (ecclesia de), le prieuré de Foissy, Aube, arr. et canton Troyes, comm. Saint-Parres-les-Tertres, 288, V. *Fossiaci*.

Fox (Girardus de), Faux-Villecerf, Aube, arr. Nogent-sur-Seine, c. Marcilly-le-Hayer, 78.

Gallia depopulatur a paganis, 2.

Galteri de Nivigella (vicus), ancienne rue, à Troyes, 90.

Gandano al. Ganz (Siguerus de), Gand, Belgique, 299.

Garini, dicti Barbete (vicus), ancienne rue, à Troyes, 294.

Germignum et Germinum (Gerardus et Girardus de), Germinon, Marne, arr. Châlons, c. Vertus, 207, 216.

Gornaium (vinea que dicitur), Gournay, hameau, comm. Troyes, 214, 215.

Gros Vergier (molendinum de), ancien moulin aux environs de Bucey-en-Othe, 275.

Guerrici Bocel, (pratum) comm. Bréviandes, Aube, 95.

Guinebaudi (pratum), 306.

Haimonis (molendinum), ancien moulin à Charmont, Aube, 39.

Hastis (vinea de), ab apposita parte clausi S. Lupi, les Hastes-Saint-Jacques en Chaillouet, lieu dit, à Troyes. Cette vigne s'étendait parallèlement au Clos-Saint-Loup (V. *Clausum S. Lu-*

pi), « au nord du pavement royal » depuis les dernières maisons de la ville jusque dans le faubourg Saint-Jacques, passait sur le cimetière Saint-Jacques et était limitée, à l'est, par la vigne du Trésor qui longeait la Ruelle-aux-Moines et aboutissait « au pavement ». Les Hastes furent coupées en 1229-1230 par les fossés de la ville, V. *Fossata*, 8, 9, 58, 182.

Herberti de Ranoleria (pratum, molendinum), moulin à eau et pré, Aube, comm. Bréviandes, 95, 260. V. *Ranoleria*.

Herbitia, Herbisse, Aube, arr. et c. Arcis-sur-Aube, 114, 115.

Hispania, V. *Hyspania*, succursus Blaincurie, 303 n. 9.

Hospitalis Jerosolymitani (Fratres), les Hospitaliers de Saint-Jean de Jérusalem, 183, 186, 187.

Hulrici pons, juxta Trecas, pont aux environs de Troyes, à l'est, 171, 257.

Hyspania (ecclesia de), Espagne, Aube, arr. Bar-sur-Aube, canton Brienne, 28, 87, 105, 111.

Iherosolyma, *et* Jerosolyma, Jérusalem, en Palestine, 91.

Insula Germanica (S. Petrus de), V. *S. Petrus de Cella*, 40.

Insulis (Laigulfus, prior de), le prieuré d'Ile-Aumont, Aube, arr. Troyes, c. Bouilly, 70; nemora, 73, 109, major, 226.

Inter Aquas (vinea de), l'Ile, à Troyes, où fut établi le prieuré de N.-D. en l'Ile, actuellement le Grand-Séminaire, 171, 202.

Isembardi (molendinum defuncti), ancien moulin sur l'Ardusson, Aube, 213.

Jacense (Capitulum), le chapitre de Jacca, V. *Oscensis*, 281-283.

Jerosolyma, V. *Ihersoolyma*, 142.

Juxta Clausum (Acharnus de), V. *Clauso*, Près-le-Clos, à Troyes, 303. On désignait ainsi, avant 1229, les maisons sur la rue actuelle de Saint-Jacques, entre le Pont-aux-Orsiers ou le Pont-aux-Cailles et le faubourg Saint-Jacques, V. *Clausum*.

Juxta Portam que dicitur episcopi (molendini, 73, V. *Sub Muro* et *Porta episcopi*.

Laboras (vinea de), le Labourat, à Troyes, faubourg Saint-Jacques, 8, 9, 58, 182.

Laneis (ecclesia de), Laines-aux-Bois, Aube, arr. et c. Troyes, 82, 90, 121, 124, 183; prioratus de Laneis ad Nemus, 302 n. 3. 303.

Lantagio (Gaufridus de), Lantages, Aube, arr. Bar-sur-Seine, c. Chaource, 216.

Lapeere, la Perrière, hameau, Aube, comm. Maraye-en-Othe, 264.

Larcicuria, Lassicourt, Aube, arr. Bar-sur-Aube, c. Brienne, 87.

Lateranum, palais de Latran, Rome, 101, 125, 131, 134, 135, 151, 153, 173, 185, 190.

Leigni, Leigniaco al. Layni (Symon, Rues de), Lagny-sur-Marne, Seine-et-Marne, arr. Meaux, 206, 207, 227.

Lesmont, Aube, arr. Bar-sur-Aube, c. Brienne, 86, 87, 99.

Loisia, Loisy-sur-Marne, arr. et c. Vitry-le-François, 22.

Longumpratum, Longpré, Aube, arr. Bar-sur-Seine, c. Essoyes, 66.

Longosolido, Longsouth (prioratus curatus de), 121, 124, 303 n. 13, V. *Lonsodo*, *Luxodi*.

Lonsodo, Lonsoldo, Lonsoth, Lonsoudi, Lonsout (ecclesia, decima de), Longsols, Aube, arr. Arcis-sur-Aube, c. Ramerupt, 5, 27, 34, 65, 70, 75, 100, 136, 169, 183, V. *Longosolido*, *Luxodi*.

Lornicorum (Petrus, Johannes), rue des Lorgnes, à Troyes, 162.

Lothorum (J. de), 187.

Luarz, locus versus Bretoneriam, le Luat, lieu dit, Aube, commune Verrières, 254.

Lucrie, Luieres, Luyères, Aube, arr. Troyes, c. Piney, 1, 4, 7, 29, 33, 45, 54; major, 58, 59, 66, 114, 115, 118; ecclesia, 161, 163, 168, 182, 274, 294, 296; prioratus curatus de Lueriis cum succursu de Fontanis, 302 n. 4.

Luisant (nemus de), le bois de Luisant, 269, 270.

Luseigni, Luseignio, Lusignei, Lusigneyio, Lusigny (ecclesia, prioratus, communitas de), Lusigny, Aube, arr. Troyes, 6, 121, 124, 200, V. *addit. et correct.*, 285, 298, 302 n. 2. V. *Lusigniacus*.

Lusigniacus, Lusiniacus, Lusinnei, V. *Luseigni*, 7, 8, 20, 25, 27, 34, 52, 56, 60, 65, 82, 91, 116, 125, 136, 182; grangia, 201; communitas ville, 249, 299; consuetudo, 301.

Luvigniaca (villa), Lévigny, Aube, arr. Bar-sur-Aube, c. Soulaines, 83.

Luvonis (clausum), V. *Clausum*.

Luxodi (ecclesia), V. *Lonsodo*, 23.

Maceriis (Vuido de), Maizières, Aube, arr. Bar-sur-Aube, canton Brienne, 87.

Maci (Girardus de), 118, V. *Maisseio.*

Magnicorth (Hugo de), Magnicourt, Aube, arr. Arcis, c. Chavanges, 75.

Magrinei (villa), Mesgrigny, Aube, arr. Arcis, c. Méry, 56.

Maisones, Maisons-en-Champagne, arr. et c. Vitry-le-François, 92.

Maisseio et Maci (Willerma de), Macey, Aube, arr. et c. Troyes, 247.

Malo Nido (Henricus de), Mauny, hameau, Yonne, comm. Saint-Maurice-aux-Riches-Hommes, 239.

Manislo (Guido de), Chaumesnil et le Petit-Mesnil, Aube, arr. Bar-sur-Aube, c. Soulaines, 112, 125, 126.

Marcilli, Marcilly-le-Hayer, Aube, arr. Nogent-sur-Seine, 78.

Marcomannorum feritas, 2 et 3.

Mardello (molendinum de), le moulin de la Mardelle, Aube, commune Saint-Martin-de-Bossenay, 243.

Marciolo (Dudo de), Mareuil, Marne, arr. Reims, c. Ay, vicomté, 13.

Mareio, Maroyo, Mariaco (Garinus, Petrus, Pontius), Maraye-en-Othe, Aube, arr. Troyes, c. Aix-en-Othe, 3, 13, 15, 56, 160.

Marigni, Marigniacus, Marincium, Marigny-le-Châtel, Aube, arrondissement Nogent-sur-Seine, c. Marcilly-le-Hayer, 78, 113; prioratus, 130-134, 149, 150, 151, 152, 158, 159; terragium, 183, 187, 189, 228, 239; mensura, 243, 278, 300; prior curatus, 302 n. 7; Decanatus Marigniaci, 302, 304 n. xvi.

Maisnillus, Manislus, Manislus Fulchori juxta Selerias, Masnillus juxta Selerias, Masnillus sub Seleriis, Mesnil-Sellières, Aube, arr. Troyes, c. Piney, 58, 279, 292, V. *Seleriis.*

Massellis (pratum de), Les Mazels, lieu dit, Aube, comm. Rouilly-Saint-Loup, 287.

Mastellus, Mathaux, Aube, arr. Bar-sur-Aube, c. Brienne, 71.

Meldensis (episcopus), Meaux, Seine-et-Marne, 145, 290; Meldis, 291.

Mileio (Simon de), Milly, Yonne, arr. Auxerre, c. Chablis, 29.

Molendinis, Molinis, Molins (ecclesia de), Molins, Aube, arr. Bar-sur-Aube, c. Brienne, 5-6, 20, 23, 27, 31; major et submajor, 58, 65, 82, 85, 86, 87, 107, 115, 116, 121, 123, 124, 136, 174, 176, 178, 179, 182, 184, 189, 251 ; prioratus curatus, 303 n. 11.

Molismensis (abbatia), Molême, Côte-d'Or, arr. Châtillon-sur-Seine, c. Laignes, 69 70, 80, 81; villa, 258.

Moncellis, Moncello (Herbertus, Renaudus, Girardus de), Montceaux, Aube, arr. Troyes, c. Bouilly, 80, 281, 299.

Moncroie al. Mocroia (territorium de), prope territorium de Torvillari, lieu détruit, aux confins sud sud-est de Torvilliers, Aube, 293.

Monranpon (Hugo de), Morampon, Marne, arr. Vitry-le-François, c. Sompuis, comm. Saint-Utin, 59.

Montcucchet (terra de), apud Marineium, ancien lieu dit, à Marigny-le-Châtel, Aube, 50.

Monte Coonis, Montegoor, (Walo, vinee de), Montgueux, Aube, arr. et c. Troyes, 77, 162.

Monte Hyngonis, Montengone (Guiterius, Balduinus de), Montangon, Aube, arr. Troyes, c. Piney, 50, 65, 90, 96, 112, 235.

Montemirabili (P. de), Montmirail, Marne, arr. Epernay, 290.

Montesusani (villa), Montsuzain, Aube; arr. et c. Arcis-sur-Aube, 35, 58, 137, 240; Montsuzain, 300.

Montetulleto, Montullet, Montullot, grangia domus Chaletensis, « assise en la parroiche de Der », Monterlot, lieu dit, Aube, comm. Pel-et-der, 192, 193, 245, 246, 305.

Morea, la Morée, V. *Achaia*, 303 n. 14.

Mothonensis (diocesis), Modon et Coron, en Morée, évêché suffragant de Patras, 227, 303 n. 14, V. *Corona*.

Nivigella (Galterus de), Nesle-la-Reposte, Marne, arr. Epernay, c. Esternay, 90.

Noas (juxta), Les Noës, arr. et c. Troyes, 59, 66, 102, 262.

Nogento (Lascherus de), Nogent-sur-Seine, Aube, 103.

Nogento (via de), voie de Nogent-sur-Seine à Rigny-la-Nonneuse, Aube, 264.

Noiors (as), le Champ-du-Noyer, lieu dit, Aube, comm. Lusigny, 298.

Nojant (Artaldus de), Nogent-l'Artaud, Aisne, arr. Château-Thierry, c. Charly, 103.

Novilla (Presbyter de), Neuville-sur-Vanne, Aube, arr. Troyes, c. Estissac, 305.

Noviomensis (cancellarius), Noyon, Oise, 290.

Occeio, Occi. Occiaco, Ociaco (homines de), Ossey-les-Trois-Maisons, Aube, arr. Nogent-sur-Seine, c. Romilly, 78, 152, 189, 264, V. *Onciaco.*

Odonis David (domus), près de l'hôtel de Boulancourt, à Troyes, rue Hennequin, 162.

Odonis de Moret (domus), près de l'hôtel de Boulancourt, à Troyes, rue Hennequin, 162.

Onciaco (terragium de), V. *Occeio*, 183.

Ormoi, Ormoy, V. *Ulmetum*, 192, 193, 305.

Orsiers (porta, pons porte ad), pont et porte, à Troyes, dits plus tard des Ursins et aux Cailles, rue Saint-Jacques, sur l'un des canaux de Jaillard, 90, V. *Ursariorum.*

Oscensis (episcopus) Huesca et Jacca en Arragon, Espagne, 281-283.

Oscharensis (decanus), doyen de la partie de l'Oscheret appartenant à l'ancien archidiaconé de Dijon, diocèse de Langres, 230.

Oseretum (pratum quod dicitur), Loseret, ancien lieu dit, aux environs de Troyes, 235, 292, 306.

Paenciis (Hugo de), Payns, Aube, arr. et c. Troyes, 13, V. *Peantium.*

Paennai (apud), ferme de Panais, Aube, comm. Saint-Parres-les-Tertres, 162, V. *Pannanay.*

Paisiaco (Girardus, miles de), Paisy-Cosdon, Aube, arr. Troyes, c. Aix-en-Othe, 113.

Pannanay (haste de), V. Paennai, 293.

Parisiis (in parlamento), Paris, 301.

Parma, Parme, Italie, 122.

Parreti *al.* Parreci (Miletus, Johannes de), Paroy, Seine-et-Marne, arrondissement Provins, c. Donnemarie, 253, 268.

Pars (Michiel de), Aube, Pars-les-Chavanges *ou* Pars-les-Romilly, 300.

Pars, Pars-les-Romilly, Aube, arr. Nogent-sur-Seine, c. Romilly, 78.

Pasturellus (molendinus qui vocabatur), moulin qui était détruit en 1176, aux environs de Troyes, 80.

Patracensis (archiepiscopus), Patras, en Achaie, métropole ecclésiastique, patriarchat de Constantinople, 208.

Peantium (apud), V. *Paenciis*, 59.

Peronia (Gaufridus de), Perrone, Somme, 27.

Petracastri (Vincentius de), Pierre-Châtel, Isère, arr. Grenoble, c. La Mure, 298.
Petri Asini (Vinea), ad Pontem Sancte Marie, vigne, à Pont-Sainte-Marie, Aube, 139, 305.
Pictaviis (Simon de), Poitiers, Vienne, 304 n. XXII.
Pise, Pise, Italie, 21.
Pisgneio, Pisniaco (villa, furnus, Wingerus de), Piney, Aube, arr. Troyes, 84, 85, 86, 87, 104, 142, V. *Spiniaco.*
Plaiotra, Pleurre, Marne, arr. Epernay, c. Sézanne, 60.
Plaiseio (Jacoba, Milo de), Plessis-les-Chaast, Aube, arr. Troyes, c. Estissac, comm. Bucey-en-Othe, 275, V. *Plassetum.*
Plaisseio (pasture de), le Plessis, Aube, hameau, comm. Frenois, V. *Fontanis,* 216.
Planceio, Planciaco (Hugo, Haicius de), Plancy, Aube, arr. Arcis, c. Méry, 56, 60; prioratus, 70, 169.
Plassetum, Plessis-les-Chaast, V. *Plaiseio,* 98.
Poant, Poanz, Pouan, Aube, arr. et c. Arcis-sur-Aube, 52.
Pocei (villa), Poussey, Aube, arr. Nogent-sur-Seine, c. Romilly, comm. Maizières-la-Grande-Paroisse, 56.
Pogeiaco, Pogeio, Pogiaco (Manasses, Rainaldus, capitulum de), Pougy, Aube, arr. Arcis, c. Ramerupt, 51, 115, 123, 124, 184, V. *Pugiaco.*
Poisei (Galterus de), Pouy, Aube, arr. Nogent-sur-Seine, c. Marcilly-le-Hayer, 33.
Pompee (nemus, grangia de), Pompée, lieu dit, Aube, comm. Rigny-la-Nonneuse, 258, 263.
Poncta (cultura que vocatur), la Pointe, lieu dit, Aube, commune Bucey-en-Othe, 98.
Pondus, le Poids-du-Roi, maison sise près de l'église Saint-Jean de Troyes, 295.
Pons Humberti, Pont-Hubert, réuni à Pont-Sainte-Marie, Aube, 47.
Pons Sancte Marie, Pont-Sainte-Marie, Aube, arr. et c. Troyes, 20; molendini, 47, 66, 119, 139, 182, 252, 257, 293, 306.
Ponto (Pontius de), Pont-sur-Seine, Aube, arr. et c. Nogent-sur-Seine, 7, 13, 26, 56, 65, 71, 76, 77, 78; via Pontium, 264.
Porta que est inter portam ad Orsiers et burgum S. Jacobi. Ce fut plus tard la porte Saint-Jacques de Troyes, 297.
Porta Marne (Balduinus de), Porte-Marne, à Châlons-sur-Marne, 118.
Praeria, Preize, faubourg de Troyes, 32, 33, 50, 66, 139.

Pratum Gaudrici, le Pré-Gaudry, dépend. de la Bretonnière, Aube, comm. Verrières, 56.

Pratum Rotundum, apud Dervum, le Pré-Rond, lieu dit, Aube, comm. Pel-et-Der, 42.

Presseio, Pressiaco, Prissi, Prissiaco (Bonardus, Nicholaus, de), Précy-Notre-Dame et Précy-Saint-Martin, Aube, arr. Bar-sur-Aube, c. Brienne, 86, 87, 88, 92, 104, 112; terra, 242.

Privinum, Pruvinum, Provins, Seine-et-Marne, 61, 80, 110, 153, 170, 172; Pruviniensis moneta, 175, 177, 178, 179, 190, 206, 214, 219, 225, 228, 249, 250, 258, 268, 278, 280, 293, 294, 298.

Pugiaco (Galterus de), V. *Pogeiaco*, 103

Rachisi, Rachisi, ferme, Aube, comm. Piney, 33.

Radonisvillari (Rainaldus, prior de), le prieuré de Radonvilliers, Aube, arr. Bar-sur-Aube, c. Brienne, 70, 128.

Radulphi (pontellus), pont aux environs de Troyes, à l'est, 288.

Rameruco (Matheus de), Rameruopt, Aube, arr. Arcis, 115.

Ranciam (apud), Rances, Aube, arr. Bar-sur-Aube, c. Brienne, 211.

Ranoleria (Herbertus de), la Renouillère, hameau, Aube, arr. et c. Troyes, comm. Saint-Julien, 95.

Regni, Regniaci (Herbertus, feodus de), Rigny-la-Nonneuse, Aube, arr. Nogent-sur-Seine, c. Marcilly-le-Hayer, 77, 264.

Resbacensis (abbatia), l'abbaye de Rebais, Seine-et-Marne, arrondissement Coulommiers, 114, 115.

Reate (datum), Rieti, Italie, 288.

Rihe villa, Riel-les-Eaux, Côte-d'Or, arr. Châtillon, c. Montigny, 216.

Riparia de Arduceo, V. *Arduceo*, 300.

Ripatorio, Rippatorio (abbatia de), in fundo B. Lupi fundata, l'abbaye de La Rivour, hameau, Aube, comm. Lusigny, 5, 200, 201, 292; foresta, 298, V. *Arripathoris*.

Riveria de Arduceo *et* Arduceon, V. *Arduceo*.

Rivo (Gaufridus, Vincentius de), le Ruisseau, hameau qui existait encore au commencement du xvi⁰ s., Aube, comm. Saint-Martin-de-Bossenay, 78, 113, V. *Ruisello*.

Romciolo (Berengarus de), 13.

Rosnay, Rosniacensis (Rainaudus, prepositus), V. *Runniacus*, 60, 250.

Rousson et Roussum, Rosson, Aube, arr. Troyes, c. Piney, commune Dosche, 274.

Ruiliacus *et* Ruilliacus, Rouilly-Saint-Loup, Aube, arr. Troyes, c. Lusigny, 7, 217, 269, 270, 271, V. *Ruli*.

Ruillereto (Odetus Poleta, domicellus de), Rouillerot, hameau, Aube, comm. Rouilly-Saint-Loup, 287.

Ruisello (Guiardus et Ernaudus de), V. *Rivo*, 264.

Ruleret, Rullereto (Renaudus, Petrus de), V. *Ruillereto*, 254, 287.

Ruli, Ruliaco, Rulli, Rulliaco, V. *Ruiliacus*, potestas Rulliaca in comitatu Trecen., 10; Villa Rulliaca, 11, 12, 20, 31, 35; major, 58, 60, 65; Theobaldus, 77, 90, 102, 136, 182; terragium, 242.

Rulliacus in Campania, Rouilly-Sacey, Aube, arr. Troyes, c. Piney, 20.

Rumilei, Rumiliaco et Rumilliaco (Manasses de), Rumilly-les-Vaudes, Aube, arr. et c. Bar-sur-Seine, 26, 33; Johannes, 100; Guiardus, 202.

Runniacus, Rosnay, Aube, arr. Bar-sur-Aube, c. Brienne, 11, V. *Rosnay*.

Rupe (Haimericus, Symon de), la Roche-sous-Barbuise, ancien hameau et fief, Aube, arr. Nogent-sur-Seine, c. Villenauxe, comm. Barbuise, 67, 72.

Ruvigniaco (Helias de), Ruvigny, Aube, arr. Troyes, c. Lusigny, 241.

Sacceio, Saciaco (territorium, Herlaius, sacerdos de), Sacey réuni à Rouilly-Sacey, Aube, arr. Troyes, c. Piney, V. *Rulliacus in Campania*, 33, 83; furnus, 84, 90, 112.

Safadini *et* Saphadini (abbatia S. Salvatoris), l'abbaye de Saint-Sauveur de Saphadin, dans le diocèse de Modon et de Coron, suffrag. de Patras, en Achaie, 206, 227.

Sanceio (exclusa de), Sancey, maintenant Saint-Julien, près Troyes, Aube, arr. et c. Troyes, 163.

S. Albinus, Saint-Aubin, Aube, arr. et c. Nogent-sur-Seine, 103; via S. Albini, la voie de Saint-Aubin, à Rigny-la-Nonneuse, Aube, 264.

S. Aventino (census de), Saint-Aventin, Aube, arr. Troyes, canton Lusigny, comm. Verrières, 279, 285, 299; Saint-Aventin, 300.

S. Aventini (vicus), la rue Saint-Aventin, à Troyes, 202.

S. Aygulfus, Saint-Ayoul, prieuré dépend. de Montier la-Celle, Aube, à Provins, Seine-et-Marne, 55.

S. Columba Senonensis, l'abbaye de Sainte-Colombe-les-Sens, 29, 263.

S. Columbe (terra), Sainte-Colombe, prieuré, Aube, comm. Rigny-la-Nonneuse, V. S. *Vincbaldi*, 35, 65, 136.

S. Eulalie (census), Sainte-Eulalie, lieu dit, à Auzon, Aube, 50, 65, V. *Ausona*.

S. Dyonisio Trecensi (presbyter de), l'ancienne paroisse Saint-Denis, à Troyes, 33.

S. Fidolus, Saint-Phal, Aube, arr. Troyes, c. Ervy, 266.

S. Flavitus, Saint-Flavit, Aube, arr. Nogent-sur-Seine, c. Marcilly-le-Hayer, 78.

S. Florentinus, Saint-Florentin, Yonne, arr. Auxerre, 297.

SS. Gemini, Saint-Geosmes, Haute-Marne, arr. et c. de Langres, 277.

S. Guinebaldi (curtis, fons), V. *S. Vincbaldi*.

S. Hylarii (prioratus), Saint-Hilaire, Aube, arr. Nogent sur-Seine, c. Romilly, 80, 81.

S. Jacobi (prioratus, burgus), le prieuré de Saint-Jacques, ordre de Cluny, dans le faubourg Saint-Jacques, à Troyes, 79, 106, 297.

S. Jacobi de Buceio *et* Buci (ecclesia, cr onici), V. *Bucci*, 150, 263.

S. Johannis in Foro Trecensi (ecclesia), l'église de Saint-Jean-au-Marché, à Troyes, 89, 90, 94, 258, 294.

S. Johannis Senonensis (abbatia), l'abbaye de Saint-Jean, de Sens, 111.

S. Johannes in Castro Trecensi, le prieuré de Saint-Jean-en-Châtel, à Troyes, 75.

S. Juliano (Raynaldus de), Saint-Julien-du-Sault, Yonne, arr. Joigny, 29.

S. Leo, Saint-Lyé, château épiscopal, Aube, arr. et c. Troyes, 98.

S. Leobaudo (decima de), Saint-Liébaut, maintenant Estissac, Aube, arr. Troyes, 305.

S. Leodegarii (monachi), prieuré de Saint-Léger-sous-Brienne, Aube, arr. Bar-sur-Aube, c. Brienne, 42.

S. Lupi Treconsis, l'abbaye Saint-Loup, à Troyes, conditio, 1; fraternitas cum Sancto Martino, 4; reformatio, 5, 18, 54, 55, 56, 57, 164, 184; officia claustralia, 302; beneficia in civitate Trecensi, 302; beneficia ruralia seu prioratus, 302-303; prepositorum nomina, 303; abbatum nomina, 304.

S. Lupi terra, la terre et seigneurie de Rouilly-Saint-Loup, Aube, 10. V. *Rnti*.

S. Lupo de Riveria Arducei (decimas de), Saint-Loup-de-Buffigny, arr. Nogent-sur-Seine, c. Romilly, 35.

S. Machutus de Barro, le chapitre de Saint-Maclou, de Bar-sur-Aube, 295.

S. Maria de Virtuto, l'abbaye de Notre-Dame de Vertus, V. *Virtuto*, 267.

S. Maria de Chaleta, V. *Chalathea, Chaleta*, 104.

S. Marie Trecensis (abbatia), l'abbaye de Notre-Dame-aux-Nonnains, à Troyes, 168, 278.

S. Marie de intra ecclesiam B. Stephani Trecen. (canonici), chanoines de Notre-Dame, dans la collégiale St-Etienne, à Troyes, 143.

S. Marie (vicus), la rue Notre-Dame, à Troyes, 100.

S. Marie (terra que dicitur), le terrage de Sainte-Marie, lieu dit, 128.

S. Marianus Antissiodorensis, l'abbaye de Saint-Marien, d'Auxerre, 112.

S. Martini Turonen. (capella), juxta Clausum, la chapelle Saint-Martin, devant le Clos-Saint-Loup, à Troyes, V. *Clausum S. Lupi*. D'après la tradition, saint Loup aurait été enterré dans cette chapelle qui devint plus tard l'abbaye de Saint-Martin-ès-Aires, 4.

S. Martinus Trecensis, S. Martinus in Areis, l'abbaye de Saint-Martin-ès-Aires, à Troyes, 4, 5, 18, 60, 75, 182, 184, 201, 294.

S. Martini (Renaudus), Saint-Martin-de-Bossenay, Aube. arr. Nogent, c. Romilly, 77; via S. Martini, la voie de Saint-Martin-de-Bossenay, à Rigny la Nonneuse, Aube, 264.

S. Martinus, Saint-Martin, hameau, Aube, comm. Verrières, 300.

S. Maura, Sainte-Maure, Aube, arr. et c. Troyes, 20 35; statio, 63, 88, 136, 162.

S. Mauricio (Henricus de), Saint-Maurice-aux-Riches-Hommes, Yonne, arr. Sens, c. Sergines, 212, 217.

S. Memmii Cathalaunensis, confraternitas cum S. Lupo Trecen , l'abbaye de Saint-Memmie, de Châlons-sur-Marne, 172.

S. Nicholai de Pogeio (canonici), 51, 66.

Saint-Nizier, de Troyes (Eudes, curé de), 298.

S. Petrus Trecensis, l'église cathédrale, le chapitre de Saint-Pierre de Troyes, 138, 139, 161, 183.

S. Petrus de Cella, S. Petrus de Insula Germanica, l'abbaye de Moutier-la-Celle, Aube, arr. et c. Troyes, comm. Saint-André-lès-Troyes, 40, 110.

S. Petri (noa, terra), apud Berronellam, anciens lieux dits, à Brevonnelle, Aube, comm. Mathaux, 50.

S. Quintini (Thomas, prior), le prieuré de Saint-Quentin, dépendant de Molème, à Troyes, 86, 93.

S. Quintino (Herbertus de), Saint-Quentin, probablement le quartier environnant le prieuré de Saint-Quentin, à Troyes, 124, 140.

S. Quintini (molendinum), in Praeria, le moulin de Saint-Quentin en Preize, à Troyes, 139.

S. Remigii Trecensis (ecclesia), l'église Saint-Remy, de Troyes, 292.

S. Remigio (Garnerus de), probablement Saint-Remy, paroisse de Troyes, 26.

S. Salvatoris (abbatia), V. *Safadini*, 207, 303 n. 14.

S. Serenus, l'abbaye de Saint-Serein ou de Chantemerle, Marne, arr. Epernay, c. Esternay, 56.

Sigileriis (abbatia), l'abbaye de Scellières, Aube, arr. Nogent-sur-Seine, c. et comm. Romilly, 78.

Signia, Segni, Italie, 106.

S. Stephanus Dyvionensis, l'abbaye de Saint-Etienne, de Dijon, de l'ordre de saint Augustin, 230.

S. Stephanus Trecen , la collégiale Saint-Etienne, de Troyes, 7; prebenda S. Lupi, 65, 89, 302 n. 2; 95, 142, 154-155, 164, 183, 211.

S. Stephani (claustrum), le Cloître-Saint-Etienne, à Troyes, 292.

S. Vinebaldi, Vinebaudi, Winebaldi, Winebaudi, Guinebaldi (curtis, fons, domus, ecclesia, capella, altare, prioratus), Saint-Vinebaud, Aube, comm. Saint-Martin-de-Bossenay, 20, 29, 31-35, 65, 72, 96, 100, 136, 183, 267, 268, 303 n. 8.

Saphadini (abbatia), V. *Safadini*, 207, 208; periit memoria loci, 303 n. 14.

Saucoy (le), le Saussaie, lieu dit, Aube, comm. Verrières, 300.
Saveriis (Garnerus de), Savières, Aube, arr. Arcis, c. Méry, 24.
Seleriis (villa de), Sellières, réuni à Mesnil-Sellières, V. *Maisnillus*, 35, 74, 137, 182, 279.
Senone, Sens, Yonne, 29, 67, 127, 144, 146; major et pares communie, 241, 263.
Sequane (pars alia), bras de la Seine détourné par Thibault IV et passant devant le faubourg Saint-Jacques, à Troyes, 298, V. *Fossata*.
Sezania, Sezonnia, Sezanna, Sézanne, Marne, arr. Epernay, 65, 103, 153, 294, 299.
Sordun (a), lieu dit, aux environs de Rigny la-Nonneuse, 264.
Sovigniaco (Symon de), Souvigny, 219.
Sparnacensis (Pontius, abbas), l'abbaye de Saint-Martin d'Epernay, Marne, 60.
Spina Amogra, lieu dit, dépendant du prieuré de Saint-Léger-sous-Brienne, 42.
Spiniaco (Estoldus de), V. *Pisniaci*, 108, 109.
Stallo (Gilbertus de), 90.
Stornodoro, Tonnerre, Yonne, 306.
Sub Muro (Belinus, Margarita, molendini de), prope Portam Episcopi, Sous-le-Mur, habitations sous les murs de Troyes, près de la Porte-l'Evêque, 69, 76, 143.
Sternaium, V. *Esternaio*, 189.
Templi Trecensis (fratres milicie), 259.
Teneleriis, Tenilleriis, Theneleriis (villa, presbyter de), Thennelières, Aube, arr. Troyes, c. Lusigny, 66, 182, 294, 305.
Ternantis (Milo de , Ternant, lieu détruit, Yonne, arr. Sens, canton Pont-sur-Yonne, 110.
Thesauro (vinea de), la vigne du Trésor, en Chaillouet, à Troyes, entre les Hastes et la Ruelle-aux-Moines, aboutissant au pavé du faubourg Saint Jacques, 9, 58, 182, V. *Hastis*.
Tilia (Guillelmus de), Thil-Châtel, Côte-d'Or, arr. Dijon, c. Is-sur-Thille, 300.
Tilia, Tylia (Ansculfus, Boso de), Thil, Aube, arr. Bar sur-Aube, c. Soulaines, 112, 142.
Torneel, Tornecllo, Tornecllis (Gilo de), peut-être la rue des Tournelles, à Troyes, 122.
Torrente Infirmorum (molendini de), la Saute ou la Profonde, ri-

vière passant près de l'ancienne léproserie des Deux-Eaux, à Bréviandes, Aube, arr. et c. Troyes. Un des moulins de la Saute, près de Bréviandes, est encore marqué par Cassini, 24, 40, 47, 50, 136.

Torvieler, Torviler (villa, ecclesia, decima de), Torvilliers, Aube, arr. et c. Troyes, 50, 66, 75, 90, 100, 145, 171, 281, 284, 293.

Trece, Treci, Troyes, a Marcomannis vastata, 2, 3; muris obfirmatur, 2; 50, 54, 55, 56, 61, 64, 66, 69, 73, 74, 76, 80, 82, 88, 101, 102, 103, 104, 110, 120, 123, 150, 175, 177, 184, 192, 193, 249; fossata, 297, 299, 300; episcopi. V. *S. Lupus, Bodo, Philippus, Hato, Henricus, Mattheus, Bartholomeus et Haicius, Garnerus, Herveus, Nicholaus.* Curia (l'officialité), 254, 255, 261, 265, 278, 288, 298. Comites, V. *Adelelmus? Theobaudus I, Hugo, Theobaudus II, Henricus I, Henricus II, Theobaldi III, Theobaldi IV, Edmundi.* Communia, 145. Mensura, 240, 251, 266.

Trecensis decanatus, le doyenné de Troyes ou grand-doyenné, 302.

Trecensis prepositure (consuetudo), la prévôté de Troyes, dont le territoire était divisé en mairies, 301.

Trecensis ecclesia major, la cathédrale de Troyes, V. *S. Petrus*, 42, 259.

Trena, Trannes, Aube, arr. Bar-sur-Aube, c. Vendeuvre-sur-Barse, 108, 109.

Triagnellum, Trianellum, Trainel, Aube, arr. et c. Nogent-sur-Seine, 66, 77, 80, 96, 103, 149, 158, 203, 204, V. *Triangulum*.

Triangnlum, V. *Triagnellum*, 30, 31, 47, 61, 72, 249.

Tricassinus comitatus, 10.

Trimolai (G. de), La Trimouille, Vienne, arr. Mont-Morillon, 208.

Turonis (datum), Tours, Indre-et-Loire, 62.

Turritanus (Blasius episc.), Torres, en Sardaigne, 185.

Tusculanum, aujourd'hui Frascati, Italie, 73.

Tusiaco (ecclesia de), Thuisy, Aube, arr. Troyes, c. et commune Estissac, 97, 100.

Ulnetum, Ulmoi, Ormoi, Ormoy, Ourmoy, Ormay, (grangia, nemus, vinea), actuellement Ormay, lieu dit, Aube, comm. Epagne, 242, 245, 246, V. *Ormoi*.

Uogionis (territorium), Onjon, Aube, arr. Troyes, c. Piney, 33.

Univilla, Unienville, Aube, arr. Bar-sur-Aube, c. Vendeuvre, 112, 142.

Urmello (Laurentius de), 89.

Ursariorum (porta, pons porte), V. *Orsiers*.

Vacellis (in), juxta Trecas, les Vassaules, hameau et lieu dit, Aube, comm. Chapelle-Saint-Luc, 262.

Vacheriam (prata retro), la Vacherie, hameau, Aube, commune Troyes, 296-297.

Vadivassali (domus), Vaulvassaut, Vauvassau, Voiyassolt « en la parroiche de Concloye, sur la rivière d'Auzon », Vivasseaux, Aube, moulin et garenne sur le finage de Verricourt, à la limite du finage de Coclois, 199.

Vaisa (ortus de), les Vouises, aujourd'hui la Grande-Planche, Aube, écart, comm. Troyes, 90.

Valant, Vallant-Saint-Georges, Aube, arr. Arcis, c. Méry, 56.

Vallis Alberti et Auberti (vinea), V. *Alberti*. Le Val-Albert, lieu dit, Aube, comm. La Chapelle-Saint-Luc.

Vallislucens (abbatia), l'abbaye de Vauluisant, Yonne, arr. Sens, c. Sergines, comm. Courgenay, 144, 239.

Vangeruco (Guido de), Vignory, Haute-Marne, arr. Chaumont, 15.

Varricort, Varricurt, Verricourt, Aube, arr. Arcis-sur-Aube, canton Ramerupt, 92, 180.

Vea (villa de), Voué, Aube, arr. et c. Arcis-sur-Aube, 20.

Velletri, Italie, 101.

Velonesse (Vivetus Herbouth de), Villenauxe, Aube, arr. Nogent-sur-Seine, 218, 267.

Vendopera, Vendeuvre-sur-Barse, Aube, arr. Bar-sur-Aube, 48, 119, 125, 238.

Venisiacus, Venisy, Yonne, arr. Joigny, c. Brinon, 26.

Venno (domus episcopalis), Vaunes, Aube, arr. et c. Troyes, comm. Sainte-Maure, 116.

Vergeio, Vergiaco (Hugo, Gila de), Vergy, Côte-d'Or, arr. Dijon, c. Gevrey-Chambertin, 96, 234.

Verona, Verone, Italie, 121.

Verreriis (villa, aqua de), Verrières, Aube, arr. Troyes, c. Lusigny, 109; via, 226, 252, 261, 269, 270; Verrières, 300.

Viadominica (granchia que vocatur), Vandemange, Aube, ferme, comm. Gerodot, 292.

Via Sainaria, le Chemin-des-Étangs, entre Mathaux et le hameau du Grand-Brevonnelle, Aube, 71.

Vicus Major, la Grande-Rue, à Troyes, maintenant rue de l'Hôtel-de-Ville, 89, 94.

Vicus Medius, la Rue-Moyenne, à Troyes, 89.

Vienna (Perricus de), Vienne-le-Château, Marne, arr. Sainte-Menehould, c. Ville-sur-Tourbe, 122.

Vilepart, Villepart, Vilpart, V. *Villapartis*.

Vilers, Villers, Aube, comm. Verrières, hameau détruit, où est aujourd'hui la ferme dite du Temple, 47, 109, 300.

Villa Dei, Villedieu, lieu détruit, près des Noës, Aube, arr. et c. Troyes, 102.

Villa Harduini, Villehardouin, Aube, arr. Troyes, c. Piney, 35, 66, 79, 137, 156, 211, 218.

Villamaurus, V. *Villamortis*, 26, 33, 50, 93, 118, 260; Villemauri decanatus, 302.

Villa Mendicorum (farinaria de), Villechétif? arr. et c. Troyes, 1.

Villamortis, Villemaur, Aube, arr Troyes, c. Estissac, 13.

Villapartis, Villepartis (potestas, terra, grangia), Villepart, Aube, hameau, comm. Bréviandes, 34, 40, 58, 65, 136, 188, 232, 253, 259, 260, 268, 305.

Villepart (Parvum), le Petit-Villepart, ferme, Aube, comm. Bréviandes, 260.

Vinzeio (Fromundus, sacerdos de), Vindey, Marne, arr. Epernay, c. Sézanne, 93.

Virduno (Petrus de), Verdun, Meuse, 79.

Virtuto (S. Maria de), Vertus, Marne, arr. Châlons, 267.

Vitreio (Jacobus de), 90.

Vitriacus, Vitry-en-Perthois, Marne, arr. et c. Vitry-le-François, 16.

Walmerivilla, in territorio Remensi, Valmy, Marne, arr. et canton Sainte-Menehould, 35, 52, 56, 137.

Yspania (Renardus de), V. *Hyspania*, 299.

Yvenne (pons de), pont sur la Voire, entre Rosnay et Lesmont, Aube, 42

FINIS INDICIS GEOGRAPHICI

ADDITIONS ET CORRECTIONS

P. 1, ligne 15, *au lieu de* farmaria de villa Mendicorum *lisez* farinaria de Villa Mendicorum

P. 3, ligne 24, *au lieu de* Castellani *lisez* castellani

P. 12, ligne 7, *au lieu de* comito *lisez* comiti

P. 56, ligne 18, *au lieu de* vir eujus *lisez* vir ejus

P. 84, ligne 29, qui dimissum *ajoutez* mansum

P. 90, ligne 3, *au lieu de* Clerici Theobaldi *lisez* clerici Theobaldi

P. 98, ligne 19, *au lieu de* plassetum *lisez* Plassetum

P. 108, ligne 22, *au lieu de* Moiins *lisez* Molins

P. 121, ligne 18, *au lieu de* filli *lisez* filii

P. 169-172, deux chartes de Matthieu, évêque de Troyes, sont transposées et doivent être mises après le n. 41.

P. 187-188, la charte n. 137, datée de M°CC°II° est de M°CC°XII°.

P. 191, dans le sommaire, *au lieu de* Ormets (Balignicourt) *lisez* Ormay (Epagne).

P. 200, la charte n. 149 est datée de 1206 dans le cartulaire comme dans l'original, cette date est certainement tronquée et nous proposons la date de 1226.

P. 203, n. 152, sommaire, *au lieu de* Chamai, finage de Rouilly-Saint-Loup *lisez* Chamai, Chamoy (Aube).

P. 212, ligne 11, *au lieu de* ulmeto *lisez* Ulmeto

P. 215, n. 202, sommaire, *au lieu de* des Ormets *lisez* d'Ormay

P. 300, n. 272, *au lieu de* M.CCC.XXX.III *lisez* M.CCC.XXIII

P. 345, Chaleta, *lisez* arr. Arcis-sur-Aube, c. Chavanges

Troyes. — Imprimerie Brunard, rue Urbain IV, 85.

www.ingramcontent.com/pod-product-compliance
Lightning Source LLC
Chambersburg PA
CBHW071859230426
43671CB00010B/1406